1983年全国语言学学科规划会议

第一次语法讨论会上发言

与吕叔湘先生合影

1984年在麻省理工学院合影

1985年第一届国际汉语教学讨论会

1987年与王还先生合影

在卫斯理学院

在哈佛大学办公室

2003年在夏威夷大学举办退休学术研讨会

在退休学术研讨会上发言

2003年参加吕叔湘先生百年诞辰

2006年在旧金山与林焘先生合影

HANYU YUFA YANJIU YU
DUIWAI HANYU JIAOXUE LUNJI

汉语语法研究与对外汉语教学论集

[美] 刘月华 ◎著

北京大学出版社
PEKING UNIVERSITY PRESS

图书在版编目 (CIP) 数据

汉语语法研究与对外汉语教学论集 /(美) 刘月华著.—北京：北京大学出版社，2022.10
ISBN 978-7-301-33311-2

Ⅰ.①汉… Ⅱ.①刘… Ⅲ.①汉语－语法－对外汉语教学－教学研究 Ⅳ.① H195.3

中国版本图书馆 CIP 数据核字 (2022) 第 160217 号

书　　名	汉语语法研究与对外汉语教学论集 HANYU YUFA YANJIU YU DUIWAI HANYU JIAOXUE LUNJI
著作责任者	[美] 刘月华　著
责任编辑	路冬月
标准书号	ISBN 978-7-301-33311-2
出版发行	北京大学出版社
地　　址	北京市海淀区成府路 205 号　100871
网　　址	http://www.pup.cn　新浪微博：@ 北京大学出版社
电子信箱	zpup@pup.cn
电　　话	邮购部 010-62752015　发行部 010-62750672 编辑部 010-62753374
印刷者	大厂回族自治县彩虹印刷有限公司
经销者	新华书店
	650 毫米 ×980 毫米　16 开本　27.25 印张　392 千字 2022 年 10 月第 1 版　2022 年 10 月第 1 次印刷
定　　价	90.00 元

未经许可，不得以任何方式复制或抄袭本书之部分或全部内容。
版权所有，侵权必究
举报电话：010-62752024　电子信箱：fd@pup.pku.edu.cn
图书如有印装质量问题，请与出版部联系，电话：010-62756370

读刘月华《汉语语法研究与对外汉语教学论集》感言（代序）

今年是我们56级语言班入学北大六十六周年，恰逢同班同学刘月华的大著《汉语语法研究与对外汉语教学论集》在北大出版社出版，我受命作序，一时百感丛生，不知从何说起。文本昭昭，人人可读，何以序为？我想，不如写点读后感言，或许更有意义吧。

六十六年，这是一个什么样的概念？似乎很短，又似乎很长。飞光无痕，月华依旧，昨日种种似乎仍在眼前；桑海余生，饱经风霜，老同学有三分之一已永无再会机缘！短耶？长耶？

六十六年来，老同学无不习惯性地称月华为小哈。尽管在夫君府上她已是太皇太后级人物，在学界已是知名教授，而在老同学这里，外号早已变成了昵称，如再改称学名，就显得生疏、见外了。有小哈，就有大哈。是的，大哈就是何乐士。据小哈《怀念大哈》一文所言："我和大哈都是来自北国冰城哈尔滨。大概大家觉得哈尔滨这个城市的名字有些特别吧，就把大哈叫大哈尔滨，把我叫小哈尔滨。"大小二哈为终身好友，乃当代语言学界女性双璧。从学术定位而言，大哈是古汉语专书语法研究第一人，小哈是对外汉语教学语法第一人。她们都善于在学术发展的节点上，抓住机遇，准确地找到自己的学术定位。

遥想当年，我们的孔圣人说："道不行，乘桴浮于海。"对一个"三月无君，则皇皇如也"的官迷来说，这不过是牢骚话，说说而已。大小二哈可真的"浮于海"了，只不过目的与孔子大不相同。大哈"浮"到了欧洲，在欧洲汉学界大行其"道"；小哈"浮"到了美洲，在美国中文学界大行其"道"。她们的学术人生在海外大放异彩。她们在西方世界播种汉语文化、中华文明,孤身而往,载誉而归。然而,风光后面也有忧伤,有艰辛,有种种不必写出来的文章。今日读小哈文章,感及往日大哈,非涉笔成趣,实乃事出有因。大学毕业后,数十年间,难得一见,而学术江湖的叱咤风云,人所共知。我能为老同学庆幸的是,从"万山不许一溪奔"到"堂堂溪水出前村",是母校,也是先师,给了你们永不言败的奋斗精神和过硬的学术本领。

20世纪五六十年代,北大中文系组建了共和国语言学第一大重镇。燕京、清华、中山大学的语言专业人才合并到北大。于是,王力、魏建功、岑麒祥、袁家骅、高名凯、周祖谟、杨伯峻、朱德熙、林焘诸先生,得以聚首燕园,可谓"汉之得人,于兹为盛"。请想一想,中国现当代语言学的众多领域,有多少个"破天荒",多少个"破题儿第一遭",多少个新概念、新结论、新体系,多少门新课程、新教材,以及多少个国家重大语文建设项目,跟他们的名字联系在一起。他们以言传身教,为我们树立了三大优良学风。

一、靠自己的著作立足于学术之林。自己写书教学生。不攻人短,不矜己长,不立山头,不设关卡,不垄断学术资源。

二、提倡独立思考,养成缜密的、一丝不苟的科学精神。

三、痴迷于专业研究,以学术为生命。即使在极其艰难困苦的条件下,也珍惜光阴,力求有所作为。

这三大优良学风,是九位先师留给北大语言专业最为宝贵的精神财富。传统继业者,代有其人。仅以本科毕业生为例,如52级的徐通锵、王福堂,54级的曹先擢,55级的陆俭明,56级的何乐士、刘月华,57级的蒋绍愚,62级的江蓝生,他们都赶上了汉语专业的黄金时代,都是诸先师的及门弟子,在《中国现代语言学家传略》中,他们的名字赫然在目。今日呼唤先师传统,别有深意在焉。

三百多年前,清初学者顾炎武曾对自己的外甥、门生说:"与君辈相处之日短,与后世相处之日长。"在一封给友人的短札中又说:"吾辈所恃,在自家本领足以垂之后代,不必傍人篱落,亦不屑与人争名。"这是何等学术自信,人格清高。因为"自家本领足以垂之后代",故"与后世相处之日长"。逻辑关系如此简单,当今能以如此简单逻辑律己者,还有几人?"傍人篱落""与人争名"者,满坑满谷。

九位先师已先后作古,他们的精神是与顾炎武相通的。我读刘月华的书,探求字里行间所律动的规矩、气质、悟性、风格,我无以名之,始且称之为"先师精神"。她在北大,有过将近十年的学术训练,有本科时期的科研经历,有研究生阶段的名师熏陶。一旦有机会登上能施展本领的学术平台,就能发出耀眼的光芒,令人刮目相看。

刘月华这本专著收了二十九篇论文,有二十一篇发表于1979年至1988年这十年间。那时,她在北京语言学院(今北京语言大学)任教,从事对外汉语教学。

中国的对外汉语教学,历有年所,可定性为一门独立学科,则始于20世纪70年代末期。参与学科建设的主要是一批中青年教师。刘月华脱颖而出,成为里程碑式人物,她的治学经历对后人有何启示呢?所谓"里程碑",根据又是什么呢?

我一向认为,学人研究学问跟军事家指挥战争,其根本原理是相通的。最重要的是要有战略观念、全局意识,对客观现状有清晰的判断;其次要洞悉具有全局意义的重点、难点是什么,知道自己应当干什么,尤其是知道自己不应当干什么。这两条加在一起,就是人们通常所说的聪明、智慧。成功不能光凭聪明与智慧,最后一条就是下死功夫、笨功夫,不惜一切代价,勇于斩关夺隘,直至胜利。我观刘月华的学术韬略,亦大抵如此。她跟何乐士一样,干起学问来,一点儿也不打哈哈,大处不糊涂,细处同样不糊涂,二哈不"哈",有真正的工匠精神。

刘月华清楚地知道,对外汉语教学的艰巨任务是教材建设。教材建设的难点在哪里,不在语音,也不在词汇,难点也就是重点是语法。她就向语法发起进攻了,进攻就要有突破口,她选择了补语,一炮打响,势如破竹。

我们先看她1983年发表的《关于汉语作为外语教学中的语法研究和语法教学问题》,这是一篇纲领性的文章。文中对当时流行的甚至是权威性的语法著作在对外汉语教学中的种种不适用有深刻揭示。她说:

> 到20世纪80年代,国内出版的汉语语法著作几乎都是为母语是汉语的人编写的。我们在教外国人汉语的过程中,普遍感到这些语法书不能满足教学的需要。有些在语法书中花费不少篇幅讲的,甚至是长期以来争论不休的问题,在我们的语法教学中并不是困难所在……而我们教学中常常遇到的、迫切需要解决的许多具体问题,在这些书里却往往找不到或很难找到满意的解释。

实践出真知。"迫切需要解决的许多具体问题"是从实践中提出来的,如何"找到满意的解释"要靠研究。通过数以百万计的语料,对补语问题进行了全面调查,写出了一组有关补语的文章,如《可能补语用法的研究》《几组意义相关的趋向补语语义分析》《趋向补语的语法意义》等。后来,又从400万字的语料中搜集趋向补语的用例,主持编著了一部56万字的《趋向补语通释》。其他如《状语的分类和多项状语的顺序》《定语的分类和多项定语的顺序》以及《动词重叠的表达功能及可重叠动词的范围》等,都是为"满足教学的需要"而作。刘月华进入了科研与教学完美结合的境界。

20世纪80年代,由她领衔与另外两位作者合著了《实用现代汉语语法》。此书在海内外产生了广泛影响,深受读者欢迎,韩、日都有译本,中国台湾地区还出版了繁体字本。一位日本教授曾说,日本的汉语教师手头有三本必备书,一本《汉和词典》,一本《现代汉语八百词》,另一本就是《实用现代汉语语法》。《实用现代汉语语法》紧贴汉语实际,"凡是外国人难以理解和掌握的语法现象,本书都作了尽可能详细的描写,对某些容易引起混淆的语法现象还作了比较分析,指明正误"。吕叔湘先生在序文中赞扬"她们说到做到,有不少内容是别的书上不讲或一笔带过,而这本书里有详细说明的……还有别的书上也讲,但是没有这本书讲得仔细的。"行文至此,"里程碑式人物"的论断乃实至名归、隐然可见、确乎有据的了。在对外汉语教学这门学科的建设中,刘月华有这样两大贡献(本书及《实用现代汉语语法》),我不能不为之"感"而有所"言"了!

从1989年起,刘月华赴美访学。先后在卫斯理学院、麻省理工学院、哈佛大学从事中文教学。她主编的《中文听说读写》,成为美国用得最多的一套中文教材(现已出第四版),也受到海内外很多学校的青睐。2003年11月全美中文教师学会在费城召开的年会上,颁发给刘月华教授终身成就奖。这是美国中文教学界的最高荣誉。此后出版了《中文教材与教学研究:刘月华教授荣退纪念论文集》。所有这一切,使"里程碑式人物"形象变得更加丰盈、饱满,其影响更加深远。母校、先师的培育之恩更是须臾不可忘怀的了。她的这本大著交北大出版社出版,也表达了"胡马依北风,越鸟巢南枝"式的情怀吧。

汪曾祺说:"北大的学风是很自由的,学生上课、考试,都很随便,可以吊儿郎当。我就是冲着吊儿郎当来的。""中文系的学生更为随便,中文系体现的'北大'精神更为充分。"真是此一时也,彼一时也。20世纪50年代的北大中文系,再也不能"吊儿郎当"了。"随便""自由",流风犹存。所谓"随便",即学生自主意识的张扬;"自由",即学术民主空气浓烈。上课、考试缺席是不允许的,而课堂发问、递条,甚至要求换任课老师,这是常有的。但考试无须监考,绝对无人作弊。我们班自编《汉语发展史》,刘月华也是一员干将。同学们也常为学术问题争得脸红耳赤。都是来自各地的学霸,不经过反复较量,谁肯降心相从,甘拜下风?刘月华还多年担任班文委,那时候我们勤工俭学自筹班费建立班金库。春日到圆明园北门外一生产队的稻田除草,冬日到颐和园整修鱼塘,夏夜东操场放电影,何乐士领着女生卖冰棍,我们也时有大块文章在报刊发表。劳动所得和稿费,一律交金库。办壁报,举行文艺晚会,秋日全班去香山看红叶,登鬼见愁,月夜泛舟昆明湖,全部由金库开支。我们的集体观念、合作精神,就是这样锻炼出来的。测试劳卫制,为了人人达标,往往全班上阵,呐喊助威。

  历经六十多年的漫长岁月,我们也遭遇过大风大浪,急流险滩。坦坦荡荡,昂首前进。寄愁天上,埋忧地下,无愧于天地国亲师!

何九盈

目 录

第一章 语法研究

- 一　从"天天"和"每天"所想到的 …………………… 3
- 二　关于趋向补语"来""去"的几个问题 …………… 7
- 三　可能补语用法的研究 ………………………………… 15
- 四　状语与补语的比较 …………………………………… 36
- 五　动词重叠的表达功能及可重叠动词的范围 ……… 52
- 六　状语的分类和多项状语的顺序 …………………… 73
- 七　动量词"下"与动词重叠比较 ……………………… 98
- 八　定语的分类和多项定语的顺序 …………………… 106
- 九　从《雷雨》《日出》《北京人》看汉语的祈使句 …… 125
- 十　"怎么"与"为什么" ………………………………… 154
- 十一　对话中"说""想""看"的一种特殊用法 ………… 165
- 十二　超越分句的语言成分 ……………………………… 174
- 十三　表示状态意义的"起来"与"下来"比较 ………… 185
- 十四　用"吗"的是非问句和正反问句用法比较 ……… 192
- 十五　动态助词"过₂、过₁、了₁"用法比较 …………… 213
- 十六　几组意义相关的趋向补语语义分析 …………… 231
- 十七　语调是非问句 ……………………………………… 256
- 十八　趋向补语的语法意义 ……………………………… 266
- 十九　汉语的形容词对定语和状语位置的选择 ……… 281
- 二十　趋向补语前动词之研究 …………………………… 294

二十一　以"固然""于是"为例谈虚词的用法研究 …………… 313

第二章　教学研究

二十二　汉语的称数法 …………………………………… 323
二十三　关于汉语作为外语教学中的语法研究和语法教学问题
　　　　………………………………………………… 327
二十四　中美常用教材语法比较
　　　　——兼论初级汉语教材的语法编写原则 ………… 340
二十五　关于叙述体的篇章教学
　　　　——怎样教学生把句子连成段落 ………………… 353
二十六　关于中文教材语法的编写 ……………………… 365
二十七　谈对外汉语教学语法 …………………………… 376
二十八　关于中文教材课文的一些思考 ………………… 393
二十九　成语与对外汉语教学 …………………………… 408

主要学术作品 …………………………………………… 421

第一章　语法研究

一　从"天天"和"每天"所想到的

在语法研究中,可以看到有这样一种做法:用一个词语去解释一种语法现象。比如"天天"是"天"的重叠形式,这种重叠的量词(包括准量词和部分名词)究竟表达什么意义?有些词典和语法著作就用代词"每"来解释。如《现代汉语词典》把"天天"作为一个词收入:"【天天】tiāntiān(～儿)每天:好好学习,～向上。"[①]北京语言学院所编《汉语课本》说:"量词可以重叠,重叠以后有'每'的意思。"[②]然而,量词重叠形式真的和"每"的意思一样吗?外国留学生的语言实践,回答了这个问题。下面是他们按照这种解释写出的句子:

①＊天天的课都不一样。

②＊不论学什么专业,天天都应该把学过的课文复习复习。

显然,这是两个病句。如果把"天天"换成"每天",句子就通了:

①'每天的课都不一样。

②'不论学什么专业,每天都应该把学过的课文复习复习。

这说明"天天"和"每天"所表达的意思不完全相同,或者说,用

[①] 中国社会科学院语言研究所词典编辑室(1978)《现代汉语词典》,北京:商务印书馆,第1123页。

[②] 北京大学图书馆现存《汉语课本》为北京语言学院编1977年版本,但暂未从书中找到相关内容。

"每"来解释量词的重叠形式是不够准确的。从所表达的意义来看,"每"侧重表示全体中的任何一个个体,也能表示由个体组成的全体;而量词的重叠形式只表示由个体组成的全体,有"毫无例外"的意思。请比较:

③ 他们班在学习方面,每个人都很努力。
　他们班在学习方面,人人都很努力。
④ 他们班在学习方面,每个人努力的程度不一样。
　*他们班在学习方面,人人努力的程度不一样。
⑤ 这个孩子每个月都生病。
　这个孩子月月都生病。
⑥ 这个孩子每个月病一次。
　*这个孩子月月病一次。

此外,重叠量词作定语时,只能修饰主语的中心语,不能修饰宾语的中心语,如:

⑦ 人人心里充满了喜悦。
⑧ *这句话打动了人人的心。

这一点在北京语言学院 1980 年所编的《基础汉语课本》(第三册)①中正确地指出来了。而"每~"作定语,既可以修饰主语的中心语,也可以修饰宾语的中心语。如:

⑨ 每个人的心里都充满了喜悦。
⑩ 这句话打动了每个人的心。

在语法研究中,用一个词语去解释一种语法现象,绝非仅此一例,我们还可以再举出一些。

关于数量词重叠形式,有的书中有这样的说明:"物量词重叠时还可以修饰名词(作定语),表示'很多',如'一本一本的新书'。"下面留学生所写的句子完全符合这个说明的要求,但显然又是

---

① 北京语言学院(1980)《基础汉语课本》(第三册),北京:外文出版社,第 222 页。

病句：

⑪ *看到这里，一个一个孩子笑他起来。
⑫ *我喜欢看小说，我想买一本一本的小说。

　　这说明数（限于"一"）量词的重叠形式作定语时，与"很多"的意思并不完全相同。北京语言学院教材编写组看到了这一点，所以在编写的《汉语课本》中做了补充说明："有时数量结构可以一起重叠。重叠以后可以作定语，表示事物很多，并有强调个体罗列的作用。"①《基础汉语课本》又进了一步，干脆只解释"作定语，表示个体的罗列"②，完全放弃了用"很多"解释数量词重叠形式的做法。不过，这个解释是否准确，还可以讨论。举个例子来说，为什么"一辆一辆汽车开出了工厂"可以说，而"一个一个孩子笑了起来"就不通？在"表示个体的罗列"上，两个句子有什么不同？而且究竟什么是"个体的罗列"也颇费解。我们想，数量结构的重叠形式作定语，其作用在于描写，它描写事物很多的样子，所描写的事物必须是以个体的方式呈现在人们眼前的。如果说话者的目的不在于描写，而只是要叙述一个动作或一种情况，就不适宜使用这种表达方式。上面举出的留学生的两个病句，问题就出在这里。

　　上述情况说明，任何一种语法手段，都具有特殊的表达功能，绝不是简单地用一个词语所能解释清楚的。这使我们想起了同义词的情况。我们知道，在语言中，任何两个同义词总不会是完全相同的，一般会在意义、风格、感情色彩、修辞作用、使用范围以及语法功能等方面有这样那样的差异。这是因为，如果两个词的意义、表达功能完全相同，就没有同时存在的必要——它们的存在只会增加人们记忆的负担，造成词汇系统的臃肿，没有任何积极意义，所以即使由于某种原因出现了两个意义、功能完全相同的词，其中的一个也必然逐渐被淘汰。一种语法手段也是这样。如果它与某

---

① 《汉语课本》(1977年版)中暂未找到。
② 北京语言学院(1980)《基础汉语课本》(第三册)，北京：外文出版社，第223页。

一个词语的表达功能完全相同,也就失去了存在的意义。一般来说,一种语法手段的表达功能往往不像一个词语那么单纯,并且在句法结构上会有某些要求或限制。因此,在分析、讲解某种语法现象时,为了简便,释义时用相近的词去类比,是无可厚非的,但必须把重点放在该语法现象所独有的、不同于某个词的特点上,必须尽可能全面地、准确地说明它的语法意义、使用范围以及句法结构上的要求。只有这样,才能真正弄清这种语法现象的本质,才能起到指导实践的作用。

　　语法手段与词的关系是这样,不同的语法手段、表达方式之间的关系也是这样。比如,同样一个意思,可以用一般的动词谓语句来表达:"我吃了一个苹果。"也可以用主谓谓语句来表达:"那个苹果我吃了。"还可以用"把"字句来表达:"我把那个苹果吃了。"但这三种句式的表达功能、使用场合绝不一样。我们应该把分析、讲解的重点放在它们的不同点上。那种简单地以甲释乙的方法,可以说是弊多于利,应该坚决地摒弃它。

（原载《语言教学与研究》,1979年第2期,有改动）

二 关于趋向补语"来""去"的几个问题

本文谈三个问题：
1. 趋向补语"来""去"的立足点问题；
2. 趋向补语"来""去"表示的是动作的受事者或施事者的趋向；
3. 如何分辨句末的"来""去"是趋向补语还是连动句的第二个动词。

1

这里所谓立足点，是指确定方向的基点，向着立足点时用"来"，背离立足点时用"去"。这个立足点是怎样确定的呢？不少语法著作认为"说话人的位置"是确定用"来"还是用"去"的立足点。如《汉语知识》："……以说话人的位置为着眼点，……用'来'的时候，表示移动的方向是向着说话的人；用'去'的时候，表示移动的方向是背着说话的人。"[①]这种说法，在有说话人出现的时候，自然是正确的。但在实际语言运用中，趋向补语"来""去"并不只出现于对话中，即不只出现于说话人之口，它们也常常出现于一般的叙述中。在叙事的作品中，不仅有人物的对话，还有人物的自言自语以至心理活动，此外更有作者大量的叙述、描写。因此，只说"说话人的位置"是"来""去"的立足点，就很不全面了。

---

① 人民教育出版社(1979)《汉语知识》，北京：人民教育出版社，第82页。

我们认为趋向补语"来""去"的立足点大致不外三种:

(1) 当说话人出现或用第一人称叙事时,说话人或"我"的位置就是立足点。如:

① 这时候谢大娘说:"这是商店的李明同志。她看我年纪大了,每月都要把我买的东西送来。"
② 谢利说:"我的字典夏西借去了。"
③ (打电话)
　甲:喂,星期天你能回来一下吗?
　乙:能回去,你在家等我吧。
④ 次日早晨,我到了县医院,……刚要推门进去,就见……老大爷向我招手。

对话中的"来""去",留学生一般比较容易掌握,但用第一人称叙事时,他们容易把"来""去"用错。如:

⑤ *因为新年到了,所以上星期我的母亲给我寄去了一个包裹。
⑥ *我的弟弟给我寄去了一封信。

这两个句子用的是第一人称,所以应该以"我"的位置为立足点。但作者把句子主语所表示的人物的位置当作立足点,自然就错了。

(2) 在用第三人称进行客观叙述时,叙事者可以把立足点放在正在叙述的人物所在的位置上。如:

⑦ 一天,老师傅把鲁班叫来,说:"徒弟,三年过去了,……该下山了。"
⑧ 欧阳海受了重伤……车上的人也都很快地下了车,向欧阳海跑来。
⑨ "我们去看看监狱之花。"许云峰亲切地说着,很有兴致地提起脚镣,迈步向楼下走去。

在这几个句子里,"老师傅""欧阳海""许云峰"是作者正在叙述的人物,因此他们所处的位置就是"来"或"去"的立足点。

下面的句子,由于立足点定得不对,所以把趋向补语"来"用错了。

⑩ *一天,我弟弟正在学习,忽然听见有人叫他出来玩。

这句话所叙述的人物是"我弟弟","我弟弟"正在屋里学习,因此应该说"……忽然听见有人叫他出去玩"。上面这个句子的作者,把"(有)人"的位置当作立足点,而"(有)人"不是正在叙述的人物,所以立足点定错了。

(3) 在用第三人称进行客观叙述时,叙事者还可以把某一处所当作立足点,这个处所或者是正在描述的对象,或者是正在叙述的事件发生的地点。如:

⑪ 为了叫井冈山变得更快,党派来了两千好儿女,同井冈山人一起来开发这座万宝山。
⑫ 去卧虎岭的大道上,走来一老一小。
⑬ 会场里也坐了不少人,这时还不断有人进来。

例⑪是以井冈山为描述的对象,例⑫的"去卧虎岭的大道上"与⑬的"会场里"是正在叙述的事件发生的地点,它们的位置决定了用"来"还是用"去"。

但是,如果作品用的不是第三人称,而是第一人称,即叙事者在作品中出现了,即便是正在对某一场所加以描述,也不能把它作为立足点,而应以叙事者——"我"的位置作为立足点。下面的句子把立足点搞错了:

⑭ *我听说夏天的松花江很美,到哈尔滨旅行的人都喜欢到松花江来。("我"在北京)

此外还须注意立足点与说话的时间或叙述的时间之间的关系。上述三种立足点都是以说话时或叙述时说话人或正在叙述的人物、处所的位置来确定的。下面的句子由于没有注意时间因素,把立足点搞错了:

⑮ *新中国成立以后他才从监狱出去。

⑯ *昨天我去看一个朋友,他书架上有很多很有意思的书,我出去的时候,带去了几本。

例⑮叙述的时间是在新中国成立以后,除非作者叙事时是在监狱里(这种可能性不大),否则不管作品用的是第一人称还是第三人称,立足点都应该是监狱之外,应该用"来",不应该用"去"。例⑯用的是第一人称,叙述的是"昨天"的事,而叙事的时间是"今天",这时"我"显然已不在朋友的房间里,所以应改为"……我回来的时候,带来了几本"。

2

一般的语法著作多认为趋向补语"来""去"表示"动作的趋向"①。但仔细思考一下,就可以发现,这个说法不够准确。汉语的结果补语和趋向补语在语法性质上基本相同。在句子分析方面,我们可以说结果补语和趋向补语都是前面动词的补语,但进行语法意义解释时,这样说就太笼统了。只有细致、准确的释义,才有利于外国留学生掌握这种语法现象。我们知道,在结果补语中,有相当多的是表示"致使"的意思。如"打倒了敌人"意思是"打"使"敌人""倒了";"火光照亮了大草原"意思是"火光的(映)照"使"大草原""亮了"。也就是说,这类结果补语表示通过动作使人或事物出现了某种结果(发生变化或发出另一动作)。趋向补语"来""去"一般也表示"致使"意义。② 比如"弟弟寄来了一个包裹"意思就是通过"寄","包裹""来了",趋向补语"来"并不说明动作"寄"。说趋向补语表示动作的趋向,有时也不大好理解,因为不少动作本身无所谓趋向。比如"抓"表示"手指聚拢,使物体固定在手中",这个动作本身无所谓趋向。又如"看"表示"使视线接触人或物",也没有什么趋向可言。王力先生在《中国语法理论》中把上面那类结果补语与"来"

---

① 人民教育出版社(1979)《汉语知识》,北京:人民教育出版社,第82页。

② 用于"看、听、想"等动词后的"来""去",有时表示"估计"等引申意义。这是比较特殊的。

"去"等趋向补语都归入"使成式"①,正是这个道理。

那么"来""去"究竟表示什么的趋向呢？我们认为它们表示人或事物的趋向。

如果动词是及物的,"来""去"就表示动作的受事者的趋向。如：

⑰ 小李上午给我打了一个电话来。

(小李——打,一个电话——来)

⑱ 昨天他给姐姐寄去了两本书。

(他——寄,两本书——去)

⑲ 字典借来了,你用吧。

([　]②——借,字典——来)

⑳ 我的自行车小李骑去了。

(小李——骑,自行车——去)

㉑ 年轻的战士很快把开水端来了。

(战士——端,开水——来)

㉒ 你把这本书给小李送去。

(你——送,这本书——去)

也许有人会问："他带来了一包水果"这句话里的"来"不是既表示受事者"水果"的趋向,也表示施事者"他"的趋向吗？我们说这个"来"也是表示受事者的趋向的,这可以通过问话来检验。这个句子可以这样发问："他带水果来了吗？"问话人要问的显然是"水果(带)来了没有",因为施事者"他""来了"已不成问题。

如果动词是不及物的,句子里没有受事者,"来""去"就表示施事者的趋向。如：

㉓ 上课了,老师进教室来了。

(老师——进,老师——来)

---

① 王力(1954)《中国语法理论》(上册),北京:中华书局,第 154 页。
② [　]表示省略或隐现的成分。

㉔ 刘胡兰昂首挺胸向铡刀走去。
（刘胡兰——走，刘胡兰——去）
㉕ 忽然从后面跑来一只狼。
（一只狼——跑，一只狼——来）
㉖ 刚才过去一个人。
（一个人——过，一个人——去）

这类句子的谓语动词只限于"上、下、进、出、回、过、起、到"等趋向动词。

3

现在来谈谈怎样辨别句末的"来""去"是趋向补语还是连动句的第二个动词。请看下面两组句子：

A. ㉗ 他带了一些水果来。
㉘ 妹妹给我拍一个电报来。
B. ㉙ 我买书去。
㉚ 小李追我来了。

这两组句子都是由"名词＋动词＋名词＋来/去"构成的。两组中的"来""去"所表示的意思以及语法功能是否相同呢？我们可以通过句中的"来""去"究竟是表示哪个成分的趋向来鉴别。

A组的动词是及物的，"来""去"表示的是受事宾语的趋向：例㉗"他——带，一些水果——来"，例㉘"妹妹——拍，一个电报——来"。因此 A 组的"来""去"是趋向补语。

B组的动词也是及物的，但"来""去"却不表示受事者的趋向。例㉙不是"我——买，书——去"，而是"我——买书，我——去"，例㉚不是"小李——追，我——来"，而是"小李——追我，小李——来"。即 B 组的"来""去"表示的是施事者的动作，因"来""去"是趋向动词，作谓语动词时自然也表示趋向。实际上，B 组是一种连动句，这种连动句的第一个动词表示目的，如例㉙"去"的目的是"买书",例㉚"来"的目的是"追我"。

有时一个句子既可以属于 A 组,也可以属于 B 组,有歧义,如:

㉛ 我买水果来了。

这个句子既可以是"我——买,水果——来了"(我买水果来了,你们快吃吧),也可以是"我——买水果,我——来了"(你干什么来了?我买水果来了)。这种歧义性在一定的语言环境中一般可以排除。

如果动词是及物的,但句中没有出现受事者,这种情况一般是省略了受事者,我们可以补上适当的受事者,然后进行鉴别。如:

㉜ 小王:你带那本书来了没有?
　　小李:我带来了。(我——带,[书]——来,趋向补语)
㉝ 妈妈:谁买菜去?
　　爸爸:我买去。(我——买[菜],我——去,连动句的第二个动词)

如果动词是不及物的,"来""去"前的动词是"上、下、进、出、回、过、起、到"等趋向动词时,"来""去"是趋向补语。如:

㉞ 老人回去了。(老人——回,老人——去)
㉟ 孩子们到公园来了。(孩子们——到,孩子们——来)

其他不及物动词后的"来""去"一般都是连动句的第二个动词。如:

㊱ 工人们休息去了。(工人们——休息,工人们——去)
㊲ 阿里游泳来了。(阿里——游泳,阿里——来)

A 组句子与 B 组句子还有以下一些区别:
(1) 提问的方式不同。
A 组的提问方式是:动词+什么(哪儿)+来/去?

㊳ 他带了些什么来?
㊴ 小李上哪儿去了?

B组的提问方式是:干(做)＋什么＋来/去?

㊵ 你干什么来了?

㊶ 小李做什么去了?

(2) A组句子如有受事宾语,"来""去"有两种位置:可在宾语前,也可在宾语后。如:

㊷ 他带来了一些水果。

㊸ 他带了一些水果来。

B组句子的"来""去"因是连动句的第二动词,所以只能在第一动词的宾语后。如:

㊹ 我买书去。

㊺ ＊我买去书。

(3) A组句子的谓语动词后可以用表示完成的动态助词"了";B组因为是连动句,第一动词后不能用表示完成的动态助词"了",只能在句末用表示变化的助词"了"。如:

㊻ 他买了一些水果来。

㊼ 他买水果去了。

㊽ ＊他买了水果去。

(原载《语言教学与研究》,1980年第3期,有改动)

三　可能补语用法的研究

可能补语,也称"补语的可能式"或"动词的可能态"。它究竟表示什么意义,现有的语法著作都谈得比较简单,认为是表示"可能性的"。具体说明时,多用能愿动词"能"来解释。如认为:"……'走得开'是说'能走开','放得下'是说'能放下','说不完'是说'不能说完','想不起来'是说'不能想起来'。"①对于第一语言是汉语的人来说,可能补语是不难运用的,所以不管是新中国成立初期吕叔湘、朱德熙先生的《语法修辞讲话》②,还是后来张瑞衡、谢裕民的《语病分析》③,都没有收入用可能补语的病句。但对外国留学生来说,可能补语却是一个语法上的难点。首先,他们难以掌握它,因为外语一般没有类似的表达方式;其次,既然我们用"能"来解释可能补语,他们自然认为"能"完全可以代替可能补语,因而也就不下功夫学,结果造成不用或者尽量回避用可能补语的现象。实际上可能补语与能愿动词"能"的表达功能并不完全一样,有些应该用可能补语的句子,如果用"能"就显得别扭甚至不通。下面是留学生造的句子:

① ＊我们不能想到旧社会劳动人民的生活是那样的悲惨。
② ＊南京的风景很美,到过那儿的人都不能忘了。

这显然是两个病句。教学实践使我们感到有必要对可能补语做进一步的研究。本文打算就可能补语所表示的意义,特别是它

---

① 丁声树等(1961)《现代汉语语法讲话》,北京:商务印书馆,第60页。
② 吕叔湘、朱德熙(1954)《语法修辞讲话》,北京:中国青年出版社。
③ 张瑞衡、谢裕民(1976)《语病分析》,长沙:湖南人民出版社。

的用法做一些探讨。

按照结构和所表示的语法意义,我们把可能补语分为三类:(1)由"得/不"加"结果补语/趋向补语"构成的,叫 A 类可能补语,连同前面的动词,我们用"V 得/不 C"表示,如"吃得饱、出不来";(2)由"得/不"加"了"(liǎo)构成的,叫 B 类可能补语,用"V 得/不了"表示,如"去得了、熟不了";(3)由"得/不得"构成的,叫 C 类可能补语,用"V 得/不得"表示,如"去不得、急不得"。下面分别加以讨论。

1　A 类可能补语——V 得/不 C

"V 得/不 C"是可能补语中最常用、最基本的一类。我们说"得/不 C"是由"得/不"加"结果补语/趋向补语"构成的,主要是考虑教学上的方便。因为多数"V 得/不 C"都有相应的结果补语或趋向补语形式,如"看得见"——"看见""上不来"——"上来"。① 因此,在学生学过结果补语和趋向补语之后,告诉他们在动词与结果补语或趋向补语之间加上"得/不",可以构成可能补语,是很简便的。但应该说明,我们并不认为"V 得/不 C"一定来源于结果补语或趋向补语。

1.1　一般的语法著作说"V 得/不 C"表示"可能性",这话不能算错,不过过于笼统②;仅仅用"能"来解释它,认为它和"能"的表达功能完全一样,就不够准确了。因为"能"的意义很多,可能补语只与它的部分意义相当。本文在说明"V 得/不 C"的意义时,仍然采用与"能"相比较的方式,也是出于教学方便的考虑。实际上,这种做法并不是唯一可行的。

能愿动词"能"的意义很多,与本文有关的有以下 5 个:(1)表示

---

① 有些"V 得/不 C"没有相应的结果补语或趋向补语形式,如"来得及"——"＊来及","靠不住"——"＊靠住","对不起"——"＊对起"等,这类可能补语多与前边的动词结合得很紧,成为一个凝固的熟语性结构。这类可能补语数目不多,大都可以在词典里查到,我们称为 A′类可能补语。

② 范继淹在《动词和趋向性后置成分的结构分析》一文中曾说:"一般认为'得、不'表示'可能',即使就意义而言,也失之于笼统,……似乎只表示'是否具备某种能力或条件',而不表示'客观出现的可能'。"(见《中国语文》1963 年第 2 期)这个看法是很有道理的。

具有某种能力,或主观条件容许实现(某一动作),如"他能说三种外语""我能举起一百斤东西"。(2)表示具备某种客观条件,或客观条件容许实现(某一动作或变化),如"今天气温很低,水能结成冰""只要控制饮食,你就能瘦下来"。(3)表示有可能,如"都十点多了,他还能来吗?"(4)表示准许,如"没有我的命令你不能动!"(5)表示情理上许可,如"里面正在开重要会议,你不能进去"。我们把(1)(2)(3)义称为甲类意义,(4)(5)义称为乙类意义。"V得/不C"所表示的意义大体上与"能"的甲类意义相当。由于"V得/不C"都包含某种结果或趋向,所以我们可以把它的语法意义概括为"表示主、客观条件是否容许实现某种动作的结果或趋向"。如:

③ 红娘子的精神非常振奋,再也坐不下去……(姚雪垠)
④ 小毛只看见锄头也不敢看人,吓得半句话也说不出来。(赵树理)

这两句说的是主观条件。例③是说"红娘子"因"精神非常振奋",不能继续保持"坐"的姿态;例④是说"小毛"因为"吓"(害怕),使"说出话来"不能实现。

⑤ 我到他门口看看,门关了,什么也听不见。(赵树理)
⑥ (小矮子)两个大门牙支出来,说话有些关不住风。(曹禺)

这两句说的是客观条件,例⑤是说因为"门关了",所以不能实现"听见";例⑥是说由于"两个大门牙支出来",所以不能把风"关住"。

⑦ 老营的事情你只管放下,交代别人替你半天,天塌不下来。(姚雪垠)

这句话的"V不C"表示"不可能",是根据主、客观条件对情况进行的估计。[①]

[①] 凡是根据主、客观条件进行的估计,一般能用"V得/不C"来表达。如果是根据其他情况进行的估计,往往不能用"V得/不C"。如:

他每天都在家,我想今天也不会出去。
*他每天都在家,我想今天也出不去。

"能"的乙类意义,不能用"V得/不C"来表达。如:

⑧ 要走都走,要留都留,……打仗的力量,不能分开!(老舍)

这里的"不能"是"情理上不许可"的意思,不能变换作"＊打仗的力量,分不开"。

⑨ 早知道你来干什么了,你不能带走喜儿!(贺敬之、丁毅)

这里的"不能"是"不准许"的意思,也不能变换作"＊你带不走喜儿"。

1.2　虽然"V得/不C"包含肯定和否定两种形式,但我们发现,在汉语里这两种形式的使用频率相差极为悬殊。我们对陈述句中"V得/不C"的使用情况做了一个统计,采用的材料共计1,145,000字,其中有:

　　曹　禺　《曹禺选集》　297,000字
　　老　舍　《骆驼祥子》　143,000字
　　　　　　《老舍剧作选》　263,000字
　　赵树理　《李有才板话》　77,000字
　　　　　　《李家庄的变迁》　85,000字
　　姚雪垠　《李自成》(第二卷下册)　280,000字

统计的结果是:"V得C"42个,"V不C"1210个。

这个数字向我们提出了一个问题:"V得C"和"V不C"的表达功能是不是有所不同?我们想通过"V得/不C"与"能/不能VC"使用情况的比较,来回答这个问题。

1.3　为了解决这个问题,首先有必要讨论一下与"能"关系十分密切的能愿动词"可以"的意义和用法。"可以"的意义也很多,与本文有关的主要也有两类:(甲)表示主、客观条件容许实现,即与"能"的甲义相同。如"小明一口气可以跑五十米""河上有一座小桥,可以过去"。(乙)表示准许、情理上许可,即与"能"的乙义相同。如"休息厅可以抽烟""你怕不安全,可以带着枪"。但在实际语言中,"可以"与"能"的分布不完全一样。我们做了一个统计(见表3-1):

表 3-1

		甲义				乙义							
		能			可以	能				可以			
肯定	曹禺	27			22	—				43			
	老舍	288			105	2				38			
	赵树理	114			31	6				80			
	姚雪垠	137			62	9				23			
	合计	566			220	17				184			
		能	不能	能不能	合计	可以	能	不能	能不能	合计	可以	不可(以)	可否	合计
疑问	曹禺	2	1	1	4	—	18	6	—	24	2	2	—	4
	老舍	39	2	5	46	—	57	4	—	61	4	2	—	6
	赵树理	28	5	6	39	—	10	7	1	18	1	—	—	1
	姚雪垠	19	—	1	20	—	8	—	1	9	2	1	1	4
	合计	88	8	13	109	—	93	17	2	112	9	5	1	15
		不能			不可(以)	不能				不可(以)			
否定	曹禺	19			—	77				1			
	老舍	24			—	77				2			
	赵树理	40			—	39				4			
	姚雪垠	65			8	59				28			
	合计	148			8	252				35			

由表 3-1,可以得出如下的结论:

(1)表示肯定的甲义,可以用"能",也可以用"可以",我们感觉"能"比"可以"更加口语化;否定的用"不能",只有在文言色彩较浓的作品中可以发现"不可"(如《李自成》);表示疑问只能用"能"。

(2)表示肯定的乙义,一般用"可以"①;否定的用"不能",只有文言色彩较浓的作品有时用"不可","不可以"也是很少见的;表示疑问多用"能",也可以用"可以","能"更口语化。

"能"和"可以"的分布见表3-2:

表 3-2

	甲义	乙义
肯定	能 可以	可以 能②
疑问	能	能 可以
否定	不能 不可	不能 不可

因此,在比较"V 得/不 C"与"能/不能 VC"时,也应该把"可以/不可以 VC"考虑进去。

1.4 现在我们来看看"V 得/不 C"与甲、乙二义的"能/不能 VC""可以/不可以 VC"在实际语言中出现的情况(表 3-3)③:

---

① 我们的材料里有17例表示肯定乙义的"能",其中12例前面有副词"只",3例前面有副词"才",还出现"就",这样用的"能"总是与"不能"有这样或那样的联系。如:

按"老规矩",丈夫打老婆,老婆只能挨几下躲开(不能还手——笔者)……(赵树理)

从今日起,红娘子要同李公子互相回避,直到拜天地才能见面(在此之前不能见面——笔者)。(姚雪垠)

我打听过区上的同志,人家说只要男女本人愿意,就能到区上登记(并不是不能登记——笔者)……(赵树理)

② 小号字表示较少使用。

③ A'类"V 得/不 C",因没有相应的"能/不能 VC"或"可以/不可以 VC"形式,所以不做这种比较。A'类"V 得/不 C"出现的情况见下表:

	肯定	疑问				否定
	V 得 C	V 得 C	V 不 C	能 V 得 C	合计	V 不 C
曹禺	17	10	—	—	10	64
老舍	25	11	—	—	11	84
赵树理	9	3	—	1	4	34
姚雪垠	8	—	—	—	—	37
合计	59	24	—	1	25	219

表 3-3

		甲义						乙义	
		V 得 C			能 VC		可以 VC	能 VC	可以 VC
肯定	曹禺	19			5		5	—	8
	老舍	19			76		25	—	2
	赵树理	1			28		4	—	1
	姚雪垠	3			22		16	—	—
	合计	42			131		50	—	11
疑问		V 得 C	V 不 C	V 得 C V 不 C	能 V 得 C	合计	能 VC	能不能 VC	合计
	曹禺	8	3	—	—	11	—	—	—
	老舍	16	9	3	5	33	9	2	11
	赵树理	8	2	—	—	10	5	2	7
	姚雪垠	3	1	—	3	7	6	—	6
	合计	35	15	3	8	61	20	4	24

(疑问 续: — | 能 VC | 可以 VC 列)
- 曹禺: — | — | 1
- 老舍: — | — | —
- 赵树理: — | 1 | —
- 姚雪垠: — | 1 | —
- 合计: — | 2 | 1

		V 不 C	不能 VC	不可(以)VC	不能 VC	不可(以)VC
否定	曹禺	267	—		1	1
	老舍	492	3	—	8	—
	赵树理	273	—		—	1
	姚雪垠	179	1		2	—
	合计	1211	4	—	11	2

根据这个统计,我们得出以下结论:

(1)表示肯定的甲义,多用"能 VC"或"可以 VC","V 得 C"用得较少。

(2)表示否定的甲义,一般用"V 不 C","不能 VC"极少见。

(3)甲义疑问形式既可以用"(能)V 得 C""V 不 C",也可以用"能 VC"。"能不能 VC""V 得 CV 不 C"用得较少,这可能是为了避免音节太多,说起来烦冗拗口。我们还发现"V 得 C",特别是"能 V 得 C"多用于反问(35 例"V 得 C"中有 22 例,8 例"能 V 得 C"中有 7

例),"V不C"多用于询问(15例中有11例)。

（4）表示肯定的乙义用"可以VC"，否定的一般用"不能VC"，疑问的多用"能VC"，也可以用"可以VC"，"能VC"更加口语化。

由此我们概括出"V得/不C"与甲、乙二义的"能/不能VC""可以/不可以VC"的分布(见表3-4)。

表 3-4

	甲义：有能力、有条件、有可能	乙义：准许、许可
肯定	能 VC 可以 VC V 得 C	可以 VC
疑问	(能)V 得 C V 不 C 能 VC 能不能 VC V 得 C V 不 C	能 VC 可以 VC
否定	V 不 C 不能 VC	不能 VC 不可(以)VC

1.5 为什么"V得C"与"V不C"的功能不同，我们想通过"V得/不C"与甲义的"能/不能VC"和"可以/不可以VC"的变换来说明。

我们发现，"V不C"大多数不能变换作"不能VC"，如果进行变换，有些句子将不成立：

⑩ 破了洛阳，咱们的人马会多得带不完。（姚雪垠）
   *破了洛阳，咱们的人马会多得不能带完。
⑪ 你编的，大伙儿念不懂，我编才行。（老舍）
   *你编的，大伙儿不能念懂，我编才行。
⑫ 你还有点叫不出口，是么？（曹禺）
   *你还有点不能叫出口，是么？

有些"V不C"变换作"不能VC"后意思可能改变，试比较：

⑬ 高夫人只是谦逊，不肯答应，可是又挽不起来，十分为难。
   （姚雪垠）

高夫人只是谦逊,不肯答应,可是又不能搀起来,十分为难。

这里,第一句的"搀不起来"意思是"搀了",但因为被搀的人态度坚决,所以"搀不起来",属于甲类意义;第二句的"不能搀起来"意思是"情理上不许可"——"不应该搀起来",属于乙类意义。又如:

⑭ 看看,我的天,得有多少宝贝东西带不走啊!(姚雪垠)(甲义)
　　看看,我的天,得有多少宝贝东西不能带走啊!(乙义)
⑮ 我,我说不出来,爸。(曹禺)(甲义)
　　我,我不能说出来,爸。(乙义)

这一类"V不C"有时可以变换作"不能VC"。如:

⑯ 在沙漠里养不出牡丹来。(老舍)
　　在沙漠里,不能养出牡丹来。
⑰ 这班富户……你就是把他们的粮食搜光,也饿不掉他们一颗大牙。(姚雪垠)
　　这班富户……你就是把他们的粮食搜光,也不能饿掉他们一颗大牙。

在我们的材料里发现了4例甲类意义的"不能VC"。如:

⑱ 在那些艰难的日子里,我倘若不在那一群猴子面前树起威来,别说不能打败官军和乡勇……(姚雪垠)
⑲ 眼泪感动不了父亲,眼泪不能喂饱了弟弟,她得拿出更实在的来。(老舍)

我们考察了为数不多的甲义"不能VC",发现它一般都出现在说话者表述自己的观点、看法的句子里。

与"V不C"不同,"V得C"一般都能变换作"能VC"或"可以VC"。如:

⑳ 拉到了地点,祥子的衣裤都拧得出汗来……(老舍)
　　拉到了地方,祥子的衣裤都能(可以)拧出汗来……
㉑ 句句都听得懂,全是老百姓的家常话,也是心里话。(姚雪垠)

句句都能(可以)听懂,全是老百姓的家常话,也是心里话。
㉒ 眼神中看得出抑郁,不满,怨恨。(曹禺)
   眼神中能看出抑郁,不满,怨恨。

在表达"主、客观条件容许实现"这个意义上,"能 VC""可以 VC"比"V 得 C"要肯定得多。

由此,我们得出以下结论:A 类可能补语主要用来表达"由于受主、客观条件的限制,不能实现某种结果或趋向",即"非不愿也,实不能也"这个意义,在表达这个意思上,"V 不 C"是最恰当的甚至往往是唯一的表达方式,它是"不能 VC"或"不可以 VC"所代替不了的;"V 得 C"主要用于疑问句,在陈述句中很少使用,当要表达"有能力、有条件实现某种动作的结果或趋向"这个意义时,更多的是用"能 VC"或"可以 VC"。在我们所用的材料中,有下面一类句子,有助于说明我们的这个结论。如:

㉓ 他又往前凑了一凑,能听见说说笑笑,却听不见说什么。(赵树理)
㉔ 因为隔着山,看不见发火的地方,只能看见天空一亮一亮的,机枪步枪的声音也能听见。(赵树理)
㉕ 四外由一致的漆黑,渐渐能分出深浅,虽然还辨不出颜色……(老舍)

这种"能 VC"与"V 不 C"呼应连用的,在我们的材料中发现了 5 例,却没有发现 A 类"V 得 C"与"V 不 C"呼应连用的句子。不过,我们并不认为这种呼应连用是不可能的。

1.6 我们还发现 8 例"VC"与"V 不 C"呼应连用的。如:

㉖ 那是正犯,拿住呢有点赏,拿不住担"不是"。(老舍)
㉗ 拉不着钱,他泡蘑菇;拉着钱,他能一下子都喝了酒!(老舍)
㉘ 你猛拉弓,感觉左手中指碰到箭头,就是弓拉满了;碰不到,就是弓未拉满。(姚雪垠)

这种情况多出现在假设句中。这说明"V 不 C"有时不一定包含"不能"的意思,或"不能"的意思很不明显,而只表示做了某个动作,但没有取得某种结果。而"V 得 C"则总包含"能、可以"的意义。[①] 这是否也是"V 不 C"与"V 得 C"表达功能不同的一个原因?

1.7 现在我们讨论"V 得 C"的用法。根据材料中出现的 42 例"V 得 C",可以看出它主要用于以下几种情况:

(1) 如果问话中有"V 得/不 C",回答时一般用"V 得 C"。如:

㉙ 高永义:沉不住气了吗?三哥!
　 高秀才:我沉得住气,我没着急!(老舍)

(2) 两个"V 得 C"连用,形成一种固定的句式。如:

㉚ 虎妞说得出来,就行得出来。(老舍)

(3) 当说话者对"能实现某种结果或趋向"把握不大或表达"勉强能实现某种结果或趋向"的意义时,多用"V 得 C",动词前面常有"也许、大概"一类副词。如:

㉛ 听说你明天开张,也许用得着,特意给你送来了。(老舍)
㉜ 他放下镢担起箩头来走了,我就照着他的样子刨。也行!也刨得起来了,只是人家一镢两镢就刨一颗,我五镢六镢也刨不下一颗来。(赵树理)
㉝ 到了西长安街,街上清静了些,更觉出后面的追随——车辆轧着薄雪,虽然声音不大,可是觉得出来。(老舍)

与此类似的,是剧本中作者对舞台布景或人物的说明。如:

㉞ 从纱门望出去,花园的树木绿荫荫的,听得见蝉叫声。(曹禺)
㉟ 黎明之前,满院子还是昏黑的,只隐约的看得见各家门窗的影子。(老舍)

---

① 杨建国在《补语式发展试探》一文中提到,大约在两晋的时候,汉语中就出现了可能式的否定式,其来源可能是上古"A＋不 A"(A 代表动词)并列式的粘合,后项表示前项反面的结果,而肯定式是唐代中叶以后才出现的,它是由"动词＋得＋动词"构成的,"得"表示"可能的意义"(见中国语文杂志社《语法论集》第三集,北京:商务印书馆,1959 年),这个结论与我们对现代汉语中某些"V 得 C"与"V 不 C"的观察结果是一致的。

这种"V 得 C"所表示的结果都是剧作者打算通过布景道具或人物的化妆、表演使观众能感觉出来的，而不是"显而易见"的，其肯定程度自然差些。

(4)"V 得 C"前有否定词语，这时虽然形式上是"V 得 C"，但整个句子所表示的意思是否定的，语气稍委婉些。如：

㊱ 就凭你这么连点硬正气儿都没有啊，没有一个姑娘看得上你！(老舍)

㊲ 我这些年的苦不是你拿钱算得清的。(曹禺)

㊳ 哼，我假若是有病，也不是医生治得好的。(曹禺)

(5) 形式上用"V 得 C"，但说话者所要表达的意义与"V 不 C"有某种联系。如：

㊴ 你上哪儿我也找得着！(老舍)

这句话的含义是"你别以为我找不着"。

㊵ 苦人跟苦人才说得到一块儿呢！(老舍)

这句话的含义是"吃苦的人跟享福的人是说不到一块儿的"。

㊶ 你的手段我早明白，只要你能弄钱，你什么都做得出来。(曹禺)

这句话的含义是"没有什么坏事你做不出来"。

在 42 例"V 得 C"中，37 例属(3)(4)(5)。其中(1)是语言环境决定的；(2)是一种特殊的固定用法；(3)(4)(5)体现了"V 得 C"的表达功能。这三种用法可以归结到一点：都与"V 不 C"有某种联系。也就是说，当要委婉地表达否定的意思，表达不大有把握的肯定或反驳某种否定的想法时，"V 得 C"是比"能 VC"更富于表现力的。这就从反面进一步说明 A 类可能补语主要表达"主、客观条件不容许实现某种动作的结果或趋向"这种意义。

附带说明一点，不少语法著作指出"V 得/不 C"前还可以加"能"来加强"可能"的意思，我们说，这只适用于"V 得 C"。我们的

材料中有 9 例用于陈述句的"能(可以)V 得 C",如:

㊷ 她颇得用点心思才能拢得住这个急了也会尥蹶子的大人,或是大东西。(老舍)

㊸ 她的眼睛更显得大而有光彩,我们可以看得出在那里面含着镇静、和平与坚定的神色。(曹禺)

这是"能(可以)VC"与"V 得 C"双管齐下的混合形式,"能(可以)"是羡余成分(redundant)。从语气的肯定程度来看,"能(可以)V 得 C"介于"能(可以)VC"与"V 得 C"之间。

但"V 不 C"前一般不能加"不能",因"不能 V 不 C"是双重否定。在汉语里双重否定多等于肯定,再加上"不能"的多义性,"不能 V 不 C"的意义会与"V 不 C"相差很远。试比较:

㊹ 你完不成这个任务。(甲义)

你不能完不成这个任务。(乙义)

㊺ 这本书他看不懂。(甲义)(否定)

这本书他不能(会)看不懂。(甲义)(肯定)

1.8 包含"V 得/不 C"的句子的结构特点。

1.8.1 能带"得/不 C"的主要是动词,而且以单音动词为多。如果单音动词与双音动词同义,一般用前者。如说"吐不出来",不说"＊呕吐不出来";说"考不好",不说"＊考试不好"。能愿动词,表示致使意义的"使、让、叫",某些表示心理活动的动词,如"想('想念'义)""懂"以及"是、有、为、像"等,不能带"得/不 C"。

形容词有时也可带"得/不 C",如"暖和得起来、红不起来、好不下去、热不死"等。

关于哪些趋向补语能构成可能补语,范继淹(1963)一文中做了分析,并列举了不能构成"V 得/不 C"的 VC 结构。① 一般来说,用于基本意义的趋向补语易于构成"V 得/不 C"。不能构成"V 得/

---

① 范继淹(1963)动词和趋向性后置成分的结构分析,《中国语文》第 2 期。

不C”的，多为引申意义的，如“哭开了”——“＊哭不开”，“看上去”——“＊看不上去”。结果补语大多数可以构成“V得/不C”。

1.8.2 包含“V得/不C”的句子，动词前可以有状语，但限于修饰整个谓语的表示时间、处所、范围、对象等方面的词语。如：

㊻ 小毛见不说马上就活不成了，就……（赵树理）

㊼ 一直到半夜，他还合不上眼。（老舍）

㊽ 她的小丈夫和她谈不上话来……（曹禺）

动词前一般不能用表示动作者动作时的心情、态度以及修饰动作的描写性状语。试比较：

㊾ 他在哪里呢？他自己也不能正确的回答出。（老舍）

他在哪里呢？＊他自己也正确的回答不出。

㊿ 你能高高兴兴地做完这件事吗？

＊你高高兴兴地做得完这件事吗？

1.8.3 有些“V不C”中间可以插入“太、大、很”一类程度副词。如：

(51) 我看不大清楚啊！（老舍）

(52) 天似乎已晴，可是灰渌渌的看不甚清……（老舍）

A′类“V不C”是熟语性的，中间不能插入此类副词，如不能说“＊对不很起”“＊来不太及”等。

1.8.4 “V得/不C”一般不能用于“把”字句、“被”字句的谓语动词后[①]，不能用于连动句的第一动词后。下面是留学生的病句：

(53) ＊我把这个活干不好。

(54) ＊这个杯子被他打不破。

(55) ＊他病刚好，出不去散步。

(56) ＊我没有票，进不去看电影。

① A′类“V得/不C”有时可用于“被”字句，如：“他不明白，自己为什么总是被人看不起”。

2 B类可能补语——V得/不了

“了”的本义是“完、结束”。由“得/不了”构成的可能补语，用在某些动词后，“了”有时仍表示“完、掉”一类的结果意义。① 如：

(57) 这个西瓜太大，咱们俩吃不了。(＝吃不完)

(58) 咱们俩的事，一条绳拴着两蚂蚱，谁也跑不了！(老舍)(＝跑不掉)

下面的句子最能说明问题：

(59) 以前的一切辛苦困难都可一眨眼忘掉，可是他忘不了这辆车！(老舍)

这一类的“不了”应属A类可能补语。

由“得/不了”构成的B类可能补语，“了”一般不表示“完”等意义，整个可能补语表示“能”的甲类意义。② 如：

(60) 你呀，看不起我，怕我给不了房租！(老舍)

(61) 只有学生有钱，能够按月交房租，没钱的就上不了大学啊！(老舍)

(62) 我看这群浑蛋都有点回光返照，长不了。(老舍)

乙类意义的“能”不能用“得/不了”来表达，如：

(63) 妈，您别再这样劝我了，我们不能认命！(曹禺)

*妈，……我们认不了命！

(64) 一个人不能去，看掉在沟里头！(老舍)

*一个人去不了，看掉在沟里头！

---

① 表示“完成”意义的“了”(le)用在此类动词后，一般也表示“掉”一类的结果意义。这类动词如：“吃、喝、跑(逃跑)、用、烧、忘、卖”等。

② 因此“V不了”有时有两种意思：

这碗饭盛得太满了，我吃不了。(V不C)

这碗饭馊了，吃不了了。(V不了)

虽然在表达“能”的甲类意义方面“V 得/不了”与“V 得/不 C”有相似之处，但“V 得/不 C”总是与动作的某种结果或趋向相联系，而 B 类“V 得/不了”一般与动作的结果或趋向无关。试比较：

(65) 今天晚上我有事，看不完这本书了。（不能实现“看完”）
今天晚上我有事，看不了这本书了。（不能实现“看”）

2.1 “V 得/不了”也主要表示“由于受主、客观条件的限制，不能实现某种动作或变化”。在实际语言中，“V 不了”出现的频率远远超过“V 得了”，我们的统计如表 3-5。表示肯定意义、与“V 不了”呼应连用的常常是“能 V”“可以 V”。如：

(66) 三哥，属老虎的才能干这种事儿，属耗子的干不了。（老舍）
(67) 竹均，一个人可以欺骗别人，但是欺骗不了自己……（曹禺）

“V 得了”的用法与“V 得 C”基本一样。

表 3-5

	肯定	疑问					否定
	V 得了	V 得了	V 不了	V 得了 V 不了	能 V 得了	合计	V 不了
曹禺	1	1	1	—	—	2	41
老舍	2	6	4	2	1	13	98
赵树理	3	4	3	1	—	8	78
姚雪垠	—	—	—	—	—	—	21
合计	6	11	8	3	1	23	238

2.2 与“V 不 C”不同，“V 不了”很多可以变换作“不能 V”。如：

(68) 一个男子汉，干什么吃不了饭，偏干伤天害理的事！（老舍）
一个男子汉，干什么不能吃饭，……
(69) 不收？是治不了啦？（曹禺）
不收？是不能治啦？
(70) 画的天好，当不了饭吃啊！（老舍）
画的天好，不能当饭吃啊！

不过在表达"主、客观条件不容许实现"这个意思时,"V不了"的语气更加肯定。

有时,"V不了"变换成"不能V"也会表示乙类意义。如:

⑦ 天黑以前你回不了家。(甲义)
　　天黑以前你不能回家。(乙义)
⑦² 大娘有病起不了炕。(甲义)
　　大娘有病,不能起炕。(乙义)

不过,如在句末加上助词"了",会限制"不能"的意义,使之也表示甲义,如"天黑以前你不能回家了""大娘有病,不能起炕了"。这说明,与"V不C"相比,"V不了"更易于为"不能V"所代替。在实际语言中,"V不了"多用于口语;书面语或正式场合,表达同样的意思时,更多的是用"不能V""V不C"或其他表达方式。

2.3　包含"V得/不了"的句子与包含"V得/不C"的句子的结构特点基本相同,值得提出的有以下两点:

(1) 动词或形容词与"得/不了"结合要比与"得/不C"结合来得容易,结合面也宽些。不但某些双音动词可以与"得/不了"结合,就连前面有状语的动词,甚至带其他补语的动词,后面都可以用"得/不了"。如:

⑦³ 他每天都踩着铃儿来,今天也早来不了。
⑦⁴ 我们这里埋没不了人才。
⑦⁵ (崇祯)担心山东的变乱正在如火如荼,扑灭不了……(姚雪垠)
⑦⁶ 爱怎样怎样,反正这点钱是我的!谁也抢不了去!(老舍)

这是因为"V得/不了"主要用于口语,所以结构上相对地自由些。除了能愿动词、表示使令意义的"使、让、叫"等以外,一般动词后都可以用"得/不了"。但多用于书面语的动词,如"遴选、沐浴、披露、著、逾"等,后面不能用"得/不了"。

不能带"得/不了"的形容词主要有以下两类:

a. 某些常用于书面语的,如"肮脏、稠密、疲乏、美丽、懦弱、细腻、衰败"等。

　　b. 非谓形容词,如"男、女、雌、雄、正、副、横、竖、夹、大型、初级、多项、个别、共同、主要、新生、慢性、新式、四方、万能、天然、人为、袖珍、高频"等。

　　(2) B类可能补语中间不能插入程度副词。

3　C类可能补语——V得/不得

　　动词或形容词后可以只用"得/不得"作补语,如"吃不得、急不得"[①],"V得/不得"表示两种语法意义,或者说有两种C类可能补语,C_1类与C_2类。

　　3.1　C_1类"V得/不得"表示"主、客观条件是否容许实现某动作",即与"V得/不了"的意义相同。如:

　　⑦ (三仙姑)羞得只顾擦汗,再也开不得口。(赵树理)
　　⑦⑧ 说你再也出不了门,做不得事,只会在家里抽两口烟……
　　　　(曹禺)

　　C_1类"V得/不得"在普通话里用得很少,所以甲义的"能/不能V"一般不能变换作C_1类"V得/不得",但往往可以变换作"V得/不了"。如:

　　⑦⑨ 我没有时间,不能去了。
　　　　＊我没有时间,去不得了。
　　　　我没有时间,去不了了。

　　C_1类可能补语有些也是熟语性的。"得/不得"与前面的动词凝结成一个词,这是早期白话的遗留,在普通话里常用。如"恨不得、怪不得、巴不得、由不得"——只用否定形式,"舍得/不得、记

---

① 陆志韦等《汉语的构词法》(修订本)(北京:科学出版社,1964年,第78页)认为,这种补语的肯定形式后省略了一个"得"字:"不能希望有一个'吃得得',这里是省去了一个'得'。"

得/不得"——肯定、否定形式都用。

C_1 类"V 得/不得"统计如表 3-6。在这 164 个"V 得/不得"中，只有 6 例是非熟语性的，8 个疑问形式全表示反问。

表 3-6

	肯定	疑问			否定
	V 得	V 得	V 不得	合计	V 不得
曹禺	7	—	—	—	33
老舍	10	2	1	3	40
赵树理	6	3	2	5	37
姚雪垠	1	—	—	—	22
合计	24	5	3	8	132

3.2　C_2 类"V 得/不得"表示"情理上是否许可"，可以用在动词和形容词后。如：

⑧⓪ 凉水浇不得！（曹禺）

⑧① 这个人你可小看不得。（赵树理）

⑧② 那推针的手，轻不得、重不得、快不得、慢不得。

表示"情理上不许可"的"不能"，有些可以变换作 C_2 类"V 不得"。如：

⑧③ 一个人不能去，看掉在沟里头！（老舍）

　一个人去不得，看掉在沟里头！

但表示"不准许"意思的"不能"不能变换作"V 不得"。如：

⑧④ 没有我的命令你不能走。

　*没有我的命令你走不得。

有时，"不能 V"与"V 不得"连用可表示同样的意思。如：

⑧⑤ 那寿木盖子是四川漆！不能碰！碰不得！（曹禺）

"V 不得"比"不能 V"的语气要重。

除了疑问句外，C_2 类可能补语只用否定形式。这是因为此类可能补语一般用来表示规劝、提醒或警告，说明不要做或避免出现"不得"前的动词或形容词所表示的动作或情况，否则会带来不良后果。C_2 类"V 不得"只出现在口语中。这类可能补语出现的情况统计见表 3-7。这里唯一的一个肯定形式"V 得"是出现在"V 得 V 不得"连用的结构里：

㊊ 他虽是个有钱的，可是<u>进得出不得</u>……（赵树理）

这可以说是一个特殊用法。

表 3-7

	肯定	疑问				否定
	V 得	V 得	V 不得	V 得 V 不得	合计	V 不得
曹禺	—	—	—	—	—	12
老舍	—	—	—	—	—	6
赵树理	1	—	1	—	1	23
姚雪垠	—	—	—	—	—	6
合计	1	—	1	—	1	47

因此，可以说"V 不了"与"V 不得"有个明显的分工："V 不了"专用于甲类意义，表示"没有能力、没有条件、没有可能"；"V 不得"主要用于乙类意义，表示情理上不许可。

3.3 包含 C_2 类"V 不得"的句子的结构特点，有两点应该提出：

(1)"V 不得"中的动词也以单音节的为多。不能带"不得"的动词主要有：

a. 口语中不常用的，如"通讯、敬佩、拥戴、著、售"等。

b. 表示动作者所不能控制的动作的动词，如"醒、传染、长(zhǎng)、度过、遇、吃惊、觉悟、爆发"等。①

---

① 本节列举的限于《普通话三千常用词表》（初稿）（北京：文字改革出版社，1959 年）所收录的词。

c. "是、为、像、以为"以及能愿动词。

能带"不得"的形容词多是口语中常用的,主要有:"大、小、高、低、长、短、粗、细、宽、窄、厚、薄、满、空、多、少、偏、歪、斜、弯、深、浅、重、轻、快、慢、迟、浓、淡、密、稀、软、硬、紧、松、乱、稳、错、贵、贱、简单、复杂、热、冷、凉、早、晚、甜、酸、辣、咸、饿、累、闲、慌、胖、美、骄傲、糊涂、灵活、老实、谦虚、粗鲁、冒失、粗心、大意、随便、认真、马虎、麻痹、厉害、紧张、急、客气、严、活泼、顽固、疲沓、固执、热情、大方、小气、自私、激烈、懒、勉强、顽皮、高兴、恼、亲热、兴奋、保守、积极、消极、悲观"等。

(2) "V不得"后很少带宾语,如果有宾语,宾语的结构也一定很简单,如"开不得口、怨不得他"等。谓语动词如有受事,多位于"V不得"前作主语,位于"V不得"后作宾语的少见。试比较:

⑧⑦ 你那犹犹豫豫的老毛病可犯不得。

＊可犯不得你那犹犹豫豫的老毛病。

(原载《中国语文》,1980年第4期,有改动)

四　状语与补语的比较

在汉语里,有不少词或短语,在句子中既可以在动词或形容词前作状语,也可以在动词或形容词后作补语。在大多数情况下,同样的词语作状语与作补语所表达的意义是有差别的。这种差别有的很明显,有的很细微。比较状语与补语,不仅对学汉语的人有实践方面的意义,而且也有助于状语和补语语法意义的进一步研究。

本文在比较状语与补语时,本着以下的原则:

(1) 主要比较同样的词语作状语与作补语时在语义与表达功能方面的差别。不仅比较动词前后的状语与补语,也比较形容词前后的状语和补语。

(2) 只比较既能作状语又能作补语的词语,特别是能在同一个句子的动词或形容词前后作状语或补语的词语。一般不涉及只作状语或只能作补语的词语。

(3) 尽可能地分析说明同样的词语作状语与作补语时所具有的语法特点和在句法结构方面的限制。

(4) 所用的语言材料主要采自口语,比较的对象也主要限于口语。书面语的情况要更复杂一些。

1　形容词、形容词短语及固定短语

1.1　单音节形容词

(1) 单音节形容词能作状语的为数不多,常见的有"高、快、慢、远、近、横、竖、直、斜、歪、紧、轻、重、长、饱、苦、静、臭、粗、细、早、晚、真、假、乱、大、小"等,而且与动词的搭配很受限制。① 如"紧"一般只修饰"跟""走""赶"等动词;"横"一般只修饰"写""穿('穿过'义)""排"等动词。而能作补语的单音节形容词是很多的,几乎常用的单音节形容词(多数非谓形容词除外)都可以作结果补语与程度补语,搭配方面的限制也少得多。如"早",可以说"来早了""走早了""去早了""起早了""来得很早""走得很早""去得很早""起得很早"等。

(2) 从表达功能来看,单音节形容词单独作状语时,可出现于祈使句中,表示命令、劝告、催促,动词后不需要带补语。如:

① 早去早回!
② 多吃点儿!
③ 少说几句吧。
④ 快走!
⑤ 衣服要勤洗勤换。

单音节形容词单独作补语一般不能用于祈使句,表示命令时,后面要加上表示程度的"点儿""些"等。如:

⑥ 走快点儿(些)!
⑦ 写得好点儿!

(3) 大多数单音节形容词作状语时,其作用在于描写动作。如:

⑧ 小王快走了几步,跟上了队伍。(走——快)
⑨ 他大叫了一声,晕了过去。(叫——大[声])

单音节形容词作结果补语时,一般不描写动作,而表示动作的结果使施事或受事发生了变化:

⑩ 把布染红了。(布——红)

---

① 参见朱德熙(1956)现代汉语形容词研究,《语言研究》第 1 期。

⑪ 花儿变白了。(花儿——白)

单音节形容词作程度补语时,可以描写动作,但在单句中形容词前面一般要有其他修饰语。如:

⑫ 小李走得很快。(走——快)
⑬ 张明写得比李刚慢。(写——慢)

单音节形容词作程度补语还可以说明、描写动作的施事或受事,形容词前往往有其他修饰语。如:

⑭ 小李字写得很大。(字——很大)
⑮ 红红长得很高。(红红——很高)

单音节形容词作状语时很少描写动作的施事或受事。

(4) 有些单音节形容词,如"多、少、早、晚"等,既能作状语,又能作结果补语和程度补语,都表示"不合某一标准"的意思。如:

⑯ 他晚来了几天。
　 他今天来晚了。
　 他今天来得很晚。
⑰ 这个孩子今天多说了几句话。
　 这个孩子今天话说多了。
　 这个孩子今天话说得多了点儿。

这类形容词作结果补语时,句末往往有"了";作状语时,动词后往往有表示数量的宾语或补语;在单句中作程度补语时,或者前面有修饰语,或者后面有表示程度的"点儿""些"。

有一些单音节形容词,如"大、小、高、低、深、浅、肥、瘦、宽、窄、长、短、咸、淡、粗、细、轻、重"等,可以作结果补语和程度补语,表示不合某一标准,但不能在同一个句子的动词前作状语。如:

⑱ 这件衣服做肥了。
　 这件衣服做得太肥了。
　 *肥做了(一件)衣服。

⑲ 纸裁小了。
　　纸裁得太小。
　　*小裁了纸。

1.2　双音节形容词、形容词重叠式、形容词短语及固定短语等

（1）双音节形容词作结果补语，一般表示动作的结果使施事或受事发生了某种变化；作状语时，描写动作的方式、程度或动作者动作时的情态。大多数双音节形容词不能在不改变意义、不增加或减少词语的情况下作同一动词的状语和结果补语。如：

⑳ 明明激动地写了两个大字。（明明——激动，描写动作者）
　　*明明写激动。
㉑ 我高兴地想着。（我——高兴，描写动作者）
　　我想高兴。（意思变了）
㉒ 敌人的阴谋彻底暴露了。（暴露——彻底，描写动作）
　　*敌人的阴谋暴露彻底。
㉓ 你详细谈谈事情的经过。（谈——详细，描写动作）
　　*事情的经过你谈谈详细。
㉔ 老师的话我听明白了。（我——明白，说明施事）
　　*老师的话我明白地听了。
㉕ 他把衣服洗干净了。（衣服——干净，说明受事）
　　*他干净地把衣服洗了。

个别双音节形容词既可以作状语，也可以作结果补语，都描写动作，但作状语时谓语动词后面要有其他成分。如：

㉖ 黑板上的两个字我看清楚了。
　　我清楚地看见黑板上有两个字。
㉗ 我听清楚了。
　　*我清楚地听了。

在上面两种句式中，双音节形容词作状语时，对动作的描写作用更强。

（2）双音节形容词、形容词重叠式、形容词短语以及固定短语作程度补语时，全句是描写性的，从表意方面来看，句子的中心在补语；作状语时，全句是叙述性的，句子的中心在动词。① 比较：

㉘ 解放军战士站得笔直。
　　解放军战士笔直地站着。

第一个句子主要描写"解放军"站着的姿势——"笔直"的，第二句主要叙述"解放军"在"站着"。又如：

㉙ 黑板上的字写得清清楚楚的。
　　黑板上清清楚楚地写着字。
㉚ 老师作业批改得很仔细。
　　老师仔细地批改着作业。
㉛ 玛丽每天起得很早。
　　玛丽每天很早就起来了。
㉜ 桌子上的东西放得乱七八糟的。
　　桌子上乱七八糟地放着一些东西。
㉝ 老人把种子包得一包一包的。
　　老人把种子一包一包地包了起来。

这样用的形容词、固定短语等多为说明动作（如㉚、㉛）及动作的受事（如㉙、㉜、㉝）的，也有少数描写动作者动作时的情态的（如㉘）。

多数描写动作者动作时的情态的状语，不能在意义不变的情况下作该句动词的程度补语。如：

㉞ 周冲冷静地思考着。
　　*周冲思考得很冷静。
㉟ 老人有些恐惧地站着。
　　*老人站得有些恐惧。

---

① 参见李临定（1963）带"得"字的补语句，《中国语文》第 5 期。

㊱ 孩子们嘻嘻哈哈地闹着。
　* 孩子们闹得嘻嘻哈哈的。

有些描写动作者动作时的情态的状语虽然可以移到该句动词后作程度补语，但表达的意思有所不同。作程度补语时表示由于某动作而产生的结果。如：

㊲ 姑娘们高兴地唱着。
　姑娘们唱得很高兴。（因“唱”而“高兴”）
㊳ 大娘伤心地看着。
　大娘看得很伤心。（因“看”而“伤心”）
㊴ 老人心满意足地吃着。
　老人吃得心满意足。（因“吃”而“心满意足”）

2　副词

副词中只有表示程度的“很”“极”既可以作状语，又可以作补语。

（1）“很”作补语比作状语表示的程度要高。比较：

㊵ 小梅听了这件事很难过。
　小梅听了这件事难过得很。
㊶ 这个电影我很喜欢。
　这个电影我喜欢得很。

这是因为形容词或表示心理活动的动词前面的“很”主要是句子结构上的要求，表示程度的意义很弱。因此要表达比较高的程度时，最好采用程度补语或其他程度副词（如“十分”“特别”“非常”等）。

（2）在口语中，“极”一般不作状语。在书面语中，“极”可以作状语，与程度补语“极”所表示的程度大致相同。比较：

㊷ 这课书难极了。

此课极难。

应注意，"极"作程度补语时，后面必须用"了"。

3　时间词语

表示时间点的词语可以单独作状语，但一般不能单独作补语。

表示时间段的词语既可以单独作状语，又可以单独作补语，但所表达的意义不同。时间词语作状语，一般表示在这一段时间内完成了什么动作或出现了什么情况；作补语时，如果谓语动词表示可以持续的动作，就表示动作或状态持续的时间，如果谓语动词表示不能持续的动作或动词后带有结果补语，就表示动作已经发生或完成了多长时间。如：

㊸ 姐姐一个星期织了一件毛衣。
　　这件毛衣姐姐织了一个星期还没织完。
　　姐姐认识老张已经一个星期了。

第一句的"一个星期"表示"姐姐织一件毛衣"所用的时间，第二句的"一个星期"表示"姐姐织毛衣"这一动作行为已经持续的时间，第三句的"一个星期"表示"姐姐认识老张"这件事已经有多长时间。又如：

㊹ 苹果十天就全红了。
　　苹果红了十天了。
　　苹果摘下来已经十天了。

有时表示时间段的词语作状语，有"每"的意思，表示两个动作之间的时间距离，这类句子的动词都表示经常性的动作。如：

㊺ 小明一个星期去一次少年宫。
㊻ 我们一周上一次体育课。

4 数词＋动量词

"数词＋动量词"作状语一般表示完成某件事所用动作的次数，作补语一般表示动作进行的次数。比较：

㊼ 猎人两枪就把老虎打死了。
　　猎人打了老虎两枪，老虎还在挣扎。
㊽ 李刚一脚把那条狗踢出老远。
　　李刚踢了狗一脚，狗爬起来就跑了。

"数词＋动量词"的重叠形式只能作状语，不能作补语。

5 处所词语

5.1 一般处所词语

处所词语往往与介词一起作状语或补语。少数常用的处所词语，也可以作补语，与前面加"在"所表示的意思相同，但往往不能作状语。如：

㊾ 小明，躺床上。
　　＊小明，床上躺。
㊿ 放抽屉里。
　　＊抽屉里放。
㊾ 你把暖瓶搁地下。
　　＊你把暖瓶地下搁。

有时不包含介词的表示处所的名词或"名词＋方位词"可以放在动词前作状语，这时动词多为"见""坐"。如：

㊾ 晚上咱们学校见。
　　＊晚上咱们见学校。
㊾ 明天剧场见。

＊明天见剧场里。

"剧场见""学校见"的意思是"到剧场里见""到学校里见",说话时双方不在"剧场""学校"。这种用法可以看作是一种告别语。又如：

㊄ 同志们,屋里坐。
　　＊同志们,坐屋里。
㊋ 小王,床上坐,床上坐。

"屋里坐""床上坐"是"到屋里坐""到床上坐"的意思,常用于主人邀请客人进自己的家或请客人坐在某处时,可以看作是一种寒暄语。能这样用的处所词及动词都十分有限。

5.2　在＋名词

"在＋名词"位于动词前与位于动词后功能、意义都有些不同。

(1)当谓语动词为及物动词时,"在＋名词"作状语表示动作进行的处所[①],动作者可能在这个处所里,也可能不在这个处所里。如：

㊌ 我在黑板上写字。("我"不在"黑板上")
㊍ 阿里在本子上画画儿。("阿里"不在"本子上")
㊎ 我在五道口食堂吃饺子。("我"在"五道口食堂")
㊏ 小明在操场上踢球。("小明"在"操场上")

"在＋名词"在动词后时,一般表示结果,表示通过动作使某事物(受事)达到某处所。如：

㊐ 老师把生词写在黑板上。("生词"在"黑板上")
㊑ 阿里把画儿画在本子上。("画儿"在"本子上")

因此,如果"在＋名词"表示的是动作使受事达到的处所,而不表示动作进行的处所,那么就应该放在谓语动词后,而不能放在动词前：

---

① 参见王还(1957)说"在",《中国语文》第 2 期；王还(1980)再说说"在",《语言教学与研究》第 3 期；朱德熙(1981)"在黑板上写字"及相关句式,《语言教学与研究》第 1 期。

㉒ 把箭射在靶子上。
　　*在靶子上射箭。
㉓ 他把手绢扔在地上。
　　*他在地上扔手绢。

反之,如果"在＋名词"表示的是动作的处所,就应该放在动词前作状语,而不能放在动词后。如:

㉔ 小明在地上打滚。
　　*小明打滚在地上。
㉕ 我在五道口食堂吃饺子。
　　*我把饺子吃在五道口食堂。
㉖ 我们在信上讨论问题。
　　*我们把问题讨论在信上。

(2) 谓语动词为不及物动词时,"在＋名词"位于动词后,表示动作的结果,即表示当事者通过动作所达到的处所。"在＋名词"不能位于不及物动词前。如:

㉗ 球落在池子里。("球"在"池子里")
　　*在池子里落球。
㉘ 桶掉在井里了。("桶"在"井里")
　　*在井里掉桶。

有时,"在＋名词"既可以作状语,也可以作补语,作补语时表示结果的意思不明显,与作状语所表示的意义基本相同。如:

㉙ 老师住在北大。
　　老师在北大住。
㉚ 一轮红日出现在东方地平线上。
　　一轮红日在东方地平线上出现。
㉛ 火车奔驰在田野上。
　　火车在田野上奔驰。

但能同时在这两种句式中出现的动词非常少,我们在《普通话三千常用词表》(初稿)①中只发现"住""出现""前进""生活"等有限的几个,而且其中有的词构成的句子不大口语化。这两种句子虽然语义接近,但表达重点不同。"在+名词"位于动词后时,突出处所;位于动词前时,突出动作。

有时,句子要稍加变化才允许某些不及物动词在两种句式中出现:

⑦² 我躺在床上,一动也不动。
　　我在床上躺着,不想起来。
⑦³ 你蹲在地上,别站着。
　　你在地上蹲着,别起来。
⑦⁴ 小巴狗从外边走进来,趴在主人脚边。
　　小巴狗在主人脚边趴着。

在这两种句式中,第二种句式(包含"着"的)表示的是一种静止的状态或姿势;第一种句式可以表示一种动作,如例⑦⁴说的是"小巴狗由站立到趴下";也可以表示一种静止的状态,如例⑦²。两种句式相比,当第一种句式表示动作时,句子是叙述性的,叙述一种动作的发生,比第二种句式的动作性要强;当第一种句式表示一种静止的状态时,比第二种句式更突出处所。能这样用的动词多为表示身体的动作、姿势的,如"躺""站""立""卧""靠""趴""跪""倒""挤""藏""坐",以及表示物体状态的,如"飘""悬""浮""停"等。

"生""发生""出生""死""牺牲""消灭""消逝"等表示出现、消失的动词也可以出现在上述两种句式中。不过"在+名词"作状语时,要用表示过去时的"是……的"句,或句末用表示变化的"了"。如:

---

① 中国文字改革委员会研究推广处(1959)《普通话三千常用词表》(初稿),北京:文字改革出版社。

㉕ 董存瑞牺牲在敌人的碉堡前。
　　董存瑞是在敌人的碉堡前牺牲的。
　　董存瑞在敌人的碉堡前牺牲了。
㉖ 小明出生在北京。
　　小明是在北京出生的。
　　八月八日小明在北京出生了。

还有少数不及物动词,其前后都可以出现"在＋名词",但"在＋名词"出现在动词后只限于排比句。如:

㉗ 王华生在北京,长在北京。
㉘ 我们工作在一起,劳动在一起,生活在一起。

在非排比句里,"在＋名词"只能位于动词前。如:

㉙ 我们在北京工作。
　　＊我们工作在北京。

有的离开排比句不能独立成句。如:

㉚ ＊王华长在北京。
　　＊王华在北京长。

能这样用的动词的数目也有限。

5.3　到＋名词

"到＋名词"位于动词前不是状语,但由于它既可以出现在动词前,也可以出现在动词后,所以也一并在此讨论。

"到＋名词"位于动词前时,"到"是连动式的第一部分,连动式的第二部分表示"到＋名词"即"到何处"的目的。如:

㉛ 奶奶到菜市场买菜去了。("买菜"是"到菜市场"的目的)
㉜ 我到北大看一个同学。("看一个同学"是"到北大"的目的)

"到＋名词"位于动词后时,"到"是补语,名词是表示处所的宾语,"到＋名词"表示结果,即表示通过动作使施事或受事所达到的处所。如:

㉝ 十一点,王刚回到了宿舍。(王刚——到宿舍)

㉞ 你把书放到书架上。(书——到书架上)

6 表示动作对象的词语

"给+名词"在动词前作状语,名词表示事物的接受对象或动作的服务对象。① 如:

㉟ 爸爸给我写了一封信。("我"——"信"的接受对象)

㊱ 张明给姐姐寄了两本书。("姐姐"——"书"的接受对象)

㊲ 小梅给客人开门。("客人"——动作的服务对象)

㊳ 老王你给我把自行车修理修理。("我"——动作的服务对象)

"给+名词"位于动词后,"给"是结果补语,其作用是引出事物的接受对象,名词表示接受者。如:

㊴ 谢利寄给布朗先生一本书。("布朗先生"——"书"的接受对象)

㊵ 他把录音机借给小马了。("小马"——"录音机"的接受对象)

"给+名词"在句中可以出现在哪个位置上,与"给"的功能及动词的语义有关。当"给"引出服务对象时,"给+名词"只能位于动词前:

㊶ 老奶奶给孩子们讲故事。

  *老奶奶讲给孩子们故事。

㊷ 快给客人开门!

  *快开门给客人!

---

① 参见朱德熙(1979)与动词"给"相关的句法问题,《方言》第2期。

当"给+名词"中的名词表示接受对象时,凡谓语动词表示"给予"意义的,"给+名词"一般出现在动词后。

如:

⑨ 老师交给我一把钥匙。
  ＊老师给我交一把钥匙。
⑨ 这笔钱我借给你一半。
  ＊这笔钱我给你借一半。

具有"给予"(转移)意义的动词是一个封闭的类,主要有"送、卖、还、递、付、赏、嫁、交、让、分、输、赔、退、补、发、赠、赐、献、奖、传、捐、寄、汇、带、留、找(钱)、借(出)、租(出)、扔、踢、移交、介绍、推荐、分配、归还、发放、交还、过继、赠送、转卖、转送、转交、转告、告诉、教"等。有些动词本身虽不具有"给予"意义,但在一定的语言环境中可以表示"给予"义,如"搛给我一块肉"。这类动词有"写、打(电话)、搛、舀(汤)"等。

当谓语动词表示"制作"意义和"取得"意义时,"给+名词"一般出现在动词前。如:

⑨ 妈妈给孩子缝一件衣服。
  ＊妈妈缝给孩子一件衣服。
⑨ 我给妹妹买了本小说。
  ＊我买给妹妹一本小说。

表示"制作"意义的动词是一个开放的类,如"做、炒、缝、搞、织、刻(图章)、画、写、抄、沏(茶)"等。表示"取得"意义的动词是一个封闭的类,主要有"买、偷、抢、骗、赢、赚、扣、拐、收,要、叫(菜)、借(入)、换(入)、租(入)"等。

只有当谓语动词为"寄、汇、搛、舀、留、带、捎、写、换、打(电话)、发、推荐、介绍(部分具有'给予'义的动词及个别表示'制作'义的动词)"等时,"给+名词"才既可以出现在动词前,又可以出现在动词后。如:

⑨⑦ 这五十块钱你寄给他。
　　你给他寄五十块钱。
⑨⑧ 我们把小李写的一本书推荐给出版社了。
　　我们给出版社推荐了一本书。

"给+名词"出现在动词后时，突出接受者；出现在动词前时，突出动作。

状语与补语比较简表（只列主要的）：

表 4-1

		状语	结果补语	程度补语
形容词	单音节形容词	①表示命令：快跑！ ②修饰动作：大叫、高喊	表示结果：变红了、打破了	描写动作：唱得(很)好、写得(很)乱
形容词	双音节形容词、形容词重叠式、形容词短语、固定短语等	①修饰动作，突出动作：仔细看、轻轻地说、一板一眼地唱、十分彻底地打扫了一遍 ②描写动作者动作时的情态：高兴地说、犹犹豫豫地走了进来、兴高采烈地唱着		①描写动作，是全句的中心：看得很仔细、打扫得十分彻底 ②表示结果：说得很高兴
程度副词	"很"	表示程度的功能弱：很高兴		表示程度的功能强：高兴得很
程度副词	"极"	书面语：极高、极热烈		较口语化：好极了、难极了
时间词语	时间点	明天我们去北海		
时间词语	时间段	表示完成某一动作所需的时间：我一个星期看了一本书		表示动作持续的时间：这本书他看了一个星期了

续表

		状语	结果补语	程度补语
动量词		表示完成某一动作所用的次数：猎人一枪打死一只鸟	表示动作进行的次数：打了一枪、踢了一脚	
处所词语	"在＋名词"	表示动作进行的处所：在家里看书、在河里洗澡、在墙上画画儿	表示通过动作使事物达到的处所：把画儿画在墙上、把书放在桌子上	
	"到＋名词"	是连动式的第一部分：到公园散步、到剧场看戏	表示通过动作使施事或受事达到的处所：回到北京、来到河边	
表示对象的词语	"给＋名词"	①表示服务对象：给弟弟洗澡 ②表示接受对象，谓语动词表示"制作""取得"义：给爸爸织毛衣、他给我买了一些水果 少数动词表示"给予"义：汤姆给我寄来一本画报	表示接受对象，谓语动词表示"给予"义：卖给我一件衣服、租给玛丽一间房子 个别动词表示"制作"义：写给我一封信	

（原载《语言教学与研究》，1982 年第 1 期，有改动）

五　动词重叠的表达功能及可重叠动词的范围*

　　关于动词重叠过去曾进行过不少讨论,与本文有关的主要涉及两个问题:第一,动词重叠究竟表示什么语法意义;第二,什么样的动词可以重叠。关于第一个问题,可以说是众说纷纭,但主张表示动作"轻微"或"少量"者居多。例如王力先生在《王力文集》(第一卷:中国语法理论)中称动词重叠为"短时貌"①;丁声树先生等著《现代汉语语法讲话》认为动词重叠后,表示"稍微……一下"②;范方莲认为动词重叠表示"少量",但可以分别两种意义,(1)表示定量,即"一次",(2)表示不定的少量,不止"一次"③;王还先生也认为动词重叠表示"量",也可以分为两类:"一类是以一次完整动作作为一个单位的,这时动词重叠起来表示多次行动,……另一类是以动作的一个片段为单位的,这时动词重叠起来表示一次行动"④,第一类中有一种含有轻松悠闲的意味;张静把动词重叠看作动词的"轻微体"⑤。也有不少人主张动词重叠表示或有时表示尝试意义。例如赵元任先生在《汉语口语语法》中把动词重叠称为动词的尝试态⑥,王还先生认为除了绝对不能重叠的动词以外,其他绝大多数

---

* 本文曾在 1982 年 6 月北京香山语法学术讨论会上宣读,此次发表做了修改。
① 王力(1984)《王力文集》(第一卷:中国语法理论),济南:山东教育出版社,第 234 页。
② 丁声树等(1961)《现代汉语语法讲话》,北京:商务印务馆,第 227 页。
③ 范方莲(1964)试论所谓"动词重叠",《中国语文》第 4 期。
④ 王还(1963)动词重叠,《中国语文》第 1 期。
⑤ 张静(1979)论汉语动词的重迭形式,《郑州大学学报》第 3 期。
⑥ 赵元任(1979)《汉语口语语法》,吕叔湘译,北京:商务印书馆,第 108 页。

动词都可以重叠起来表示尝试[1]；范方莲认为动词重叠可以用于表示尝试的句子[2]。何融认为动词重叠有三种作用：加强动作、减弱动作与加繁动作（此类指"嚷嚷""吃吃喝喝"等，不属本文讨论范围）。[3] 李人鉴不同意动词重叠表示动作短暂、减弱或尝试，而主张表示不定量。[4] 关于第二个问题，过去多谈论哪些动词不能重叠。例如范方莲指出能愿动词、趋向动词、判断词不能重叠，列举出一些不能重叠的动词，并指出单音动词比双音动词重叠的多[5]；何融认为非动作动词、表示心理活动的动词、有使令意义的动词、被动意义的动词（受、挨）、给予意义动词、表示过失的动词（犯、杀）、不能加"着"的动词都不能重叠[6]；李人鉴指出动作行为的可持续重复性质决定了动词的重叠，单音节动词能重叠的较多，多音节动词能重叠的较少；常见于口语的动语能重叠的较多，常见于书面语的动词能重叠的较少；动作动词能重叠的较多，非动作动词能重叠的较少，并列举出几种不能重叠的动词：有结果意义的动词、表示定量的动词、表示因客观情况而自然地产生出来的心理活动的动词（如"感动、害羞"）等[7]。

本文在以往研究成果的基础上，主要从动词重叠在不同场合有不同表达功能的角度来探讨有关动词重叠的一些问题。所讨论的限于VV、V一V、V了V、V了一V形式的动词重叠。

1 动词重叠的基本意义

动词重叠的基本语法意义是表示动作持续的时间短或进行的次数少。如果动词表示的是持续性动作，重叠后表示动作持续的

---

[1] 王还(1963)动词重叠，《中国语文》第1期。
[2] 范方莲(1964)试论所谓"动词重叠"，《中国语文》第4期。
[3] 何融(1962)略论汉语动词的重法法，《中山大学学报（社会科学）》第1期。
[4] 李人鉴(1964)关于动词重叠，《中国语文》第4期。
[5] 范方莲(1964)试论所谓"动词重叠"，《中国语文》第4期。
[6] 何融(1962)略论汉语动词的重法法，《中山大学学报（社会科学）》第1期。
[7] 李人鉴(1964)关于动词重叠，《中国语文》第4期。

时间短。如：

① 老四不好意思地笑笑，退回到墙根蹲下去了。（柳青）
② 祥子咽了口气，咬了咬嘴唇，推门走出来。（老舍）

如果动词表示非持续性的，但可以反复进行的动作，重叠后表示动作进行的次数少。如：

③ 生宝……使劲扯了扯衣襟边。（柳青）
④ 见了大少爷只点一点头，没说话，倒是问了二少爷学堂的事。（曹禺）

短时、少量自然属于不定量，但只说动词重叠表示不定量似太笼统。说动词重叠表示稍微或轻微，似也没有触及本质。持续时间短或进行次数少的动作可能是比较轻微的，但不一定都是轻微的。如"看看周围的人""闻了闻那朵花儿"，很难说动作是否轻微。例③"使劲扯了扯衣襟边"及"你狠狠批评批评他"，动作显然不是轻微的。

2 在不同情况下动词重叠的不同表达功能

正如有些老师指出的，动词重叠有时包含尝试意义，有时有轻松悠闲的意味，有时有缓和语气的作用。我们认为，这些都属于在不同情况下动词重叠所具有的与其基本语法意义相联系的不同表达功能。下面我们着重描写这些表达功能及其出现的不同情况。

动词重叠的表达功能与动作实现的时间有密切关系。

2.1 表示已然动作的动词重叠

2.1.1 多出现于叙述性语句

如小说中叙述性的文字，剧本中对人物动作的描述。很少见于人物对话。表5-1的三部作品中共有426例表示已然动作的动词重叠。《曹禺选集》人物对话的4例恰恰也是对已发生的人物动作、情况进行描述的。如：

⑤ 李石清：有一天趁您见客的那一会工夫,开了你的抽屉看看。（曹禺）
⑥ 鲁四凤：见了大少爷只点一点头……（曹禺）

表 5-1

	叙述性语句	对话
《创业史》	143	—
《骆驼祥子》	123	—
《曹禺选集》	156	4

表示已然动作的动词重叠主要出现在以下几种场合：

（1）用在另一个动词的前后。如：

⑦ 鲁贵：(弯了弯腰)太太,您好。（曹禺）
⑧ 周蘩漪：(笑笑)妈是不好,有时候连自己都忘了在哪儿。（曹禺）
⑨ "说吧！"曹先生点了点头。（老舍）
⑩ 祥子摇了摇头,"不要紧！"（老舍）

这种动词重叠多出现在"说"类动词（包括省略的）的前后,频率相当高。如《创业史》中有54例,《骆驼祥子》中有27例,《曹禺选集》中有78例,共159例,占总数426例的37.3%。

（2）表示连续进行的几个动作中的一个或几个动作。如：

⑪ 文清望着文彩,摇摇头,又失望地出神。（曹禺）
⑫ 刘四爷笑了笑,眼珠往心里转了两转。（老舍）
⑬ 祥子更上了火,他故意的把车停住了,掸了掸肩上的雪。（老舍）
⑭ (周蘩漪)喝了两口,眼泪又涌出来,望一望周朴园的峻厉的眼和苦恼着的周萍,咽下愤恨,一气喝下。（曹禺）

（3）表示对另一人物说话的反应。如：

⑮ (妈说:)"霞霞,饿了吧?"——改霞摇摇枕头上的头。（柳青）

⑯ （祥子：）"曹先生？"——曹先生笑着点了点头。（老舍）
⑰ "……改霞烦死他了，你叫她嫁他？你这好主意嘛！"——老婆婆不好意思地笑笑。（柳青）

上类重叠动词前往往带或可以加上描写性状语。如：

⑱ 善良的铁人羞怯地笑笑，眨巴眨巴眼睛，红了脸。（柳青）
⑲ 周冲：(无奈地看看大海)好，我走！（曹禺）

上面所举不包含状语的句子都可以加上描写性状语。例如"用力地掸了掸""痛苦地望一望"。

（4）动词重叠很少在一个孤立的单句中充任谓语，也很少在一个复句的句首特别是句群的开头出现。

2.1.2　表达功能（语义特点）：具有描写作用

总的来说，表示已然动作的动词重叠描写作用大于叙事作用。我们发现其中十之七八是通过人物的短暂动作来描写人物的表情、心理活动、对事情的态度等。例如例⑦—⑩表示主要动作的伴随动作，描写人物说话时（或说话前后）的姿势、表情、态度、心理活动等。例⑪—⑭表示人物的心理活动、精神状态。

某些动词重叠还常常可以代替一定的言语或包含某种超出动作本身的意思。其中有些含义往往是确定的，如"摇摇头"表示否定或惋惜；"点点头"表示肯定、称赞或打招呼；"努努嘴"有指示作用；"拍拍肩膀"表示亲热；"挤挤眼"是一种示意；"眨巴眨巴眼"表示困惑不解；"皱皱眉"表示不满意；"挠挠头"表示没法儿办；"耸耸肩"表示无可奈何等。有的只在特定的语言环境中其含义才明确。如例⑬中"掸了掸"发泄了祥子满腔的怒气；例⑭中"望一望"流露出周繁漪无限的哀怨。因此，在一定的语言环境中，运用表示已然动作的动词重叠，常常表示一种有所暗示的动作，能收到生动化的效果。《北京人》中有这样一段描写：

⑳ 小柱儿忽然伶俐地望着他祖母，提了提那鸽笼。（曹禺）

这里"小柱儿提了提那鸽笼"的目的是提醒他年迈健忘的祖

母:咱们给清少爷带来了他最心爱的鸽子。这是动词重叠的一个很典型的用法。固然,所谓有所暗示主要是动作本身的作用,这类动作有时也用动词的其他形式(如加"着""一下"等)表示。但动词重叠是表示这种有所暗示的动作的最常见、最富有表现力的表达方式。

2.2 表示未然动作的动词重叠

2.2.1 这类动词重叠多见于对话

主要出现于以下几种场合:

(1) 直接引语,包括独白和对话。

(2) 由"说、叫、告诉、表示、鼓动"等引出的间接引语。如:

㉑ 农技员告诉欢喜:每天……用一根细竹竿子,轻轻地拂一拂秧苗。(柳青)

㉒ 买回来,她嘱咐他把什么该剥了皮,把什么该洗一洗。(老舍)

㉓ 生宝也鼓动他叫一叫,打破寂寞,提高人们的情绪……(柳青)

(3) 小说中作者的议论。如:

㉔ 她用……手帕,扇着她出汗的红脸盘。她在这里歇一歇吧,凉一凉吧!(柳青)

(4) 描述人的主观愿望和心理活动,前面多有表示意愿的动词(如"希望、准备、企图、渴望、急于"等)或能愿动词(如"想、要、打算、可以"等)。如:

㉕ 她多么想趁生宝不在的机会,领略领略她曾经那么爱慕的人屋里的气氛。(柳青)

㉖ 他急于过渭河到太白山下的产稻区看看稻种,问清楚这种稻种的特性。(柳青)

㉗ 他很愿意和老王谈一谈,可是没话可说。(老舍)

㉘ 左右看,没人,他的心跳起来,试试看吧,反正也无家可归。(老舍)

㉙ 又坐了会儿,他再也坐不住了,反正坐着也是出汗,不如爽

性出去试试。（老舍）

（5）在包含"致使"意义的句子（即重叠动词前有表示"致使"义的动词"让、叫、使"等）中，前面一般还有表示方式、手段的分句。如：

㉚ 我说啊，等你妈来，把这些钱也给她瞧瞧，叫她也开开眼。（曹禺）

㉛ 咱们的人都盼你回去一趟，演讲演讲，叫我们明白明白，也动员动员你父亲。（孙犁）

㉜ 让不知道过去情形的年轻人知道知道，让忘了过去的成年人醒一醒。（浩然）

《创业史》《骆驼祥子》《曹禺选集》中表示未然动作的动词重叠出现的语言环境统计见表 5-2①：

表 5-2

	直接引语	间接引语	作者议论	主观愿望与心理活动的描述
《创业史》	84	8	2	53
《骆驼祥子》	51	4	—	37
《曹禺选集》	304	—	—	—

可以概括地说，表示未然动作的动词重叠一般出现于人物说出来的或未说出来的（思维活动）话语中，即总是出现在非叙述性语句中。这与表示已然动作的动词重叠所出现的场合恰恰是对立的。

2.2.2 表达功能：缓和语气

表示未然动作的动词重叠，主要作用是缓和语气，是委婉地表达主观愿望的一种方式。

（1）重叠动词的主语是第二人称时（祈使句），动词重叠具有缓

---

① 第(4)类与前三类有交叉，尽先归入前三类中；第(5)类包括在前四类中，不单独统计。

和语气的作用,是汉语中委婉地有礼貌地表示命令或请求的重要手段。如:

㉝ "唔!这是款,你点一点。"他非常和蔼,非常可亲地说。(柳青)
㉞ "好吧,你说说!"她搬过个凳子来,坐在火炉旁。(老舍)
㉟ 小东西:(拿出手帕,给她)你……你擦擦。(曹禺)

汉语的祈使句可以只由一个动词充任谓语。但这种祈使句与使用动词重叠相比,语气要生硬、强硬得多。比较:

㉝' 唔!这是款,你点!
㉞' 好吧,你说!
㉟' 你……你擦!

(2) 重叠动词的主语是第一人称时,动词重叠也有缓和语气的作用。如:

㊱ 梁大老汉说:"噢,给我看一看。"(柳青)
㊲ 鲁侍萍:(向四凤,哀求地)过来,我的孩子,让我好好地亲一亲。(曹禺)
㊳ 先生,避避再走吧!(老舍)

以上都是祈使句。

有时动词重叠表示说话人自己即将进行某一动作。如:

㊴ 得啦,我走,少爷还许冻着了呢,赶紧看看去!(老舍)
㊵ 他只管往屋里走:"我问问他,到底是怎么回事情。"(柳青)
㊶ 周萍:我到书房,看看爸写的介绍信在那儿没有。(曹禺)

(3) 重叠动词的主语为第三人称时(祈使句),也有缓和语气的作用。如:

㊷ 你叫你姑探探士杰的口风……(柳青)
㊸ 咱要进山呀,叫他给咱指示指示。(柳青)
㊹ 没错,太太要不放心,我把她带来,教太太看看!(老舍)

㊺ 你叫鲁妈进来，叫她在这房里等一等。（曹禺）

这类句中的“叫（教）”表示“使令”义，不表示致使义，不能用“使”来替换。

表示动作的短时少量与作为委婉地表达祈使的方式是有内在联系的。说话人用重叠动词的方式去命令或请求，暗含着“自己所祈使的动作不难做到”这样一个意思，使对方易于接受。重叠动词的第二个音节读轻声，自然使语气也缓和些。

（4）在表示主观愿望的动词及能愿动词后，动词重叠也有缓和语气的作用。如：

㊻ 她渴望着和他在翻身渠那边的桃林里去谈一谈。（柳青）

㊼ 刚能挣扎着立起来，他想出去看看。（老舍）

当祈使句中包含表示愿望的动词或能愿动词时，动词重叠使语气更加缓和。如：

㊽ 嗯，——我们想把她的坟墓修一修。（曹禺）

㊾ 我希望详细听听情况。

（5）动词重叠有时包含尝试意义，即表示命令，请求或希望进行某一动作试试，看是否能取得预期的效果。重叠动词后往往可以加“看”或“试试”。如：

㊿ 也许，也许你弄错了，不过你不妨说说看。（曹禺）

(51) 这种火柴老划不着，你划划试试。

(52) 老谢说：“对，你去找小吴想想办法。”

（6）在致使句中，全句表示说话人的主观愿望，动词重叠一般不表示动作，而表示说话人希望通过某种方式手段使自己、对方或第三者发生变化，这种变化多是精神方面的。如：

(53) 我一定可以把小东西还是活蹦乱跳地找回来，叫你高兴高兴。（曹禺）

(54) 等人们把这件事忘忘再说吧。（刘真）

例(53)说话人希望“把小东西找回来”使“你”由“不高兴”变为“高兴”；例(54)没有出现表示方式手段的分句，但不言而喻是指希望“时光的流逝”使“人们忘却这件事”。

由于表示未然动作的动词重叠主要作用是缓和语气，所以包含短时少量的意思很弱。有时所表示的动作不是短时少量的，有时是不可计量的。如：

(55) 便宜是你的，你自己细细的算算得了！（老舍）

(56) 妈，您跟四凤好好谈谈吧。（曹禺）

(57) 潘经理，你可怜可怜你自己吧。（曹禺）

2.3　有些动词重叠，表示经常性的、反复进行的动作，可以是已然的，也可以是未然的。

2.3.1　此类动词重叠多见于对话，也可以出现于叙述性语句。主要出现在以下几种场合：

（1）几个动词重叠连用。如：

(58) 说你再也出不了门，做不得事，只会在家里抽两口烟，喝会子茶，玩玩鸽子，画画画，恍惚了这一辈子！（曹禺）

(59) 整天不做一点儿事情，到处逛逛，海水里浸浸，然后听听音乐，看看戏和电影什么的，一天便过去了。（周而复）

(60) 有机会你还可以常常开开人家的抽屉，譬如说看看人家的房产是不是已经抵押出去了，调查调查人家的存款究竟有多少。（曹禺）

(61) 本来她瞧瞧孙子，做做饭，媳妇是可以上地的。（赵树理）

(62) 挑挑河泥，劳动劳动就不失眠了。（浩然）

（2）用于条件复句。如：

(63) 只要你多住几天，多看看就像话了。（曹禺）

(64) 他说修一修，人们到溪边去提水的时候，不至于把谁绊倒。（柳青）

(65) 捶捶，姨父就多睡一会。（曹禺）

(66) 难道想想我们以往的情感，就没有一点留恋么？（曹禺）

(3) 用于目的分句或短语（包含“以便”的意思），前面往往还有表示实现该目的的方式手段的分句或短语。如：

(67) 一到过年过节他就要摔点东西纪念纪念。（曹禺）

(68) 白露大概是玩腻了，所以不知在哪儿叫来这么一个小疯子来开开心。（曹禺）

(69) 虎妞……低着点头，……仿佛给祥子个机会思索思索。（老舍）

(70) 我就喝了两口烧酒壮壮胆子。（曹禺）

2.3.2 表达功能：包含轻松、随便的意味

(1) 连用几个重叠动词时，表示随意列举在一段时间内多次反复进行着几种动作，这些动作在说话人看来是轻松的，或随便进行的。

有时只用一个重叠动词，表示一种经常性的行为，也带有轻松随便的意味：

(71) 哼，现在一般青年人，跟工人谈谈，说两三句不关痛痒，同情的话，像是一件很时髦的事情！（曹禺）

(72) 小孩子们，一块玩玩，你总是大惊小怪地说这些话。（曹禺）

(73) 连总编室主任马文元，也隔三岔五地表示表示他自己的见解了。（刘宾雁）

(2) 在条件复句中，动词重叠也含有轻松随便的意味，全句一般表示一种主观看法。

(3) 出现于目的分句或短语中的动词重叠也包含轻松随便的意味。

2.4 重叠动词作谓语以外的成分

上面所讨论的是重叠动词充任句子的谓语主要动词的情况。重叠动词有时也可以出现在主语、宾语、定语当中。如：

(74) 其实，妈，就是像我这样帮帮人，我想也没有什么关系。（曹禺）

㊦ 说说不要紧！都不是外人！（老舍）
㊦ 我们到这儿来也是看看，怕她藏在什么地方，回头吓着您。（曹禺）
㊦ ……总有一种在蛤蟆滩和官渠岸活动活动的欲望、激荡着她。（柳青）

这样用的动词重叠所表示的动作与说话时间没有一定的联系，也带有轻松、随便的意味。

3 可重叠动词的性质

一个动词是否可以重叠，主要取决于动词本身的性质。而且，语言环境不同，表达功能不同，可重叠的动词也不同。

3.1 总的来说，只有动作动词可以重叠，这是因为动词重叠表示动作的短时少量。非动作动词，如关系动词（"是、成为"等）、趋向动词、表示心理状态的动词（"爱、恨、害羞"等）以及表示变化的动词等，一般不能重叠。

动作动词还必须具备以下两个条件，方可重叠：

第一，表示的动作必须是可以持续或可以反复进行的。因为只有此类动作才有持续时间及动作次数的问题。表示可持续动作的动词，如"看、笑、等、歇、想（'思考'义）"。表示可以反复进行的动作的动词，如"拍、摇、眨巴、跳"。表示非持续性或一般不反复进行的动作的动词，如"杀、摔、扑、取消、撞、结（婚）"等，往往不能重叠。如不能说：

㊦ ＊叫他杀杀那个人！
㊦ ＊阿毛把小瓶子往地上摔了摔。
㊦ ＊昨天他们结了结婚。
㊦ ＊寄寄这封信。

包含结果义的动词，如"分开、获得、推翻"等，也属于此类动词。

有些动词（短语），表示持续性的活动，但往往不是短时的，因而表示一次活动时，不能重叠。如不能说：

㉘ ＊昨天晚上我演了演戏。

表示经常性的、反复进行的活动时则可以重叠。如：

㉙ 最近几年我就演演戏，没干别的。

类似的动词（短语）有"上（课）、上（学）、上（班）、看（电影）、听（报告）"等。

有些动词表示一次动作时，不能持续，因而不能重叠。如不能说：

㉚ ＊班长收了收张明的作业。

表示多次行为（动作对象不止一个）时，可以重叠。如：

㉛ 刚才我去各家收了收电费。

类似的动词有"发、采、劈、破、放"等。还有些动词，表示的动作如果有结果或达到了预期的目的，属于非持续性或非反复进行的动作，不能重叠。当所表示的动作没有取得预期结果时，动作就可能反复进行了，从而可以重叠，一般出现于下列句式：

㉜ 这个药丸太大，我吞了吞，没吞下去。
㉝ 他系了个死疙瘩，我解了解，没解开。

此类动词有"吞、咽、掰、摘、揭、解、安、取、抓、开（门）、关（门）、贴、挂、接（线）、跟、上、冲、脱、穿（衣服）、留（客）、锁（门）、夺"等。

第二，表示的动作必须是动作者主观上可以控制的。如：

㉞ 到了公园后门，他回了回头，还跟着呢。（老舍）

这里的"回头"是动作者主观上可以控制的。有些动作，动作者主观上控制不了，如"吐（'呕吐'义）、打（嗝）、做（梦）、伤心、吃惊"等，一般不能重叠。如不能说：

㉟ ＊我刚才直恶心，吐了吐，现在好了。

⑨⓪ ＊老太婆吃完饭,打了打嗝,开始唠叨起来。
⑨①＊快做做梦!
⑨②＊伤伤心!

所谓控制,是指控制动作的进行、停止或进行的时间、次数等。主观上可以控制的动作可以叫自主动作,它是动作者有意识进行的。有些动作一般情况下总是自主的,如"指、找、逗、挥"等。主观上控制不了的动作可以叫非自主动作,它一般是动作者无意识的、不由自主地进行的。有些动词一般情况下总表示非自主动作,如"飘、落、丢(失)、掉、沉、浮、流、冒、淋、跌、生病"等。

有些动作有时是自主的,有时是非自主的。比较下面两组句子:

⑨③ a.菩提小心地碰了碰她的手指,打落了烟蒂。(宗璞)
　　b.他不小心碰了一下桌子上的茶杯,茶杯倒了。
⑨④ a.他摇晃摇晃瓶子,里面还有水。
　　b.忽然,只见他摇晃了一下,摔倒了。

这两组句子中,a中的"碰、摇晃"表示的是自主动作,可以重叠;b中的"碰、摇晃"表示的是非自主动作,一般不能重叠,不能说:

⑨③'b. ＊他不小心碰了碰桌子上的茶杯,茶杯倒了。
⑨④'b. ＊忽然,只见他摇晃了摇晃,摔倒了。

有些动词,一般表示非自主动作,但有时可以表示自主动作。如:

⑨⑤ 不要管我,你让我哭哭吧!(曹禺)
⑨⑥ 姨父,你醒醒!(曹禺)
⑨⑦ 你咳嗽咳嗽,没准能咳出来。

"哭、醒、咳嗽"本来都是人们不能控制的。而例⑨⑤表示说话人不想再抑制自己的感情,主观上想"哭"出来;例⑨⑥是说话人正在呼唤睡觉的"姨父",要使他"醒";例⑨⑦是命令对方"咳嗽",以便把卡在喉咙的异物咳出来。在上述情况下,"哭、醒、咳嗽"都成为可以控制的动作了。

正因为动词重叠表示的是自主动作,所以有时使用它可以收到特殊的修辞效果。比如"亮"是非自主动作动词,但是可以说:"忽然我们发现了航标灯,可是它亮了亮又灭了,真急人!"这时说话人似乎赋予航标灯以生命,"亮""灭"是由航标灯自身控制的。

除了动作动词以外,表示人的思维活动的动词,只要符合上述两个条件,也可以重叠。如:

⑨⑧ 高增良定了定神,难受地问生宝……(柳青)
⑨⑨ 想了想,祥子不好意思不都告诉给老程了。(老舍)

在《普通话三千常用词表》(初稿)①所收的近一千二百个动词中,下列动词可以重叠(表甲):

五官和头部的动作:

　　看　见　望　眨(眼)　听　闻　吃　喝　嚼　咬　啃　吐
　　喷　吸　抽　吹　舔　尝　亲　仰(头)　点(头)　摇(头)
　　回(头)

主要用胳膊、手的动作:

　　捏　握　摸　捞　找　抹　搓　拍　卷　放　搁　提　举
　　推　拉　扯　拖　牵　运　托　抬　搬　拔　搭　捧　担
　　扛　铺　摆　扶　夹　抱　搂　拐　摇晃　动(手)　敲
　　打(电话、毛衣、枣儿等)　砍　摇　插　砸　撒　采　捆　绑
　　编　闭　分　包　量　称　盛　装　掏　挖　掘　埋　堵
　　填　按　压　挑　拾　指　掐　握(手)　鼓(掌)

主要用腿、脚的动作:

　　走　逛　跑　跳　蹦　踩　踢　跺(脚)　站　停　追赶
　　避　闯　去

---

① 中国文字改革委员会研究推广处(1959)《普通话三千常用词表》(初稿),北京:文字改革出版社。

整个身体的动作和生理变化：

坐 躺 伸 缩 蹲 跪 趴 动 动弹 翻 爬 钻 靠 挤 藏 背 带（孩子） 休息 歇

日常生活（穿戴、吃喝、烹调、居住、卫生）的活动：

穿 戴 披 织 染 缝 补 剪 裁 洗 刷 烫 叠 洗（脸） 洗（澡） 刷（牙） 漱（口） 理（发） 梳 剃 刮 擦 化（妆） 打扮 烧 炒 烤 煮 熬 炸(zhá) 抱 腌 蒸 割（草） 切 剔 喂 住 盖 收拾 洒 扫 看（病） 休养

讲话、交际和办理事务等社会活动：

说 说（话） 谈 谈（话） 讲 念 打听 交代 唱 唱（歌） 叫 喊 劝 问 访（问） 定 碰 见（面） 接（头） 交涉 帮（忙） 安慰 会（客） 等待 介绍 招待 接近 请（客） 陪 谢 庆祝 送（礼） 道（歉） 鞠躬 要 用 替 借 送（人） 嘱咐 托（委托） 催 轰（人） 称赞 夸 夸奖 鼓励 应付

工业、农业、商业活动：

干（活儿） 作 弄 搞 管 办 造 修 修理 钉 锯 凿 磨 碾 轧 劈 破 弹 炼 耕 种 栽 种（地） 插（秧） 锄 耪 施（肥） 买 存 算 计算 核对 对 清理 换 合作 调剂

政治、法律等社会活动：

动员 坚持 号召 推广 开展 扩充 宣传 鼓动 说明 解释 补充 汇报 反映 开（会） 筹备 讨论 辩论 争论 表决 指挥 总结 投（票） 组织 酝酿 商量 协商 登记 争取 集中 启发 表扬 批评 检讨 反省 讲（理） 罚 限制 改 改造 改革 改善 改进 修改

表示　请示　预备　准备　布置　搜集　整理　整顿　处理
代理　请求　申请　调查　活动　检查　督促

军事公安动作：

调动　突击　奋斗　拼(命)　查　哄　混

旅行、运输和通讯：

联络　出(差)　骑　通知　报道　划　收　发　广播

教育、研究、书写、出版：

教育　训练　指导　培养　教　请教　学　读(书)　考
上(课)　用(功)　练习　请假　研究　观察　分析　比较
测量　挑选　试　试验　参考　翻译　写(字)　抄　涂
画　校对　印

文艺、体育、游戏、娱乐活动：

玩儿　跳(舞)　上(操)　游(泳)　赛　演(戏)　表演　奏(乐)

感受、知觉、思维等心理活动：

喜欢　气　了解　体会　注意　考虑　猜　数　回忆

自然界和一般事物的运动：①

冻　晒　飞　滚　转　绕　塞　照　变　变化　加　添
凑　减

有个别形容词，如"客气"，也可以有此类重叠。重叠后表示动作。

上面列举的可以重叠的动词数目不少。但在实际语言中经常重叠使用的动词并不多，特别是表示已然动作时。在《创业史》《骆驼祥子》《曹禺选集》中，只出现了48个。其中出现频率最高的是：表示

---

① "冻、晒、滚、变、变化"等动词，重叠时往往有"使动"义。

"视"义的"看、望、瞧"等，147 次；"笑"，47 次；"摇"，47 次；"点"，29 次。四类动词共出现 270 次，占总出现次数 426 次的 63%。而且在这三部作品中，表示已然动作的动词重叠都是表示人体动作的。

3.2 表示未然动作时，可重叠动词的范围还要大些，除表甲列举的以外，增加了一些有关社交、政治、教育等社会活动的动词（表乙）：

呼吸　醒　睡　哭　拿　回答　答复　邀请　打（针）
告诉　骂　劝解　来往　招呼　接洽　交际　帮助
迎接　欢迎　感谢　祝贺　要求　顾（"顾及"义）
赞美　养活　工作　生产　管理　采购　服务　互助
分配　剥削　支持　保护　推动　开动　声明　报告
代表　举行　参加　联合　领导　吸收　批准　建设
集合　影响　说服　坦白　打击　报复　改变　改良
创造　表现　利用　使用　应用　保证　代表　尊重
负担　照顾　优待　负责　监督　操纵　控制　掌握
破坏　斗争　打（仗）　逼　抵抗　镇压　反抗　挑战
攻击　防备　派　克服　处罚　救　污辱　骗　旅行
驾驶　通知　报道　证明　记录　感动　爱护　同情
吓　吓唬　心疼　忍耐　认识　关心　觉悟　解决
纪念　打算　冒（险）　发展　增加　提高

有些形容词也可以有此类重叠：

辛苦　灵活　麻痹　冷静　可怜　亲热

某些表示暴力行为的动词，如"轰炸、镇压、侵略、反抗、打（人）"，表示已然动作时不能重叠，表示未然动作时可以重叠。

3.3 在表示未然动作的场合，如果包含尝试意义，可重叠动词的范围更广，连某些表示非持续性或非反复进行的动作的动词也可以重叠。如：

⑩ 你摔摔这个杯子，看结实不结实。
⑩ 杀鸡并不难，不信你杀杀试试。

⑩ 你叫他生生孩子,他就知道做母亲的甘苦了。

此外某些表示心理状态的动词、趋向动词也可以重叠。如:

⑬ 你敢爱她?你爱爱她试试,有你的苦头吃。
⑭ 这个门你敢进?你进进,不把你轰出来!
⑮ 你登登高,看头晕不晕。

在《普通话三千常用词表》(初稿)中,除表甲和表乙列举的之外,还有下列动词可用于此类重叠(表丙):

扔("扔掉"义) 摔 投 丢 交 来 过 逃 登 进
杀 生 闹 理 答应 送("赠送"义) 还 惯 接受
惹 允许 拒绝 推辞 取消 爱 恋爱 结(婚) 离(婚)
收割 零售 批发 拥护 响应 成立 赞成 建立 脱离
隐瞒 承认 暴露 挨 禁止 反对 投降 复员 逮捕
强迫 犯 欺负 撒(谎) 打(架) 糟蹋 偷 抢 寄
发现 发明 出版 赢 输 讨厌 抱怨 埋怨 恨 怪
生(气) 忘 怀疑 超过 剩 上 下

3.4 在致使句中,可以重叠的都是典型的非动作动词。如表示心理状态的"知道、了解、害怕",动宾式动词"开(眼)、开(窍)、开(心)",以及某些形容词。在《普通话三千常用词表》(初稿)中有下列词可用于此类重叠(表丁):

长(见识) 讨厌 气 生(气) 害怕 心疼 着急 伤(心)
知道 明白 认识 体会 觉悟 忘 流动 晒 干净
热闹 方便 统一 公开 明确 清楚 暖和 凉快
安静 恶心 轻松 舒服 年轻 漂亮 聪明 高兴
快活 难受 痛快 满意 满足 丢(人) 丰富 富裕
繁荣 自由

3.5 动词是否可以重叠还与以下两个因素有关:

第一,口语中可以重叠的多,书面语中可以重叠的少。因为动词重叠属于一种口语现象。范方莲(1964)做过的统计可以说明这个问题。文中统计了七种用现代汉语写作的著作,每本统计了十万字,动词重叠出现的次数如下:《毛泽东选集》5,《唯物主义与经验批判主义》30,《骆驼祥子》200,《暴风骤雨》157,《三里湾》193,《陈士和评书》228,《春笋集》278。① 还值得提出的是,《毛泽东选集》与《唯物主义与经验批判主义》中的动词重叠几乎全部表示未然动作(V一V式)。

第二,单音节动词可以重叠的多,双音节动词可以重叠的少。这是因为口语中常用的动词多是单音节的。如果一个单音节动词与一个双音节动词意义基本相同,往往单音节动词可以重叠,双音节动词不能重叠。如:"埋"与"埋葬","考"与"考试","骗"与"欺骗"。而且重叠的双音节动词多表示未然动作。这从上面的词表可以看出。实际语言材料更为明显(见表5-3):

表 5-3

	单音节动词		双音节动词	
	已然	未然	已然	未然
《创业史》	139	117	4	30
《骆驼祥子》	123	83	0	9
《曹禺选集》	158	276	1	28

4 关于动词重叠的否定形式

在实际语言中,动词重叠多以肯定形式出现,而较少以否定形式出现,这可能与其基本语法意义与表达功能有关。动词重叠有时也用否定形式,主要出现在以下几种场合:

(1) 在疑问句和反问句中。如:

⑩ 石清,你只顾拼,你怎么不想想我们自己的孩子,他们将来

---

① 范方莲(1964)试论所谓"动词重叠",《中国语文》第4期。

怎么了?(曹禺)

⑩⑦ 你为什么不一起玩玩?(曹禺)

⑩⑧ 你在干什么哪,你还不收拾收拾睡觉,明儿个好赶路。(曹禺)

⑩⑨ 自己不好,为什么不常来看看她呢?(老舍)

⑩ 你为啥不和郭主任商量商量,在县里放大炮呢?(柳青)

这样的否定句都包含"应该"的意思,如同肯定句,也表达说话人的一种主观愿望或看法。

否定形式的动词重叠有时可以表示更加委婉的祈使。如:

⑪ 不坐坐么?门口那几位不进来歇歇么?(曹禺)

⑫ 你不愿意一齐坐坐,谈谈么?(曹禺)

(2)在叙述已然情况的句子里,也可以用否定形式的动词重叠。如:

⑬ 跪上铁索,刘四并没皱一皱眉,没说一个饶命。(老舍)

⑭ 连他左右的人也没扭头看看新来了什么人。

这类句子包含的意思往往是"按常理应该发生的动作实际上并没发生"。

(3)用于假设句,也包含"应该"的意思。如:

⑮ 人就是那么一回子事,活着不玩玩就是个大混蛋,挨两下就挨两下。(曹禺)

⑯ 这个孩子不碰碰钉子就不知道天高地厚。

(原载《中国语文》,1983年第1期,有改动)

六 状语的分类和多项状语的顺序

1 状语的分类

本文的分类主要根据状语所表示的语法意义和在句中的作用,目的是说明不同类的状语在语法特征上有某些差异(其中包括在句中顺序方面的差异)。

状语首先可以分为两大类:描写性状语与非描写性状语。描写性状语的作用是描写动作行为或变化的方式、状况以及动作者动作时的情态。如:

① 你们把教室彻底打扫一下。(状况)
② 小张一遍一遍地背诵课文。(方式)
③ 老人苦恼地在房间里踱来踱去。(动作者动作时的情态)

非描写性状语的作用是说明动作行为、变化或事情发生的时间、处所、范围、程度以及对象等等,一般具有限制作用。如:

④ 小王昨天去颐和园了。(时间)
⑤ 小明在北大学习。(处所)
⑥ 这件事对我很重要。(对象)

下面称描写性状语为 M 状语,非描写性状语为 FM 状语。

1.1 M 状语

根据在句中的作用,M 状语又可以分为三类:M_1、M_2、M_3。其

中 M_1 状语与 M_2 状语是主要的。

1.1.1　M_1 状语

M_1 状语的作用实际上是描写动作者的,描写动作者在进行某一动作时的表情、姿态以及形之于外的心理活动,往往是人的感官可以感知的。如：

⑦ 老人哆哆嗦嗦地拿出一部真正宋版的《庄子》。(宗璞)

⑧ 祥子青筋蹦跳的坐下。(老舍)

⑨ 崔珍见菩提不响,遂又沾沾自喜地教导齐大嫂。(宗璞)

⑩ 四凤胆怯地望着大海。(曹禺)

M_1 状语在语义上直接与动作者存在着表述与被表述的关系,如上面例句中"祥子——青筋蹦跳""四凤——胆怯"。所以,有时去掉结构助词"地",此类状语就会变成谓语或连动式的第一部分。如：

⑪ 夏明兴致勃勃地跑了过来。

夏明兴致勃勃(,)跑了过来。

M_1 状语主要由以下几类词语(短语)充任：①

(1) 形容词(短语)：高兴　美滋滋　很大方　十分自然

(2) 动词(短语)：吃惊　有把握　有些抱歉

(3) 主谓短语：信心十足　精神焕发

(4) 固定短语：兴高采烈　大摇大摆

1.1.2　M_2 状语

M_2 状语的作用是描写动作、变化本身的,它主要描写动作、变化的方式、状况等。如：

⑫ 这次(手术)很顺利地做完了。(谌容)

⑬ 她血压急剧下降。(宗璞)

⑭ (请)孙主任亲自替老焦动这个手术。(谌容)

---

①　本文讨论状语的分类时,对开放性的类,将举例说明;对封闭性的类,将列举主要的词语。

⑮ 雨渐渐小了。(宗璞)

M_2 状语主要由下列词语充任:

(1) 形容词(短语):高　快　大　横　竖　详细　彻底　仔细　剧烈　细致　积极　认真　刻苦　坚决　很快　非常热烈
(2) 动词(短语):来回　轮流　反复　重复　有计划　有目的
(3) 固定短语:斩钉截铁　滔滔不绝　当面锣,对面鼓
(4) 数量词及数量短语:一把　一口气　三拳两脚　一遍一遍　一次一次　一本一本
(5) 拟声词:噼噼啪啪　呜呜　哗哗　稀里哗啦
(6) 名词短语:大声　小声　厉声　快步　疾步　大口
(7) 副词:亲自　亲眼　亲手　暗暗　偷偷　暗自　公然　私自　互相　一起　分别　一一　各自　逐一　特地　专门　顺便　附带　断然　毅然　独自　擅自　任意　肆意　再三　屡次　不断　陆续　连连　重新　忽然　猛然　蓦地　逐渐　渐渐　经常　时常　常常　偶尔　赶忙　急忙　连忙　赶快

1.1.3　一部分形容词(短语)、动词(短语)、固定短语只充任 M_1 状语,如"高兴、耐心、激动、安慰、抱歉、感激、感慨、得意扬扬、兴高采烈、摇摇晃晃、踉踉跄跄、呆呆、默默、凄然、木然"等等;一部分形容词(短语)、动词(短语)及固定短语只充任 M_2 状语,如"仔细、详细、彻底、来回、反复、刻苦、轻轻、慢慢、深入浅出、淋漓尽致、针锋相对"等等。只有少数形容词可以充任两类状语。如:

⑯ 小明认真学习,努力工作。　　(学习——认真,M_2 状语)
⑰ 小明认真地说:"……"

(小明说话时样子很认真,M_1 状语)

这类形容词在我们的材料中有"认真、努力、坚决"。

1.1.4　M_3 状语

M_3 状语的作用实际上是描写动词的宾语。如:

⑱ 买上车,省下钱,然后一清二白的娶个老婆。(老舍)

⑲ 等我去打点开水,咱们热热的来壶茶喝。(老舍)

⑳ 一位先生,两位太太,南腔北调的生了不知多少孩子。(老舍)

㉑ 那一湾池水多年来已成为茂盛的苇塘,乱蓬蓬地长着芦苇。(宗璞)

㉒ 只有梅菩提床边,孤零零地竖着输液瓶架。(宗璞)

此类描写性状语很多可以变换成修饰宾语的定语。如:

㉑' 那一湾池水多年来已成为茂盛的苇塘,长着乱蓬蓬的芦苇。

M_3 状语的语法特征基本上与 M_1 状语相同,比如一般要用"地"①,与动词结合得不紧等。但在句子中一般是紧挨着动词的。这类状语与 M_1、M_2 状语相比,数目与出现的频率要少得多。

1.2 FM 状语

FM 状语主要由时间词、处所词、介词短语以及部分副词充任。FM 状语按意义又可以分为以下小类:

(1) 表示时间(时间词、副词、介词短语):

时间词:今天　以后　刚才　后来

副词:立刻　马上　立即　先　正　刚　将　总　老(是)　一直　暂时　已经　曾经　始终　依然　仍然

介词短语:从……　在……　于……　自……

(2) 表示语气(副词):难道　明明　岂　偏偏　的确　果然　到底　究竟　丝毫　反正　索性　难免　未尝　何尝　何必　不妨　千万　务必　反倒　居然　幸亏　几乎　差不多　原来　一定　也许　大概　大约

(3) 表示目的、依据、关涉、协同(介词短语):

目的:为(了)……

依据:根据……　据……

关涉:关于……　对于……

---

① 某些早期文学作品中常写作"的",如老舍《骆驼祥子》。

协同:和…… 跟…… 同……

(4) 表示处所、空间、方向、路线(处所词、介词短语):

处所、空间:树下 地上 在……上 在……中间

方向:朝…… 向…… 往…… 从…… 由……

路线:沿(着)…… 顺(着)……

(5) 表示对象(介词短语):

对…… 给…… 向…… 替…… 为……

(6) 表示否定、程度、重复、范围、关联(副词):

否定:不 没 无 非

程度:很 挺 太 极 更 最 非常 格外

重复:又 也 再 还

范围:都 全 统统 净 一概

关联:就 便 才 也 都

2 M_1 状语与 M_2 状语的区别

2.1 由于 M_2 状语是说明谓语动词(或形容词)的,二者在语义上存在着说明与被说明的关系,所以有时(例如当 M_2 状语为形容词时)可以进行变换,谓语动词成为被说明的对象。比较:

㉓ 他们把房间彻底打扫了一遍。
　　打扫是彻底的。
㉔ 小朋友们热烈地欢迎我们。
　　欢迎是热烈的。
㉕ 他刻苦学习。
　　他学习刻苦。

有时可以变换为"得"后的补语,这时它说明"得"前的动词。[①] 比较:

[①] 参见李临定(1963)带"得"字的补语句,《中国语文》第 5 期。

㉖ 他仔细看了一遍。
　　他看得很仔细。
㉗ 约翰流利地说着汉语。
　　约翰汉语说得很流利。

大部分 M_2 状语虽然与其谓语动词不能进行这种变换,但其间的语义关系还是清楚的。如:"来回走""轮流值日""一口一口地吃""暗暗高兴"中的"来回""轮流""一口一口""暗暗"分别是说明"走""值日""吃""高兴"的。

M_1 状语与谓语动词之间不存在这种说明关系。相反,由于 M_1 状语是描写动作者的,所以它与表示动作者的词语(一般是句子的主语)之间存在着表述与被表述的关系。M_1 状语有时可以单独充任该句主语的谓语。如:

㉘ 孩子们兴高采烈地跑来跑去。
　　孩子们兴高采烈。
㉙ 妈妈温和地说……
　　妈妈(的语气)很温和。
㉚ 老王坦然地笑了。
　　老王(的态度)很坦然。

M_2 状语与主语之间在语义上一般不存在直接的表述与被表述的关系,不能像 M_1 状语那样单独充任该句主语的谓语。如:

㉛ 我的心剧烈地跳着。
　　*我的心很剧烈。
㉜ 敌人彻底失败了。
　　*敌人很彻底。

2.2　M_1 状语与谓语动词的关系较远,而 M_2 状语与谓语动词的关系则十分密切。可以这样说,M_2 状语与所修饰的动词的关系是短语内部的组合关系,"M_2 状语+动词"的组合是语言中的备用单位,可以比较自由地充任一个造句单位(句子成分),比如作句子的主语、宾语、定语等；M_1 状语与动词的关系一般来说不是短语内部的组合关系，"M_1 状语＋动词"不是语言中的备用单位，而是在一个特定的句子中才存在的组合。因此，如果要研究状语与动词的搭配问题，重点应放在 M_2 状语与动词的搭配上，M_1 状语与动词的搭配问题甚至可以不必考虑。

正因为 M_2 状语与动词的关系密切，M_1 状语与动词的关系比较疏远，所以，当 M_1 状语与 M_2 状语同时出现时，M_1 状语总是在前，M_2 状语总是在后，在我们所接触的材料中，尚未发现有例外的。如：

㉝ 他 <u>不动声色地</u> <u>一件件</u> 处理着。（宗璞）
　　　　M_1　　　M_2

㉞ 他……就 <u>那么淡而不厌的</u> <u>一天天的</u> 混。（老舍）
　　　　　　　M_1　　　　　M_2

㉟ 秦波 <u>热情地</u> <u>滔滔不绝地</u> 说起来。（谌容）
　　　　M_1　　　M_2

㊱ 她 <u>兴奋地</u> 从哥哥手里 <u>很快地</u> 抢过那封信。（罗广斌、杨益言）
　　　M_1　　　　　　　M_2

2.3　M_1 状语后一般都要用结构助词"地"，M_2 状语后多数（特别是单词）可以用"地"，也可以不用"地"。我们采用了五种材料做了一个统计，说明 M_1 状语与 M_2 状语在使用结构助词"地"方面的差异。这五种材料是[①]：

曹禺：《雷雨》（接近口语），92,000 字
老舍：《骆驼祥子》（接近口语），143,000 字
谌容：《人到中年》（文学描写较多），60,000 字
宗璞：《三生石》（文学描写较多），107,000 字
《中国共产党中央委员会关于建国以来党的若干历史问题的决议》[②]（政论文），35,000 字

M_1 状语与 M_2 状语后结构助词"地"出现情况比较，见表 6-1：

[①] 所列字数为版面字数。
[②] 后文描述时简称《决议》。

表 6-1

	M_1 状语			M_2 状语		
	有"地"	无"地"	总计	有"地"	无"地"	总计
《雷雨》	381	7	388	77	158	235
《骆驼祥子》	269	17	286	332	1020	1352
《人到中年》	136	2	138	58	325	383
《三生石》	364	37	401	129	607	736
《决议》	8	3	11	79	163	242

充任 M_1 状语与 M_2 状语的各类词语后用"地"情况比较,见表 6-2：

表 6-2

		M_1 状语		M_2 状语	
		"地"	例子	"地"	例子
形容词	单音节的	−[a]	傻看、呆立	−	快走、高喊
	双音节的	+	贪婪地窥视、兴奋地说	±	主动(地)要求工作、剧烈地跳着
	重叠形式的	+[b]	怔怔地想着、客客气气地伸出手来	±	轻轻(地)放在地上、仔仔细细(地)看了一遍
动词		+[c]	厌恶地看着他	干	来回(地)折腾、反复(地)动员
形容词短语、动词短语、固定短语等		+	十分高兴地想着、半开玩笑地说、神气十足地看着大家、兴高采烈地玩着	+[d]	很慢很慢地站了起来、简单鲜明地描绘出、有计划地开展、翻来覆去地讨论这个问题
数词＋动量词			—	−	一拳打死、一把抱过来
数量短语				干	三口两口(地)吃了下去、一遍一遍(地)听

续表

	M₁ 状语		M₂ 状语	
	"地"	例子	"地"	例子
名词短语ᵉ	—	—	∓	小声(地)说、快步走来、大口(地)吃
副词	—	—	∓	逐一(地)介绍、陆续(地)走了、亲自过问

注：

a. "＋"表示一般用"地"；"－"表示不用"地"；"±"表示"地"可用可不用，或有时用有时不用；"∓"表示"地"可用，但一般不用。

b. 以《三生石》为例，重叠的单音节形容词充任 M₁ 状语时，用"地"的 25 例，不用"地"的 3 例（均为"默默"）；充任 M₂ 状语时，用"地"的 31 例，不用"地"的 82 例。

c. 只有"像……一样(般)"充任状语时，"地"可以用也可以不用，如"小梅像燕子一样(地)在院子里飞来飞去"。

d. 少数由"很"和单音节形容词构成的短语，如"很少""很难"等不用"地"。

e. 只有个别名词能充任 M₂ 状语，如"历史""教条主义"等，后面要用"地"。

3 M 状语与 FM 状语的区别

3.1 FM 状语可以出现在各种谓语句中，M 状语只能出现在动词谓语句与形容词谓语句中。FM 状语：

㊲ 他们在家里学习。（动词谓语句）
㊳ 小梅今天比谁都高兴。（形容词谓语句）
㊴ 李刚的确学习很好。（主谓谓语句）
㊵ 今天刚星期三，急什么。（名词谓语句）

当然，并不是所有的 FM 状语都能在各种谓语句中出现，也就是说，各种谓语句所能出现的 FM 状语的类型是不同的。名词谓语句与主谓谓语句一般只能用表示时间、语气等有限的几类 FM 状语，形容词谓语句所能用的 FM 状语类型也远远不如动词谓语句多。

形容词谓语句只能用某些 M_2 状语及 M_1 状语,如"(像)……一样(似的)",如:

㊶ 雨渐渐小了,天色又亮起来。(宗璞)
㊷ 你以为她拒绝我,是故意地虚伪么?(曹禺)
㊸ 而这两个字极熟练,又极整齐,就像医生本人一样镇定善良。(宗璞)

动词谓语句可以用的状语的类型最齐全(可参见本文前面的例句)。但如果谓语动词是带可能补语或带"得"字补语的,这个谓语动词前所能用的 M 状语就非常有限,一般只能用包含时间意义的(如"渐渐、忽然")以及表示动量的词语(如"一口、一下子")等。

3.2　FM 状语多数可以出现在主语前作全句的修饰语(由"把、被、叫"等构成的介词短语以及多数时间副词除外)[①],M 状语一般不能出现在主语前,只有具有时间意义的"渐渐地、慢慢地、很快"等可以出现在主语前,作全句的修饰语。如:

㊹ 慢慢的他想起一点来。(老舍)
㊺ 极快的他想出个道理来。(老舍)

不过,我们在老舍的《骆驼祥子》中发现了一些不具有时间意义的 M 状语用于主语前的句子。如:

㊻ 可是在过去的这些日子,无缘无故的他受尽了委屈与痛苦。(老舍)
㊼ 那么,腿得尽它的责任,走!一气他走到了关厢。(老舍)
㊽ 晃晃悠悠的他放开了步。(老舍)
㊾ 迷迷糊糊的他拉了几个买卖。(老舍)
㊿ 渺茫的他觉到一种比自己还更有力气的劲头儿。(老舍)
㉛ 结结巴巴的,他把昨夜晚的事说了一遍。(老舍)

[①] 参见饶长溶(1963)主谓句主语前的成分,《中国语文》第 3 期。

㊷ 很懒的他立起来,看了她一眼。(老舍)

㊽ 一直的他奔了北长街去。(老舍)

这样的句子在《骆驼祥子》一书里出现了约20例。这种用法在其他作家的作品中是很少见的,可以算是老舍运用语言的一个特点。

3.3　FM 状语与 M 状语使用的场合不同。

FM 状语既经常出现于叙述性的语言中,也经常出现于对话中,在不同的文体中出现的频率一般也无明显的差别。M 状语则不然。M_2 状语在叙述性的语言中出现得多些,在对话中出现得少些,在不同的文体中差别不大明显。M_1 状语多出现在文学作品的叙述性文字中,对话中很少见,政论文中也很少见。我们做了一个统计:

表 6-3

		M_1	M_2	FM	FM：M_1	FM：M_2
《雷雨》	叙述、说明	379	86	603	1.6：1	7：1
	对话	9	146	3753	417：1	25.7：1
《骆驼祥子》	叙事	277	1204	8782	31.7：1	7.3：1
	对话	9	148	1343	149：1	9.1：1
《人到中年》	叙事	133	315	2322	17.5：1	7.4：1
	对话	5	68	1034	206.8：1	15.2：1
《三生石》	叙事	394	598	4859	12.3：1	8.1：1
	对话	7	128	1498	214：1	11.7：1
《决议》	叙述	11	242	1524	138.5：1	6.3：1

从表中可以看出,M_1 状语在叙事与对话中出现的频率相差极为悬殊。M_2 状语在叙事与对话中出现的频率也是不等的。由于每部作品叙事部分与对话部分所占的篇幅比例不同,从绝对数字上不大容易看出问题,所以我们计算了每部作品中叙事部分和对话部分所出现的 FM 状语与 M 状语的比例。由 FM：M_2 可以看出,在叙事中 FM 状语大体上是 M_2 状语的六七倍,而在对话中,

FM 状语一般是 M₂ 状语的十来倍,有的作品甚至是二十多倍。

3.4 充任 FM 状语的实词(大部分副词除外)一般可以单独回答问题,也可以作为提问的对象。如:

㊹ 问:你哪天去上海?
　　答:明天。
㊺ 问:小明每天在哪儿看书?
　　答:(在)阅览室。
㊻ 问:你给谁买鞋?
　　答:(给)我妹妹。

M 状语则不然,一般不能单独回答问题,也很少成为提问的对象。例如"小梅高兴地笑了"这句话,M₁ 状语"高兴地"就很难成为提问的对象。

有些可以充任状语的词,兼有 M 状语与 FM 状语的功能,比如程度副词,就语义来说既有限制作用(在程度方面加以限制)又有一定的描写作用(描写变化等方面的程度)。从语法特征来看,程度副词也具有两类状语的一些特点:

(1) 双音节副词一般不用"地",但突出其描写作用时可以用"地"。在上面提到的五部作品中,程度副词后用"地"的情况如表 6-4。

(2) 程度副词在不同体裁的作品中,在叙事与对话中出现的频率大致相同。

(3) 程度副词一般只出现在形容词与表示心理活动的动词前。

(4) 在句中的顺序位置与表示否定、重复的副词接近(详见第 5 节)。本文将程度副词归入 FM 状语,如果把它归入 M₂ 状语也不是毫无道理的。

表 6-4

		有"地"	无"地"
《雷雨》	叙述	0	68
	对话	1	172

续表

		有“地”	无“地”
《骆驼祥子》	叙事	88	682
	对话	0	35
《人到中年》	叙事	1	155
	对话	0	60
《三生石》	叙事	0	308
	对话	3	90
《决议》	叙述	0	82

4 多项状语的顺序

4.1 多项状语是指一个被修饰语前有几项状语，这几项状语可以由词充任，也可以由短语充任。如：

(57) 她兴奋地由哥哥手里很快地抢过那封信来。

这个句子的谓语动词“抢”前有三项状语：“兴奋地”“由哥哥手里”“很快地”，后两项状语是由短语充任的。①

多项状语的各项状语之间有的存在并列关系，各项状语性质相同，多为 M_1 状语或 M_2 状语。如：

(58) 纪诚朴爽朗欢快地说。

(59) 中国的革命的文学家艺术家……必须长期地无条件地全心全意地到工农兵群众中去，到火热的斗争中去。（毛泽东）

并列关系状语的顺序理论上是自由的，但实际上往往受逻辑、习惯及其他因素的制约，不能自由调换。

① 我们这里所说的多项状语与以前有些人所说的“复杂状语”不同。所谓“复杂状语”既包括我们的多项状语，也包括本身为一个复杂结构的状语，如“他很快地明白了”中的“很快地”。这样的状语我们认为是单项的。

多项状语的各项状语之间有的存在着递加关系,各项状语可能是各种 FM 状语,也可能 FM 与 M_1 状语或 M_2 状语同时出现。递加关系状语的顺序基本上是固定的,各项状语按顺序存在一定的层次关系。如:

⑥ 他激动地从椅子上一下子跳了起来。

多项状语的各项状语之间还可能存在交错关系——并列与递加混合,这类状语的顺序受并列与递加两种状语排列顺序的制约。

本文只讨论递加关系多项状语排列的顺序。

4.2 汉语的状语在句子中一般只有两个位置:主语前、主语与谓语中心语之间。状语出现在句末是一种非正常的"易位"现象。出现在主语前的只限于 FM 状语,而且又是有条件的。因此在实际语言中,当有几项状语同时出现时,往往都挤在主语与谓语中心语之间,顺序问题就十分突出了。①

4.3 多项状语的顺序与充任状语的词语的词性没有直接关系,而与状语所表示的语法意义及在句中的作用有关。具体地说,与状语是描写性的还是非描写性的以及属于这两类状语中的哪个小类有关。多项状语的排列顺序大致如下:①表示时间、语气的;②M_1 类;③表示目的、依据、关涉、协同的;④表示处所、空间、方向、路线的;⑤表示对象的;⑥M_2 类。

为了叙述方便,下面在讨论有关状语顺序的问题时,就把状语直接称作 1、2、3、4、5、6 类状语。3、4 类状语各包括四小类,如果四类状语同时出现,也按 3、4 类中所列的顺序排列。表示否定、重复、程度的状语以及起关联作用的副词,在排列顺序方面与上述各类

---

① 英语的一个句子也可以包含几项状语,但状语在句子中可以有四个位置:主语前、主语与助动词之间、助动词与谓语之间、句末。当一句中同时出现几项状语时,要尽可能把它们安排在不同的位置上。因此在英语中多项状语的顺序问题不像汉语这么突出。参见 Randolph Quirk 等著(1972)*A Grammar of Contempory English*,第 426 页。

状语不同,将在第 5 节中专门讨论。

这里所列的顺序是比较普遍、常见的。递加关系的多项状语具有一定的灵活性,在这一点上,比递加关系的多项定语要突出。但一般来说,按这里所列的顺序排列多项状语,能做到符合汉语语法,为说汉语的人所接受。1、3、4 类中都包含几小类状语,这是为了简化这个排列总表。实际上各个小类在排列顺序及灵活性上并不完全一致,具体情况将在后面加以说明。下边是几个包含多项状语的句子:

㉑ 我<u>毫不犹豫地</u>和她<u>一齐</u><u>走</u>了出去。(邓友梅)
　　　2　　　　　3　6

㉒ 我对不起你,我<u>已经</u>同你<u>详细</u>解释过。(曹禺)
　　　　　　　　1　　3　6

㉓ (她)只<u>默默地</u><u>在琴声里</u><u>随意</u>织着梦网。(宗璞)
　　　2　　　4　　　6

㉔ <u>有一次</u>曾刚<u>在队务会议上</u>与周主任<u>针锋相对地</u>争论起来。
　　1　　　　4　　　　　5　　　6
(刘宾雁)

㉕ 这时,陆文婷眼里滚出两行晶莹的泪珠,<u>默默地</u><u>顺着眼角</u>滴
　　　　　　　　　　　　　　　　　　　2　　　4
到雪白的枕头上。(谌容)

4.4　几点说明

4.4.1　表示时间的名词与表示语气的副词可以互为先后,时间词在前时,语气词只限制其后的谓语部分(包括宾语、补语);语气词在前时,限制包括时间词在内的谓语部分,而且往往是限制包括主语在内的整个句子的。如:

㉖ 你<u>刚才</u><u>究竟</u>上哪儿去了?(曹禺)

㉗ 我<u>早</u>知道……可今天<u>晚上</u>你<u>千万</u>不要来找我。(曹禺)

㉘ 他们<u>也许</u>有一天会不理我。(曹禺)

㉙ <u>反正</u>这<u>两年</u>你不是存点钱么?(曹禺)

㉚ <u>当然</u>他<u>现在</u>还不是。(宗璞)

时间副词一般在语气词后。如：

⑦ 你大概已经忘了你做的事了！（曹禺）

4.4.2 表示处所、空间的"在……"可以位于2、3类后，也可以位于2、3类前，但能这样用的往往是表示动作者动作时所在的处所或空间的。如：

⑫ 李震在椅子上惊讶地叫起来。（耿简）
　　　　　2

⑬ 小陆大夫……兢兢业业地在医学的大山上登攀。（谌容）
　　　　　　　2

⑭ 她的脸上留着笑意，好像在梦中还为自己的这个倡议感到
　　　　　　　　　　　　　3
欣喜。（谌容）

⑮ 李明正根据大家的意见在家里修改那个规划。
　　　　3

如果"在……"很长，以位于2、3类前为宜。如：

⑯ 老汉就在"妙手回春、长生不老"的低语中，平静地、心满
意足地死去了。（宗璞）
　2

如果"在……"不表示动作者动作时所在的处所，一般以位于2、3类后为宜。如：

⑰ 说着，她熟练地在眼睛下方皮下注射了奴佛卡因。（谌容）
　　　　　　2

? 说着，她在眼睛下方皮下熟练地注射了奴佛卡因。
　　　　　　　　2

⑱ 老赵按照群众的意见在布告栏上贴了一个通知。
　　　　3

? 老赵在布告栏上按照群众的意见贴了一个通知。
　　　　　　　3

表示动作起点的“从……”“由……”有时也可以位于2类前。如：

⑲ 曾霆……汗涔涔地 由通大客厅的门 很兴奋地急步走进来。
2
（曹禺）

⑳ 缕缕炊烟从窑洞和土房的门前 像线条般向空中升起。（刘
2
宾雁）

4.4.3　时间副词多位于4、5类前，但有时也可以位于4、5类后。如：

㉑ （他）立即 从柜子里找出一块玻璃片和一张纸。（宗璞）
4

㉒ 总之，她在牛棚里 已呆了七个多月。（宗璞）
4

㉓ 我已经 替你说好了。（曹禺）
5

㉔ 我跟你 先说下，她可是好容易回来一趟。（曹禺）
5

4.4.4　表示对象的5类多在2类后，有时也可以在2类前。如：

㉕ 方知对菩提 友好地微笑了一下。（宗璞）
2

㉖ 她熟练地 给老大娘扎针。
2

㉗ 他……一面连说带比划地 对我开起讲来。（刘宾雁）
2

4.4.5　M_2状语可在4、5类后，也可在4、5类前，两种情况出现的频率差不多。如：

㉘ 有人发觉一个人影悄悄地 从训导处后面的窗口跳出去。
4
（罗广斌、杨益言）

㉙ 我就是乘着酒劲儿，朝着窗户缝，轻轻地咳嗽了一声。（曹禺）
4

⑨⓪ 叫账房 给鲁贵和四凤 多算两个月的工钱。（曹禺）
　　　　　5

⑨① 王小曼…… 向内科病房的护士 苦苦哀求。（谌容）
　　　　　　　5

⑨② 几个大夫轮流 为病人进行人工心脏按压。（谌容）
　　　　　　5

表示动作者所在处所的"在……"一般在 6 类前。如：

⑨③ 车子在茫茫的黄土烟雾中 缓缓前进。（刘宾雁）
　　　　　　　　6

⑨④ 菩提在房里 轻轻叫了一声。（宗璞）
　　　　6

除了"多、少"之外，单音节形容词一般不能前移。

4.4.6　同属一类的状语，一般名词、介词短语在前，副词在后，音节多的在前，音节少的在后。如：

⑨⑤ 我现在 已经没有家。（曹禺）

⑨⑥ 当时 已经 快八点了。（曹禺）

⑨⑦ 在市中心大医院急诊室里，到处挤满病人。（宗璞）

⑨⑧ 歹徒慢慢地 紧逼过来。（罗广斌、杨益言）

⑨⑨ 陆文婷微微 一笑。（谌容）

⑩⓪ 两个人都汗淋淋地 傻站在一旁。（曹禺）

表示时间点的词在表示时间段的词之前。如：

⑩① 他们已经 三年没见了。

⑩② 我们今年 两个月碰一次头。

4.5　由"把、被、让、叫"等构成的介词短语位置比较灵活，一般可在 3 类后直至谓语动词前的各种位置上。如：

⑩③ （周冲）把头 由门口缩回来。（曹禺）
　　　　　　　4

⑩④ 他从自己的座位上 把挎包拿起来。
　　　　　　4

⑩⑤ 我正要给您 把药送上去呢！（曹禺）
　　　　　5
⑩⑥ 好,那我把那复工的合同 给你瞧瞧。（曹禺）
　　　　　　　　　　　　5
⑩⑦ 他……迅速地 把乳房、胸大肌、胸小肌及腋窝脂肪 一古脑儿
　　　　6　　　　　　　　　　　　　　　　　　　　　6
　　割了下来。（宗璞）
⑩⑧ 她……然后慢慢地 把手伸进袖子里。（谌容）
　　　　　　6

但如果"在……"表示动作者所在的处所,一般要位于"把……"前。如：

⑩⑨ 幼年父亲出走,母亲在困苦中 把她抚养成人。（谌容）
⑩⑩ 十二时请来潜水工人,在河底 把一百多根钢板桩——拆开。（刘宾雁）

"把……"还可以位于时间副词前。如：

⑪⑪ 你把这些东西 马上拿走!
⑪⑫ 姐姐把走的日期 已经告诉我了。

"把……"有时还可以位于 M_1 状语前。如：

⑪⑬ 她把大眼睛 调皮地一眨,神色端庄起来。（罗广斌、杨益言）

5　表示否定、程度、重复、范围以及起关联作用的副词的位置

这些副词为数不多,但出现的频率很高,而且在顺序方面有一些不同于其他 FM 状语的特点。这几类副词大多数意义和用法都很复杂,这里每种只选一两个最常用的副词的最一般的用法作为代表来讨论。

5.1 否定副词的位置

5.1.1 第4节中所讨论的各种状语,在句中要按一定的顺序排列,如果顺序排错了,就不合汉语语法,但语义上不一定有什么变化。如:

⑭ ＊他详细地眉飞色舞地刚才把事情的经过讲了一遍。
　　　 6　　　 2　　　 1

他刚才眉飞色舞地把事情的经过详细地讲了一遍。
　 1　　 2　　　　　　　　　 6

否定副词与其他状语一同使用时,排列顺序的不同,往往会引起语义的改变。如:"不太熟悉"——"太不熟悉""都不认识"——"不都认识"。因此在一定的语言环境中,"不"("没")只能选择一种位置。如:

⑮ 我不明天看电影,后天看。
　 我明天不看电影,看戏。
⑯ 我在图书馆没看书,只看了看报。
　 我没在图书馆看书,是在家看的。

5.1.2 否定副词否定的范围

常用的否定副词"不""没"可以否定的词语很多,如动词,形容词,时间词(时间点),表示处所、空间、方向、路线、对象的介词短语,M_2 状语等。M_1 状语中可以包含否定副词,但在实际语言中较少使用。否定副词不能否定语气词(但表示估计的"一定"除外),不能否定表示时间段的时间词(如"＊不三年没见了"),不能否定"曾经"①"已经""依然""依旧""暂时""随时""刚""将""忽然""急忙""赶忙"等副词,不能否定由"对于""关于"等构成的介词短语。

5.1.3 否定副词与"也""又""还"等表示重复的副词连用时,一般是否定副词在后。如:

---

① "曾"可以用"不"否定,构成"不曾"。

⑰ 她没有幻想过飞来的爱情,也没有幻想过超出常人的幸福。(谌容)

⑱ 我不求勋章,也不要表扬。(谌容)

⑲ 来,告诉阿姨,怎么又不想做手术啦?(谌容)

在疑问句和反问句中,"不"有时可出现在"又""也"等之前,如:

⑳ 这种材料……交上去不也就完了?(谌容)

㉑ 今天上午电话不断,这不又响了?

这里的"不"是"不是"的意思,是"不是……吗"这种疑问(反问)句的简化说法。

5.2 程度副词的位置

程度副词要位于所修饰的词语前,与其他状语连用时,有时位置不同,语义就不同。如:

㉒ 他的脑子不很清楚。

他的脑子很不清楚。

㉓ 这本书不太好。

这本书太不好。

5.3 "都"的位置

5.3.1 表示范围的"都"要位于表示它所概括的事物的词语之后。如:

㉔ <u>我们</u>都对这个孩子很满意。

㉕ 我对<u>这些孩子</u>都很满意。

㉖ 他整天无所事事,把<u>全部精力和聪明才智</u>都用在家务上了。(谌容)

㉗ 应该<u>二十四小时</u>都有专人护理。(谌容)

5.3.2 "都"如果在语义上不概括表示协同、对象的词语,可以位于这类词语的前后。如:

㉘ <u>每个人</u>都给小明买了一本书。

<u>每个人</u>给小明都买了一本书。

(129) 大家都对你有意见。
大家对你都有意见。

“都”与其他 FM 状语连用时，所处的位置不同，往往引起结构层次不同，语义上就有一定的差异。如：

(130) 我们都明天去，就小刘后天去。
我们明天都去，就小刘不去。
(131) 一班的同学都在操场上打篮球，没有一个人没来。
一班的同学在操场上都打篮球，没有一个人打排球。
(132) 战士们都从小路上山了，没有一个人走大路。
战士们从小路都上山了，没有一个人掉队。

“都”一般不能位于表示方向的“朝……”“向……”之后。如：

(133) 满屋的人都朝说话的方向扭过头去。（谌容）
*满屋的人朝说话的方向都扭过头去。

“都”与 M_1、M_2 状语连用时，多在前。如：

(134) 孩子们都规规矩矩地坐在那里。
(135) 旅客们都仔细地检查了一下自己的行李。

5.4 “也”的位置

“也”多出现于复句的第二个分句。当两个分句包含相同的状语（“也”之外的状语）时，“也”限制该状语。如：

(136) 老李明天走．老刘也明天走。
(137) 孩子们高兴地笑了，老师也高兴地笑了。

“也”与表示时间、对象以及由“从……”构成的介词短语连用时，也可以后移，只限制谓语动词。如：

(138) 老刘明天走，老李明天也走。

当两个分句不包含相同的状语时，“也”一般不限制句中的另一个状语，往往只能位于该状语后，“也”一般重读。如：

⑬⑨ 老刘明天走，老李后天也走。

⑭⓪ 妹妹在北大学法语，姐姐在语言学院也学法语。

在一定的语言环境中"也"也可以在单句（往往是回答问题）或复句的第一分句出现，其用法原则上与以上所述相同。

5.5 "又"的位置

5.5.1 "又"多用于复句的第二分句。与表示时间的状语连用时，如果两个分句所包含的时间状语相同，"又"一般限制该状语，位于该状语前；如果两个分句所包含的状语不同，"又"一般不限制该状语，位于该状语后，"又"重读。如：

⑭① 你经常上午看电影，很影响工作，怎么今天又上午看电影？

你上午看了一个电影了，怎么下午又看电影？

5.5.2 "又"与3、4、5类FM状语连用时，如果两个分句的主语相同又有相同的状语，第二分句的"又"就限制该状语，这时"又"重读，可位于该状语的前后。如：

⑭② 刚才一连从山下发起了进攻，现在又从山下发起了进攻。
　　　　　4　　　　　　　　　　　4

刚才一连从山下发起了进攻，现在从山下又发起了进攻。
　　　　　4　　　　　　　　　　4

⑭③ 我昨天给妹妹买了一本书，今天又给妹妹买了一本书。
　　　　5　　　　　　　　　　5

我昨天给妹妹买了一本书，今天给妹妹又买了一本书。
　　　　5　　　　　　　　　5

如果两个分句的主语不同，"又"可重读，也可轻读。如：

⑭④ 刚才一连从山下发起了进攻，现在二连'又从山下发起了进攻。

刚才一连从山下发起了进攻，现在'二连又从山下发起了进攻。

刚才一连从山下发起了进攻，现在二连从山下'又发起了进攻。

刚才一连从山下发起了进攻,现在'二连从山下又发起了进攻。①

如果两个分句不包含相同的状语,第二分句的"又"就不限制该状语,这时"又"轻读,可位于该状语的前后。如:

⑭⑤ 刚才一连从山南发起了进攻,现在又从山北发起了进攻。
刚才一连从山南发起了进攻,现在从山北又发起了进攻。

⑭⑥ 我在北京给妹妹买了一本书,在天津又给姐姐买了一本书。
我在北京给妹妹买了一本书,在天津给姐姐又买了一本书。

5.5.3 "又"与 M 状语连用时,如果两个分句有相同的 M 状语,第二分句的"又"就限制 M 状语,"又"要重读,放在 M 状语前。如:

⑭⑦ 这台机器张师傅昨天仔仔细细地检查了一遍,今天'又仔仔细细地检查了一遍。

⑭⑧ 孩子们刚才高高兴兴地把这首歌唱了一遍,现在'又高高兴兴地唱了一遍。

如果"又"与 M_1 状语连用,M_1 状语只在第二分句出现,这时"又"不限制 M_1 状语,一般要重读,位于 M_1 状语后:

⑭⑧' 孩子们刚才把这首歌唱了一遍. 现在高高兴兴地'又唱了一遍。

如果"又"与 M_2 状语连用,M_2 状语只在第二分句出现,这时"又"不限制 M_2 状语,可以轻读,位于 M_2 状语前;也可以重读,位于 M_2 状语后:

⑭⑦' 这台机器张师傅昨天检查过一遍,今天又仔仔细细地检查了一遍。
这台机器张师傅昨天检查过一遍,今天仔仔细细地'又检

---

① "'"表示重音。

查了一遍。

在一定的语言环境中出现在单句中的"又",其用法原则上与此相同。

5.6 起关联作用的副词的位置

起关联作用的副词,如果是连接两个词或两个句子成分的,就位于这两个词或两个句子成分之间。如:

⑭ 保证一点都不疼。(谌容)
⑮ 我一个人也不认识。

如果是关联两个分句的,一般位于第二个分句的主语后,整个谓语部分前。如:

⑯ 自从有了两个孩子,月月入不敷出,她就同高档商品无缘了。(谌容)
⑯ 园园回来,他们就一块吃起面来。(谌容)

6 常用状语的位置和顺序

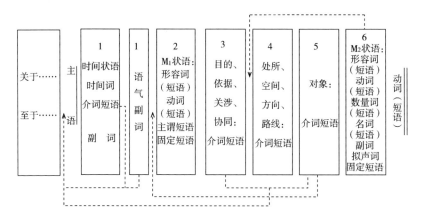

说明:"┈┈▶"表示可移动位置及其方向。

(原载《语法研究和探索》(一),北京大学出版社,1983年,有改动)

七 动量词"下"与动词重叠比较*

"下"是动量词。但与其他动量词相比，意义和用法都要复杂得多。"下"常常在动词后作补语，这样用时与动词重叠有相似之处。本文主要比较作补语的"下"与动词重叠在意义和语法功能方面的异同。

1 "下"的基本意义和表达功能

"下"的表达功能与动作进行的时间有密切关系。这一点与动词重叠是相同的。

1.1 表示已然动作的"下"

如果动作已经发生，"下"用于表示非持续性动作动词后时，表示动作进行的次数。如：

① 不觉大咳，自己捶了两下。（曹禺）
② 黄佳英默默地点了一下头。（刘宾雁）
③ 朱克厌恶地摆了下手。（耿简）
④ 门敲得很有节奏，砰砰砰，一秒钟一下。
⑤ 时钟当当敲了十一下。

"下"用于表示持续性动作动词后时，前面只能用数词"一"，不表示动作进行的次数。此类动词所表示的动作，持续时间一定很

---

* 本文原为《动词重叠的表达功能及可重叠动词的范围》（《中国语文》，1983年第1期）的一部分，由于那篇文章发表时篇幅受限制，便单独成文了，但这两篇文章仍是密切相关的，凡是那篇文章已论述的，本文从略，因此阅读本文时，最好参考那篇文章。

短。如：

⑥ 马文元微微地笑了一下。（刘宾雁）

⑦ （周蘩漪）停一下，忽然……（曹禺）

⑧ 陈松林把文件粗略地看了一下，不高兴地问："这是谁起草的？"（罗广斌、杨益言）

⑨ 鲁四凤把屋子略微整理一下。（曹禺）

值得注意的是，⑥—⑨中的"一下"一般不能用也表示时间短暂的"一会儿"来替换。例⑥、⑧、⑨中的"一下"根本不能用"一会儿"来替换，因为替换后句子将不成立；例⑦可以用"一会儿"来替换，不过替换后所表示的时间要长于"一下"。因此可以说，在表示可持续动作的动词后，补语"一下"主要不表示动作持续时间的长短，而表示一个短暂的动作已进行。

1.2 表示未然动作的"一下"

表示未然动作时，"下"前往往用"一"。"一下"是一种委婉地表达祈使和主观愿望的手段，有缓和语气的作用。这一点与动词重叠也是相同的。"一下"主要用于以下场合：

（1）对话（基本上是祈使句）：

"一下"前动词的主语为第二人称。如：

⑩ 慧韵站起身焦急地说："给她检查一下吧。"（宗璞）

⑪ 县里通知你准备一下，到北京开会去。（胡可）

⑫ 请等一下。

⑬ 劳驾，请给找一下 26 楼 101 房间谢利同学。

"一下"前动词的主语为第一人称。如：

⑭ 袁先生，我介绍一下，这是愫小姐！（曹禺）

⑮ 我预备到书房歇一下。（曹禺）

"一下"前动词的主语为第三人称。如：

⑯ 刚才我听说花园藤萝架上的旧电线落下来了，走电，叫他

赶快收拾一下，不要电了人。(曹禺)

(2) 在表示主观愿望的"希望、准备"之类动词以及能愿动词后。如：

⑰ 船离开码头，我就伏在栏杆上，准备好好欣赏一下。
⑱ 你肯到矿山去磨炼一下，我很高兴。(曹禺)
⑲ 他心地并不算奸恶，回国后，很想大大发展一下。(曹禺)

(3) 假设句。如：

⑳ 这个问题，考察一下我们党的历史，就会懂得；把党的建设问题同统一战线问题、同武装斗争问题联系起来看一下，把党的建设问题同联合资产阶级又同它斗争的问题、同八路军新四军坚持抗日游击战争和建立抗日根据地的问题联系起来看一下，就会懂得。(毛泽东)
㉑ 这只船修一下还能用。

在上述假设句中，"一下"并不表示动量，缓和语气的作用也不明显，主要是句子结构的要求。在这种假设句中，谓语一般不能只用一个动词，动词后往往有补语、动态助词"了"或重叠一下动词，尤其当假设句是一个单句时。

1.3　因为"下"在动词后表示短暂的动作，所以某些非动作动词如"是、有、生长、开始、出现"等，表示心理状态的动词"爱、恨、害羞、怀念、忘、感动"等，状态动词"胖、瘦、饿、困"等以及能愿动词后面都不能用"(一)下"。有些动词表示的动作往往费时较长，不是瞬息可以完成的，后面一般也不能用"(一)下"，如"侵略、屠杀、投降、复员"等。

2　"下"与动词重叠比较

2.1　语义和表达功能比较

2.1.1　表示已然动作时，如果用在表示持续性动作动词后，"一下"与动词重叠功能接近，有时可以连用。如：

㉒ 停一下,鲁贵四面望一望。(曹禺)
㉓ 小宁伸了伸舌头,不觉摸了一下脑袋,又嘻嘻笑起来。(罗广斌、杨益言)

"一下"与动词重叠往往可以互相替换。如:

㉔ 鲁贵弯了弯腰……(曹禺)
　鲁贵弯了一下腰……
㉕ 王佐民非常兴奋地看看生宝。(柳青)
　王佐民非常兴奋地看了一下生宝。
㉖ (曾霆)掏出一张纸,不觉又四面看一下,低声读着……(曹禺)
　(曾霆)掏出一张纸,不觉又四面看了看,低声读着……
㉗ 周蘩漪(停一下,忽然):他现在还没起来么?(曹禺)
　周蘩漪(停了停,忽然):他现在还没起来么?

在表示非持续性动作动词后,"下"表示动作的次数,"一下"表示"一次","两下"表示"两次"……如:

㉘ 她那粗糙的、发烫的手用力攥了一下。(宗璞)
㉙ 他猛地站起身,推了慧韵一下。(宗璞)
㉚ 马文元还不作声,使劲摇了几下头,意思是说,他不是这个意思。(刘宾雁)

而动词重叠只表示动作次数少,不表示具体的次数,可能是一次,也可能不止一次。如:

㉛ 生宝……使劲扯了扯衣襟边。显然不让改霞看见他落落踏踏!(柳青)
㉜ 孙侦探摇了摇头,似有无限的感慨。(老舍)

因此,如果要明确表示动作进行了几次,就应该用"下"。

2.1.2 表示已然动作的动词重叠常常有描写作用,通过人物短暂的动作描写人物的表情、心理活动等,如例㉛、㉜。"下"有时也具有描写作用,如例㉚。但这种用法远不及动词重叠常见、典型。表示已然动作时,特别是当不需确切地表示动作次数时,动词重叠使用的频率远远高于"下"。

2.1.3 表示未然动作时,"一下"与动词重叠都有缓和语气的作用,都是委婉地表达主观愿望的方式。不过从我们接触的语言材料来看,"一下"多出自有一定文化的人之口。例如邓友梅《在悬崖上》里,一个大学毕业的技术员对妻子说:"我问你一句话,你不要动感情,冷静地、理智地考虑一下再回答我好不好?"《雷雨》里周朴园说:"……繁漪,你也好好休息一下。"我们发现,在反映知识分子的戏剧、小说中(例如曹禺《曹禺选集》、宗璞《三生石》、反映医务界情况的美国小说《最后的诊断》),"一下"较多见。在反映劳动人民,特别是反映新中国成立前劳动人民生活的作品,例如老舍的《骆驼祥子》、柳青的《创业史》,"一下"较少见。当某些动词不能重叠使用而又需要使语气缓和时,劳动群众多使用其他量词或语气词"吧"等。而且,从语气来看,似乎"一下"比较客气,但不够亲切,因而陌生人之间用得多些,熟人、关系亲近的人用得少些。这种风格色彩的不同也许是"一下"与动词重叠的重要区别。

2.1.4 在几个分句中可连用几个动词重叠,表示随意列举几个经常进行的动作,有轻松的意味。如:

㉝ 整天不做一点事情,到处逛逛,海水里浸浸,然后听听音乐,看看戏和电影什么的,一天便过去了。(周而复)

㉞ 我早就该学那些新派的太太们,自己下下馆子,看看戏,把这个家交给儿媳妇管。(曹禺)

㉟ 挑挑河泥,劳动劳动就不失眠了。(浩然)

但"一下"一般不能这样用。上述句子中的动词重叠很难用"一下"来替换。如:

㉝' *整天不做一点事情,到处逛一下,海水里浸一下,然后听一下音乐,看一下戏和电影什么的,一天便过去了。

某些动词或形容词重叠后可以表示"致使"意义,"一下"也较难这样用。比较：

㊱ 我一定可以把小东西还是活蹦乱跳地找回来，叫你高兴高兴。（曹禺）

？我一定可以把小东西还是活蹦乱跳地找回来，叫你高兴一下。

㊲ 让不知道过去情形的年轻人知道知道，让忘了过去的成年人醒一醒。

＊让不知道过去情形的年轻人知道一下，让忘了过去的成年人醒一下。

㊳ 等人们把这件事忘忘再说吧。（刘真）

＊等人们把这件事忘一下再说吧。

"一下"所以没有上述两种用法，可能与其表示短暂动作的功能较强有关系。因为上述两类句子中的动词重叠已不表示短暂的动作。

2.2　适用的动词范围与句子的结构特点比较

2.2.1　"一下"比动词重叠适用的动词范围要广。

（1）当表示已然动作时，只有自主动作（动作者主观上可以控制的动作）动词才能重叠。"一下"无此限制。比较：

㊴ 菩提的心扑通跳了一下。（宗璞）

＊菩提的心扑通跳了跳。

㊵ 我浑身战栗了一下。（邓友梅）

＊我浑身战栗了战栗。

（2）当动词表示非持续性动作时，动作必须是能反复多次进行或包含尝试意义的，方可重叠。"一下"无此限制。比较：

㊶ 却有时事情常闹到头上来，那么他就把多年忍住的脾气发作一下……（曹禺）

＊却有时事情常闹到头上来，那么他就把多年忍住的脾气发作发作……

㊷ 喂,我把书包扔给你,你接一下。
   *喂,我把书包扔给你,你接一接。
㊸ 你等等,我去打一下针。
   *你等等,我去打打针。
㊹ 阿芳,走的时候说一下,我去送你。
   *阿芳,走的时候说一说,我去送你。

（3）某些趋向动词,如"来、去、回"以及趋向动词后有"来、去"时,一般不能重叠,但可以加"一下"。比较：

㊺ 小李,你来一下。
   *小李,你来来。
㊻ 阿兰,你上来一下。
   *阿兰,你上来上来。
㊼ 今天晚上我要回一下家,可以吗？
   *今天晚上我要回回家,可以吗？
㊽ 请你出去一下,我们有点事情要个别谈谈。
   *请你出去出去,我们有点事情要个别谈谈。

（4）有些双音动词,表示已然动作时不能重叠,但可以加"一下"。比较：

㊾（曾霆）迟疑一下……（曹禺）
   *（曾霆）迟疑了迟疑……
㊿（鲁大海）沉吟一下……（曹禺）
   *（鲁大海）沉吟了沉吟……
51（周蘩漪）没有想到四凤这样问,忙收敛一下……（曹禺）
   *（周蘩漪）没有想到四凤这样问,忙收敛收敛……
52 睡到半夜,一翻身,我觉出床在轻轻地颤,注意了一下,听到她在被底下抽泣。（邓友梅）
   *睡到半夜,一翻身,我觉出床在轻轻地颤,注意了注意,听到她在被底下抽泣。

2.2.2 单音节动词前有由单音节形容词或动词充任的描写动作的状语时，一般不能重叠，但后面可以用"（一）下"。

㊼ 方知对菩提友好地微笑了一下……（宗璞）
　　*方知对菩提友好地微笑了笑……
㊽ （曾思懿）斜着眼睛回望一下，走近曾霆。（曹禺）
　　*（曾思懿）斜着眼睛回望了望，走近曾霆。
㊾ 她隐隐地冷笑了一下说："碰得真巧！"（邓友梅）
　　*她隐隐地冷笑了笑说："碰得真巧！"

由以上比较可以看出，总的来说，"下"适用的动词范围比动词重叠要广。

不过，在实际语言材料中，我们发现"下"出现的频率要大大低于动词重叠。这是为什么？我们想可能因为：第一，"下"的表达功能比动词重叠简单。从风格色彩上来说，"下"可以说是中性的。它不仅不能用于列举包含有轻松意味的句子，不能用于致使句，也没有生动化的表达功能。而动词重叠，特别当表示已然动作时，具有较强的生动化的表达功能。第二，就目前来看，作为委婉地表达祈使的手段的"一下"，使用的人的范围比动词重叠要窄。

（原载《汉语学习》，1984 年第 1 期，有改动）

八 定语的分类和多项定语的顺序

定语是名词短语中的修饰语,如"我的书""炎热的夏天""有插图的书",动词(短语)或形容词(短语)在句中充任主语或宾语的中心语时,其修饰语也可能是定语,如"这位老人的逝世使大家很难过""我很喜欢她的直爽"。

1 定语的分类

虽然从一个词到一个复杂的类似复句的短语都可以充任定语,而且各类词充任定语时表示的意义是各种各样的,但从定语所表达的语法意义、定语对中心语所起的作用来看,可以概括地把定语分为两大类:限制性定语与描写性定语。正是这种语法意义上的不同,导致这两类定语在语法特征方面有一系列的差异,其中包括排列顺序方面的差异。为了叙述方便,下面称限制性定语为 X 定语,描写性定语为 M 定语。

1.1 X 定语

X 定语的作用在于限制、说明中心语所表示的事物的范围。如:

① 姑娘的白皙的面孔上的一双特别黑的眼睛调皮地瞅着他。(刘宾雁)

② 村中的唯一的一条大道上……(老舍)

③ 我支给你一个月的全薪。(曹禺)

④ (他)认为人的最正常的状态是躺着。(刘宾雁)
⑤ 一个家总有它的可爱之处。(老舍)
⑥ (他)作学术方面的整理和研究工作。(《光明日报》①)
⑦ 当前医院工作中的一个薄弱环节,是门诊和急诊工作。(《报》)
⑧ 拉他的车的光棍儿,都可以白住。(老舍)
⑨ 戴帽子的那个人我不认识。

例①、②从位置、处所方面对中心语加以限制;例③从时间上加以限制;例④、⑤表示领属关系,从所有者方面加以限制;例⑥—⑨从所涉及的范围方面加以限制。

1.2 M 定语

M 定语作用在于描写,描写中心语所表示的事物的性质、状态、特征、质料、来源、用途,以及人的职业、相貌、穿着打扮等。

⑩ 买辆最完全最新式最可心的车。(老舍)
⑪ 一个年轻光头的矮子看别人不出声……(老舍)
⑫ 一种砸地的工具。(曹禺)
⑬ 那……是个颐养天年的好地方。(《报》)
⑭ 一本三十万字的回忆录已写完。(《报》)
⑮ (我)陪一个叫卡尔逊的美国朋友。(刘白羽)
⑯ 设计院来了一个才从艺术学院毕业的、作雕塑师的姑娘加丽亚。(邓友梅)

1.3 X 定语与 M 定语的区别

1.3.1 X 定语的主要作用是限制、指明中心语所表示的事物是"哪个(些)",提问时常用"哪(个、些、儿的、天的……)""谁(的)"等疑问代词;M 定语的主要作用是说明中心语所表示的事物是"什么样的",常用"什么样(的)""怎么样(的)"来提问。如果中心语所表示的事物不止一个,而这些同类的事物又同时存在(出现)时,X

---

① 后面简称《报》",如无另外说明,该类例句引自《光明日报》1982 年 2 月 10—14 日。

定语与 M 定语的不同作用就更加明显。例如：

⑰ 东边书架上的书是中文的，西边书架上的书是英文的。
⑱ 今天的天气不错，昨天风太大了。
⑲ 张老师留的作业比较容易，李老师留的作业太难了。
⑳ 穿红衣服的那个女同学是小王的姐姐，穿蓝衣服的我不认识。

显然上述定语指明了在同时存在的同类事物中中心语所指的是哪一个(些)，即限制了它的范围。一般说来，如果没有特定的语言环境或语言以外的因素(如手势)，去掉 X 定语，中心语所指的事物就可能不清楚、不确定。因此，说话人使用 X 定语是出于限制事物范围的需要，目的在于使听话人了解自己所指的是同类事物中的哪一个(些)。

M 定语一般没有限制作用。说话人在使用此类定语时，目的仅在于描写事物的某方面的属性、特征，着眼的只是所描写的事物本身，而不理会是否同时还有其他同类事物存在。即使同时存在其他同类事物，说话者也不打算凭借该定语去限制所描写的事物。比较：

㉑ a. 这时走进来一个穿西装的人。(M)
  b. 穿西装的那个人是张先生，穿大衣的那个人是李先生。(X)
㉒ a. 他床底下放着一个装书的箱子。(M)
  b. 装书的那个箱子在床底下，装衣服的箱子在柜子上。(X)

1.3.2 M 定语，特别是比较复杂的 M 定语，文学作品的叙述和描写部分用得较多，对话中用得较少。对话中出现的 M 定语多是比较简短的。X 定语，特别是复杂的 X 定语，通讯报道的叙述部分及学术著作中用得较多，对话中出现的 X 定语频率虽不低，但多是比较简短的。我们做了一个统计。材料取自：一是曹禺《日出》

全剧非对话部分及《曹禺选集》第 137—213 页所载该剧的对话;二是老舍《骆驼祥子》前 39 页的叙述描写部分及全书的对话;三是《光明日报》1982 年 2 月 10—14 日。统计结果如下:

表 8-1

		X 定语				M 定语
		一般 X	Z	S	共计	
《日出》	叙述描写	114	19	152	285	372
	对话	310	187	155	652	270
《骆驼祥子》	叙述描写	299	103	295	697	578
	对话	140	44	150	334	147
《光明日报》	叙述描写	529	25	67	621	365
	对话	11	5	4	20	8

注:X 定语中的数量词和"指示代词+(数)量词"与一般 X 定语有所不同,而且前者出现的频率较高,这里单独进行了统计。S 表示数量词,Z 表示"指示代词+(数)量词"。

1.3.3　X 定语与 M 定语同时在一个中心语前出现时,X 定语在前,M 定语在后(详见本文第 2.3.1 节)。

1.3.4　X 定语后的中心语所表示的事物总是确定的;M 定语后的中心语所表示的事物可能是确定的,也可能是不确定的,即可能表示一般的或同类事物中的任何一个。比较:

㉓ 昨天我给你的那本书你看了吗?(X)
㉔ 你给我找一本有插图的书。(M)
㉕ 教你们语文的那个老师今天病了。(X)
㉖ 我们这里需要一个语文老师。(M)

例㉓指的是特定的一本书,例㉔则表示任何一本有插图的书,并不确指某一本。例㉕的"老师"是确定的,例㉖的"老师"是不确定的。

1.4　充任 X 定语与 M 定语的词类

1.4.1　人称代词及询问人或事物的疑问代词一般只充任 X

定语,表示领属关系。如:

㉗ 他的心好像直顶他的肋条。(老舍)
㉘ 这是谁的收音机?

"什么(样)的""怎么样的"等询问性状的疑问代词一般充任 M 定语。如:

㉙ 你要什么样的钢笔?
㉚ 什么事儿,这么急?

1.4.2 名词(短语)既能充任 X 定语,也能充任 M 定语。表示领属关系时,是 X 定语。如:

㉛ 刘家的事办得很热闹。(老舍)
㉜ 有的担任了学校的顾问。(《报》)

表示事物范围的名词(短语)定语也是限制性的。如:

㉝ 三百五十多位领导干部退出了领导工作的第一线。(《报》)
㉞ 当时我把主要精力都放在科学知识的学习上。(《报》)

名词(短语)充任 X 定语时,后面一般都能用结构助词"的"。

有些名词(短语)充任定语时不表示领属关系,而表示中心语所表示的事物或人的原料、属性、职业等,是 M 定语。此类定语与中心语结合得很紧,后面一般不用"的",有的甚至不能用"的",定语与其中心语构成的短语意义上有一定的熟语性。如:

纸箱子(用纸制的箱子)——＊纸的箱子
历史问题(历史上存在的问题)——＊历史的问题
语文老师(教语文的老师)——＊语文的老师

有时同一个名词既可以作 X 定语,也可以作 M 定语,但表示的意思不同。如:

外国朋友(M)——外国的朋友(X)
(敌人的)狐狸尾巴(M)——狐狸的尾巴(X)

还有些名词，修饰中心语时一般为领属关系，但在一定的场合不再表示领属关系，而只起描写作用，侧重说明中心语所表示的事物是“什么样的”。如：

㉟ 街上的雪已不那么白了，马路上的被车轮轧下去，露出点冰的颜色来。（老舍）（冰所具有的颜色）

㊱ 墙上挂着一张全家的照片。（全家人照的照片）

这样的定语也是M定语。

1.4.3　形容词（短语）一般充任M定语，而且是最常用、最典型的M定语。如“新衣服”“漂亮的言辞”“又高又大的厂房”等。

“最＋形容词”作定语时，有时是X定语，限制中心语所指事物的范围。如：“最大的那个房间是我妈妈的。”

1.4.4　主谓短语、动词短语与介词短语既可以充任M定语，又可充任X定语。

主谓短语的谓语为动作动词，其中不包含形容词、副词等修饰成分时，一般只能充任X定语。如：

㊲ 看着女客们携来的小孩子们，他又羡慕，又忌妒。（老舍）

㊳ 他所不放心的倒是刘四爷拿着他的那点钱。（老舍）

但由表示“制作”“给予”意义的动词构成的主谓短语可以充任两类定语，充任X定语时限制范围，充任M定语时表示来源。如：

㊴ 妈妈给我打的那件毛衣很暖和。（X）

㊵ 他穿着一件妈妈给打的毛衣，很高兴。（M）

由形容词构成的及由动词构成而且包括修饰成分的主谓短语和动词短语、介词短语都可以充任两类定语。如：

㊶ 他拿出几个自己刚从街上买来的梨。（M）

㊷ 他刚从街上买来的那几个梨很好吃。（X）

㊸ 性情温和的那个姑娘是他的姐姐，性情比较暴躁的那个姑娘是他妹妹。（X）

㊹ 她是一个性情温和的姑娘。(M)

㊺ 恰巧有辆刚打好的车。(M)

㊻ 刚打好的那辆车已经卖出去了。(X)

㊼ 这是关于曾刚的一些传说。(X)

㊽ 我最近听到了许多关于曾刚的传说。(M)

1.4.5 “名词+介宾短语”一般充任 X 定语。如：

㊾ (他)没有注意到这辆汽车和正在发展中的事件的关系。(罗广斌、杨益言)

㊿ 随手儿把骆驼与祥子那点关系说过去，也就算了。(老舍)

(51) 要巩固和发展我国人民同世界各国人民的友谊。

1.4.6 数量词一般充任 X 定语，从数量上限制中心语，后面一般不能用结构助词“的”。如“一个严肃的话题”“两辆装满报纸的三轮车”。表示数目的“许多”“不少”等充任定语时，与数量词的功能相同。

数量词有时也能充任 M 定语，后面一般用“的”。如“我要一条三斤的鱼”“四十岁的中年人”“一桌子的菜”。

指数量词(指示代词+数量词)只充任 X 定语，而且其限制功能最强。如“那个小伙子”“昨天的那张票”等。

1.4.7 各类词(短语)充任 X 定语、M 定语及用不用“的”的情况：

表 8-2

	X 定语	M 定语
代词	我的书/谁的笔	什么样的人/什么问题
名词(短语)	哥哥的钢笔/图书馆的书	体育老师/木头房子
形容词(短语)	最高的那个学生是我们班的	红头巾/伟大的祖国/十分重要的问题
动词(短语)、介词(短语)	昨天录下来的那首歌/给你留的几本书/对国家的贡献	描写山村风光的散文/一种可以治好的病/一部关于战争问题的影片

续表

	X定语	M定语
主谓短语	老师给我们讲的故事/姐姐写来的那封信	一部农民很喜欢看的电影/一个年纪很轻的姑娘
名词+介宾短语	骆驼与祥子那点关系/我国人民同世界各国人民的友谊	
数量词	三个红苹果/红红的三个苹果	一条三斤的鱼/四十岁的中年人
指数量词	那位老同志/新上映的那部电影	

2 多项定语的顺序

2.1 多项定语与定语本身为一个结构复杂的短语之间的区别

多项定语指一个中心语前有几项定语，这几项定语分别都与中心语有修饰与被修饰的关系。如：

(52) 她不是(他心目中所有的)①(那个)②(一清二白)③的姑娘。(老舍)

(53) 你说的是不是(那个)①(满脸擦着胭脂粉的)②(老)③女人？(曹禺)

(54) ……是当前(卫生行政部门)①和(各级医院)②的(一项)③(重要)④任务。(《报》)

有时，定语本身为一个复杂结构，其内部又包含着定语与中心语，其中的定语与整个定语的中心语不存在修饰关系。如：

(55) 图Ⅱ—1乙中的直线 L_2 就是{〔(和 L_1 切于一侧)的(半径为R)的圆〕的圆心}的轨迹。

在这个句子中，“和 L_1 切于一侧的半径为R的圆的圆心”是一项定语，修饰“轨迹”。在这个定语中，“和 L_1 切于一侧的半径为 R 的圆”又是修饰“圆心”的；“和 L_1 切于一侧”与“半径为 R”又是修饰“圆”的。而“和 L_1 切于一侧”“半径为 R”或“和 L_1 切于一侧的半径为 R 的圆”与整个定语的中心语“轨迹”之间都不存在修饰与被修饰的关系。又如：

(56) 他是｛〔（我）哥哥〕的岳母｝的表弟。

这种定语内部包含一个或几个偏正结构，其中词语的排列顺序由逻辑关系（一般为领属关系）决定。

2.2　多项定语的类型

多项定语有三种类型：并列关系多项定语、递加关系多项定语与交错关系多项定语。

2.2.1　并列关系多项定语

在并列关系的多项定语中，几项定语没有主次之分，分别或联合起来修饰中心语。并列的几项定语性质是相同的，即都是 M 定语或都属同类的表示领属关系或时间、处所、范围等 X 定语。如：

(57) a. 那个女工给我们讲了工厂和她自己的情况。

b. 在她面前立着一个瘦弱胆怯的小女孩子。（曹禺）

有些由几个不同类的词或短语充任的 M 定语，表示中心语同一方面的特征或属性，过去一般看作递加关系的多项定语，实际上应属并列关系的多项定语。其排列顺序有的可前后变动。如：

(58) a. 喊叫的正是那个穿蓝布长袍的高高瘦瘦的学生。（罗广斌、杨益言）

b. 喊叫的正是那个高高瘦瘦的穿蓝布长袍的学生。

有的像其他并列关系的短语一样，受逻辑关系、语言习惯、认识过程以及其他语义关系的影响，而与充任定语的词语的词性无关。如：

(59) 她把小福子看成个最可爱、最可羡慕、也值得嫉妒的人。（老舍）

㊿ 一种明知不妥,而很愿试试的大胆与迷惑紧紧的捉住他的心。(老舍)
㉛ (虎妞可以)多明白些,自己所缺乏的,想作也作不到的事情。(老舍)
㉜ 他居然向她笑了笑,一个天真的、发自内心的笑。(老舍)
㉝ 他觉得浑身都沾着些不洁净的,使人恶心的什么东西。(老舍)
㉞ 争取看一个非常重要的、几分钟以后可能永远失掉的东西。(邓友梅)
㉟ 张静的不安的、带有警戒意味的眼光……(刘宾雁)
㊱ 一张又大又厚又重的包着漆布的木门……(刘宾雁)
㊲ 这时一个年纪稍大的大个子解放军走了过来。
㊳ 一个二十多岁矮身量的小伙子接过来……(老舍)
㊴ 他一看见这个胖胖的神采焕发的中年人……(耿简)
㊵ 只有那两间白,暖,贴着红喜字的小屋,方方正正的立在面前。(老舍)
㊶ 中间有一块更大的,红的,脸上发着丑笑的虎妞!(老舍)

例㊿㉛的多项定语语义上是转折关系,㉜—㉟的多项定语语义是层进关系,㊱—㊶的多项定语是按观察过程的先后排列的。

2.2.2 递加关系的多项定语

在递加关系的多项定语中,虽然各项定语都与中心语存在修饰关系,但从结构层次上来看,是按排列顺序依次修饰其后的偏正结构的。递加关系的各项定语,性质往往不同,既有 X 定语,也有 M 定语。如:

㊷ 在⟨拴拴的脚跳脓的{那些〔痛苦的(黑夜)〕}⟩……(柳青)
　　　X　　　X　　　X　　M　　M
㊸ 他原来是{大丰银行的〔一个(小职员)〕}……(曹禺)
　　　　　　X　　　　　X　M

有的定语,从结构层次来看似属递加关系,但从结构关系的实质来看,与一般递加关系多项定语不同。如:

㉔ 专程来参加纪念活动的斯诺的姐姐……(《报》)

这里,"专程来参加纪念活动的"修饰"斯诺的姐姐"整个名词短语,它与"姐姐"实质上不存在直接的修饰关系。又如:

㉕ 这当然是少有的最好的情形。(刘宾雁)

㉖ 影片《楚天风云》向观众展示的董必武同志走过的道路……(《报》)

上述情况应把中心语看成是一个偏正结构的短语——"斯诺的姐姐""最好的情形""董必武同志走过的道路",而不只是一个名词——"姐姐""情形""道路"。因此这几个句子不包含多项定语,自然更谈不上包含递加关系的多项定语了。

2.2.3 交错关系多项定语

交错关系的多项定语之间既存在并列关系,又存在递加关系。如:

㉗ (人和厂){那盏〔(极明)而(怪孤单)〕的灯}……(老舍)

㉘ (书籍)也帮她获得(几个)〔(热心为她介绍书籍)以及(帮助她认识其他方面)的(诚恳)的朋友〕。(曹禺)

交错关系定语的顺序受并列关系与递加关系两种定语排列顺序的制约。

本文重点讨论递加关系多项定语的排列顺序。

2.3 递加关系多项定语的排列顺序

2.3.1 X 定语在 M 定语前

当一个中心语既有 X 定语又有 M 定语时,X 定语一般在前,M 定语一般在后。如:

⑦⑨ 调查 一些单位党风党纪中 突出 的、群众反映最强烈 的问题。
　　　　　X　　　　　　　M　　　　　M
（《报》）

⑧⑩ 马文元没看见 他讲话时陈立栋眼里闪过 的 喜悦 的光……
　　　　　　　　　X　　　　　　　　　　M
（刘宾雁）

⑧① 他想起 自己原来穿着 的 白布 小褂……（老舍）
　　　　　X　　　　　　M

⑧② 了解 这个省工业中存在 的 比较尖锐 的问题。（刘宾雁）
　　　　X　　　　　　　M

⑧③ 蔡幼良是 这次晋升的科研人员中 最年轻 的一个。（《报》）
　　　　　　X　　　　　　　　M

⑧④ 他的 铁扇面似 的胸……（老舍）
　　X　　M

⑧⑤ 大街上和舞会上的人们投过来 的 羡慕 的眼光。（邓友梅）
　　　　　　X　　　　　　　　M

除了指数量词（详见本文第2.3.4.2节）外，这个顺序一般是不能颠倒的。如果不按这个顺序安排句子，听起来就很别扭。例如：

⑧⑥ 想起那面 每天都亮到深夜 的 总编辑办公室 的窗子……（刘
　　　　　　　M　　　　　　　X
宾雁）

总觉得不如"想起总编辑办公室的那面每天都亮到深夜的窗子……"顺口。

X定语在前，M定语在后是符合人的思维活动的过程的。一般来说人们总是先限定所谈的是哪个事物，然后再对它进行描写。

2.3.2　X定语的顺序

如果有几项X定语同时出现时，顺序一般是：

(1) 表示领属关系的名词或代词；

(2) 表示时间和处所的，可以互为先后；

(3) 其他表示范围的（一般由主谓短语、动词短语、介词短语等充任）；

（4）数量词或指数量词。

⑧⑦ 这位总编辑 每天早晨的 这次 电话总是……（刘宾雁）
　　(1)　　　　(2)　　　(4)

⑧⑧ 你 今天 这身 衣服……（曹禺）
　(1)(2)　(4)

⑧⑨ 这是 整个学校 一天 的活动计划。
　　　(1)　　(2)

⑨⑩ 今天结束的 卫生部召开的 绒癌研究成果鉴定会上……（《报》）
　　(2)　　　　(3)

⑨① 头版 高厅长 这篇 专文有份量。①（刘宾雁）
　　(2)　(3)　(4)

⑨② 桌布上 他吸烟时烧破的 那个 洞……（刘宾雁）
　　(2)　　　(3)　　　(4)

表示领属关系的名词、代词与表示处所的词语同时出现时，其顺序还受语义关系的制约。如果处所词所限制的事物范围大于或等于名词、代词所限制的事物的范围，处所词在前。② 如：

⑨③ 操场北面我们班的那间活动室已经锁上了。

这个句子暗示：操场北面可能只有一间活动室，这时"操场北面的活动室"等于"我们班的活动室"；也可能有几间活动室，"我们班的活动室"只是其中之一，这时"操场北面的活动室"范围大于"我们班的活动室"。如果名词、代词所限制的事物范围大于处所词所表示的事物范围时，名词、代词在前。如：

⑨③' 我们班操场北面那间活动室已经锁上了，操场南面那间还没锁。

---

① 这个句子的"高厅长"表示的不是领属关系，而是"高厅长写的"的意思。"高厅长的论文"可以说是领属关系。

② 应注意的是，表示领属关系的名词、代词有时与其后的处所词同属一项定语。如：
　　我眼前这个人很面熟。

2.3.3 M定语的顺序

有些同时出现的几项M定语与第2.2.1节所讨论的并列关系多项定语不同,排列顺序是固定的。这里提出几种情况:

(1) 不用"的"名词定语与中心语关系最密切,与其他M定语同时出现时,总是紧靠中心语。如"一碗滚热的红糖姜水""惊人的革命胆略""坚定的共产主义革命家""正确的生活道路""大型科研项目""灿烂的古代文化"等。不用"的"的形容词,特别是单音节形容词与其他M定语连用时,也紧靠中心语。如"那股非常熟悉的香味""一个无情的、狠毒的自私小人""一个漂亮的、合意的新爱人""一块薄薄的白纸""保证我们的事业兴旺发达的重大决策"等。

(2) 当形容词及描写性的名词充任定语共同描写服饰时,一般顺序如下:式样(可有"的")——颜色——质料——式样(无"的")——衣服类型(如"单、夹、长、短、薄、厚、大、小",后面不能用"的")。如:

  浅绿绸子小夹袄
  青洋绉肥腿单裤
  碎花灰绸旗袍
  琵琶襟紫呢坎肩
  豆沙色胶布雨衣
  没漆的长筒胶皮鞋
  灰色哥萨克式羊皮帽
  败酱色薄棉袄

表示式样的多音节的或用"的"的定语一般在表示颜色的定语前,单音节的或不用"的"的一般在表示颜色的定语之后。表示性状的"新、旧"等可在表示式样的定语前(可用"的"),也可在表示服装类型的定语前(一般不用"的")。

(3) 几个不用"的"的单音节形容词共同描写一个事物时,一般顺序是:"大、小"在前,其他不用"的"表示性状的形容词在后。如:"大铜锣、大黑手印、小细胳膊、大洋楼、大黑塔、小北房、小红花、大红苹果、大胖小子、小瘦丫头"等。有时,某些表示性状的单音节形容词也可以重叠起来放在"大、小"前。如:"红红的大苹果、胖乎乎的大小子、细细的小胳膊"。

2.3.4 数量词与指数量词的位置

2.3.4.1 虽然我们把数量词与指数量词都归入 X 定语,但实际上,它们的限制功能并不相同。指数量词的限制功能要强得多,它作定语时的根本作用就是限制中心语的范围,指明中心语所表示的事物是"哪一个(些)"。数量词则不然。特别是数词为"一"或根本不出现数词时,"(一)个"的限制作用很弱。尤其当"(一)个"处于动词后宾语前时,往往只是句子结构上的需要。[①] 正因为数量词与指数量词的功能不同,所以在多项定语中的位置也不尽相同。

由于指数量词往往表示已知的、确定的,所以一般来说出现在主语位置上为多;而数量词,特别是"(一)个",往往表示不确定的或未知的,所以以出现在宾语位置上为多。数量词与指数量词是出现在主语前还是出现在宾语前,对其在多项定语中的顺序也有一定的影响。我们对包括数量词和指数量词的多项定语在句中出现在主语、宾语前的情况做了一个统计。所用的材料是:老舍《骆驼祥子》,143,000 字;曹禺《日出》,88,000 字;《光明日报》1982 年 2 月 7—14 日[②],约 44,600 字。[③]

表 8-3

	指数量词		数量词	
	主语前	宾语前	主语前	宾语前
《骆驼祥子》	74	81	41	533
《日出》	49	30	17	170
《光明日报》	19	6	49	119

---

① 汉语的主语与宾语有一种倾向:宾语所表示的事物多为不确定的,主语所表示的事物多为确定的,"(一)个"是非确定性的一个标志。参见赵元任《汉语口语语法》第 46 页。

② 《光明日报》中出现在主语前的数量词较多,其中不少数词是表示个体数目的,如"五〇一缉私艇上的八名同志""船上三十七名走私人员"中的"同志""走私人员"都是原句的主语。

③ 所列字数均为版面字数。

2.3.4.2　指数量词在多项定语中的位置为①：其他 X 定语—指数量词—M 定语。如：

⑭　忽然听到老者这番诚恳而带有感情的话……（老舍）
　　　　　　　X　··　　　M

⑮　一进他那间小屋，他心中一凉。（老舍）
　　　X　··　M

⑯　又恢复平日所习惯的那种漠然的态度。（曹禺）
　　　　　X　　　　··　M

⑰　我们提倡发扬中华民族古代仁人志士那种不为威武所屈，
　　　　　　　X　　　　　　　··　M
不为利禄所诱，不为富贵所淫，不为贫贱所移，卓然自立于
　　M　　　　　　M　　　　　　M　　　　　　M
世界之林的美德。（《报》）
　　M

⑱　望着窗外那片最平常的水。（刘宾雁）
　　　　X　··　M

⑲　你简直不是我从前认识的那个人。（曹禺）
　　　　　　X　　　　　··

2.3.4.3　数量词在多项定语中的位置多数与指数量词相同：其他 X 定语—数量词—M 定语。例如：

⑩　特别亮的是颧骨与右耳之间一块不小的疤。（老舍）
　　　　　　X　　　　··　M

⑪　设在市区和郊区的四十一个地面监测站……（《报》）
　　　X　　　　　··　M

⑫　自己那么不容易省下的几个钱，被人抢去……（老舍）
　　　　X　　　　··

⑬　他看过的一些新小说，我也看过。
　　X　··　M

---

①　有时定语中只有指示代词"那"，没有、有时甚至不能加数量词，这样用的"那"是虚指、遥指，没有限制作用，一般位于整个定语（包括 X 定语）的前头。如：
　　这使我又回忆起那异国的风光，那林间的小路，那暮霭中的缕缕炊烟。
　　　　　　　　　　X　　　　　　X　　　　　　X

⑭ 他本人也成了这个领域的一个知名专家。(《报》)
　　　　　　　　X　　　　　M

但有时有些 M 定语可以位于数量词前,这可能出于两种需要:
(1) 说话人要突出提前的 M 定语。如:

⑮ 活脱脱的一个流氓……(曹禺)
⑯ 在她亮晶晶的双眼里流露出天真和哀求。(曹禺)
⑰ 可是赤裸裸的一条命有什么用呢?(老舍)
⑱ 成岗看着面前黑压压的几百工人。(罗广斌、杨益言)
⑲ 盛开的桃花丁香混成那么浓的一股香味。(刘宾雁)
⑳ 他觉得自己是头顶着天,脚踩着地,无牵无挂的一条好汉。(老舍)

(2) 同时出现几项 M 定语时,有些作者为了使句子不拗口,喜欢把不同的 M 定语分别放在数量词前后:

㉑ 她也是既旧又新的一个什么奇怪的东西。(老舍)
㉒ 只有铜铁铺里发出使人焦躁的一些单调的叮叮当当。(老舍)

以上所列举的所有的位于数量词前的 M 定语,都可以移到数量词后。如果数词"一"省去了,应当补上。

能位于数量词前的 M 定语多为各种重叠形式的形容词,形容词短语、动词短语以及主谓短语也可以位于数量词前。除了多音节重叠形容词外,数量词前的 M 定语一般都要用"的"。一般的单音词及双音节形容词即使后面用"的",也不能位于数量词前。

在口语中,有时某些结构简单的由名词、代词充任的 X 定语也可以出现在动词后的宾语前。如:

㉓ 你吃一点白露的安眠药,你睡睡觉好不好?(曹禺)
　　　　　　X
㉔ 这儿有一件你的衣服,拿去吧。
　　　　　　X

⑮ 脸上白了些，就掩去好多她的凶气。(老舍)
　　　　·· ―
　　　　　 X

3　余　论

定语与其他句子成分不同，不影响句子的格局。在口语中所占的比例一般也不大，因为口语中的定语往往是很简短的。但在书面语中情况就不同了。在文学作品的叙述与描写性的文字中，在新闻报道中，在政论文以及各种学术著作中，句子往往较长，我们分析一下就会发现，句子长的主要原因是定语长。我们抽选了一些材料，做了一个统计。所用材料除第1.3节所列三种外，还有《共产党宣言》[①]。统计结果如下[②]：

表 8-4

		全文字数	定语字数	定语占百分比（取整）
《日出》	叙事描写	6,113	1,866	31%
	对话	20,308	2,234	11%
《骆驼祥子》	叙事描写	20,320	3,730	18%
	对话	13,149	1,050	8%
《光明日报》	叙事描写	11,083	4,832	44%
	对话	320	75	23%
《共产党宣言》	叙述	20,281	10,608	52%

由以上统计可以看出，定语在叙述描写性文字中所占比例大大高于对话。道理很简单，在对话中，如果用很长的定语，说话的人会说到后头忘了前头，听话的人听起来也会感到很困难。《骆驼

[①] 中共中央马克思恩格斯列宁斯大林著作编译局(1972)共产党宣言,《马克思恩格斯选集》(第一卷),北京：人民出版社,第250－286页。

[②] 均为逐字累加字数。

祥子》的叙述性文字中有这样一段话："祥子晓得这辆车的历史,不很喜欢要它,车多了去啦,何必单买这一辆,这辆不吉祥的车,这辆以女儿换来,而因打死老婆才出手的车!"对话里是很难见到这样的句子的。在对话里这个句子一般会改为"……你何必单买这辆车?这辆车不吉祥,是拿女儿换来的,因为打死了老婆才卖它!"

书面语的句子所以较长,定语所占比例较大,主要是文字简练、句子结构严谨的需要。1982年2月8日的《光明日报》有这样一句话:"在打击经济犯罪的活动中,这个县的工商行政管理局领导亲自带队、专门组织二十一个人,深入到曾被称为'国际市场'的峡山和胪岗、和平等六个走私、贩私、投机倒把活动严重的社队……"这个句子在对话中可以改成:"……到峡山和胪岗、和平……社队,这种地方走私、贩私、投机倒把活动十分严重,以前人们把这些地方叫'国际市场'……"这样一改上口了,但整段话拉长了,每个分句短了,但全句的结构松散了,失去了书面语的风格。下面的句子也是典型的书面语:"但是,现代的资产阶级私有制是建筑在阶级对立上面、建筑在一些人对另一些人的剥削上面的生产和产品占有的最后而又最完备的表现。""这种社会主义是这些政府用来镇压德国工人起义的毒辣的皮鞭和枪弹的甜蜜的补充。"(《共产党宣言》)虽然我们反对定语无限加长,也反对在翻译时把其他语言里处于定语地位的语言成分统统译作定语,但仍然认为在书面语中长定语是难以避免也是不必回避的。可以说长定语是书面语的风格特点之一。不过长定语往往会导致句子的主干不清楚。当有几项定语同时出现时,无论是母语为汉语的人还是把汉语作为外语来学的人,在理解句子以及安排多项定语方面都会有些困难。学习用汉语写作的人,特别是写政论文和学术著作时,如何恰当地运用定语、正确地排列多项定语,是提高汉语书面表达能力的环节之一,在教学中应给予一定的重视。

(原载《语言学和语言教学》,安徽教育出版社,1984年,有改动)

九　从《雷雨》《日出》《北京人》看汉语的祈使句*

汉语的祈使句主要从表达功能得名,是表示命令、请求或制止、劝阻的句子。说话人可以命令、请求或制止、劝阻听话人进行某种动作行为(如:"去!""别去!"),也可以通过听话人命令、请求或制止、劝阻第三者进行某种动作行为(如:"叫他去!""别叫他去!"),还可以请求听话人允许自己进行某种动作行为(如:"让我去吧!")。

本文主要以曹禺的话剧《雷雨》《日出》《北京人》(以下称"曹剧")为材料,讨论以下几个有关汉语祈使句的问题:

(1)祈使句的基本结构类型和语法特点;

(2)怎样表达委婉程度不同的祈使;

(3)可构成祈使句的动词和形容词。

以上三个问题在肯定的祈使句与否定的祈使句中是很不相同的,所以分别加以讨论。

(4)祈使句的主语;

(5)祈使句的语调。

曹剧中共出现2,110个祈使句,虽然类型不能说包罗无遗,但可以大体上反映汉语祈使句的面貌。

---

* 王还教授曾阅本文初稿,提出许多宝贵意见,谨致谢忱。

1 祈使句的基本结构类型和语法特点

祈使句主要出现于对话,本文也只讨论对话中的祈使句。说话人一般要求听话人立即反应。它不是描写性、说明性的句子,也不是客观叙事的句子。上述性质决定了祈使句一般句子短小,结构简单,类型较少以及其他一系列特点。

1.1 肯定的祈使句

1.1.1 动词谓语句。由动词谓语句构成的肯定祈使句与表示未然动作的动词谓语句结构基本相同,主要有以下几种类型:

(1)(主语+)动词

① 走!(日[①])
② 你看,天多蓝!(日)

(2)(主语+)动词+"着"

③ 等着!(北)

(3)(主语+)状语+动词

④ 快穿好袍子马褂,给祖先上供去!(北)
⑤ 回头说,回头说,等会见了老太爷再说吧。(北)

(4)(主语+)动词+补语;
　　(主语+)动词+宾语;
　　(主语+)动词+补语+宾语

⑥ 过来!(日)
⑦ 开门!(北)
⑧ 叫他爸爸!(雷)
⑨ 抬到汽车上。(北)

[①] 例句后以一个字代表剧本名。

(5) 连动句

⑩ 福升,你下去叫我的汽车等着我……(日)

(6) 兼语句

⑪ 你请客人到这边来坐。(雷)

(7) 紧缩句和复句

⑫ 老太爷,大奶奶,您老人家有钱就拿出来,现在该还账了吧?(北)

⑬ 走吧,孙少爷你背完书,就回屋睡觉去。(北)

说明:

(1) 表示动作完成的"了$_1$"一般难以构成祈使句,因为不能祈使一个已经完成的动作,如不能命令对方说:"＊买了一本书!"但"了$_1$"表示结果意义时,可以构成祈使句。如:

⑭ 倒了它。(雷)

⑮ 倒了来。(雷)

⑯ 这书本不错,买了它!

例⑭之"了$_1$"表示"掉"的意思,例⑯之"了$_1$"表示"买"的结果意义,例⑮表示"由壶里倒到碗里"这样一个结果意义。

表示出现新情况的"了$_2$",表示曾有过某种经历的"过",表示动作正在进行的"在""……呢",以及表示过去完成(句中必须有表示时间、处所、工具、方式、施事者等的词语)的"(是)……的",因意义上与祈使矛盾,均不能用于祈使句。

(2) 表示趋向、结果意义的趋向补语可用于祈使句,表示状态的不能用于祈使句,如不能说:"＊讨论起来!"这是因为表示状态意义的"起来"是客观地描述人或事物进入一种状态,而人是不能命令别人进入某种状态的。

结果补语表示人主观可以控制的结果时,可用于祈使句,如"说清楚!"表示人所不能控制的结果时,不能用于祈使句,如不能说"＊听见！"

可能补语叙述一种主、客观条件容许或不容许实现某种动作结果或趋向,不能用于祈使句。

由"得"连接的情态补语是描写性的,在祈使句中出现的很少。在曹剧的肯定祈使句中没有发现一例。由形容词充任的描写动作的情态补语,有时可构成祈使句,如"说得慢点儿！"但此类句子中的"得"都可以不用。

(3) 具有描写作用的存在句不能构成祈使句。"被"字句也不能用于祈使句。

(4) 单从结构很难鉴别一个句子是不是祈使句。比较：

⑰ 凤儿,你听着,我情愿没有你,我不能叫你跟他在一块儿。——走吧！(雷)

⑱ 曾　霆:爹,我到爷爷屋里去了。
　　曾文清:去吧。(北)

例⑰之"走吧"是祈使句,例⑱之"去吧"是表示同意的答话。

⑲ 鲁大海:好,我去,我一定把她找着。
　　鲁侍萍:快来吧！(雷)

⑳ 慢慢漆吧！再漆上四五年也就勉强可以睡了。(北)

例⑲之"快来吧"是祈使句,例⑳之"慢慢漆吧"是曾皓在自言自语。

因此,通常只有在一定的语境中才能判断一个句子是不是祈使句。

在曹剧中,绝大多数祈使句是一个句群的始发句,与前边的句子语意联系不太密切。少数不是始发句,与前边的句子或分句语意关系密切,大体有以下几种：

Ⅰ.前边的句子或分句说出一种情况,这一情况是发出祈使的原因。如：

㉑ 你的手冰凉,你先换一换衣服。(雷)

Ⅱ.前面的分句是一个与祈使句有关系的判断。如：

㉒ 这是我回头预备给妈添衣服的,您先拿去吧。(雷)

Ⅲ.前面的句子或分句是对对方刚刚说过的话的肯定、否定或回答。如：

㉓ 鲁四凤:老爷说过不叫开,说外面比屋里热。
   周蘩漪:不,打开。(雷)
㉔ 周　冲:妈,您不说我么?
   周蘩漪:不说,你讲吧。(雷)

(5)有些词语只出现在祈使句(有的只出现或多出现在否定的祈使句)中,可作为祈使句的标志。如：

㉕ 孩子,你可放明白点。(雷)
㉖ 您千万别生气。(日)
㉗ 请坐。(日)

此外表示虚义的"给我"也往往出现于祈使句中：

㉘ 那,你就给我"开路"!(日)

1.1.2　形容词谓语句①

(1)(主语＋)形容词

㉙ 快,快。(日)
㉚ 痛痛快快的。(雷)

(2)(主语＋)形容词＋点儿

㉛ 小声点儿。(雷)

由形容词构成的祈使句也要依赖语言环境才能判断出来。

---

① "大声""小声"等在句中的作用与形容词类似,有人算作副词,我们放在形容词谓语句中讨论。

1.1.3 名词谓语句

名词构成的祈使句一般不出现主语,而且用得较少。名词构成祈使句时往往表示向对方索取什么或叫对方去取什么,对语境的依赖性更大,比如名词所表示的事物刚刚在上文出现过,说话人与听话人事先达成过关于某物的协议,买主与卖主在买卖现场等。《雷雨》中有这样一段对话:

㉜ 周朴园:好,我把那复工的合同给你瞧瞧。
　　鲁大海:(笑)你不要骗小孩子,复工的合同没有我们代表的
　　　　　　签字是不生效力的。
　　周朴园:合同!
　　(这段对话下面有一行说明文字:"仆人进书房把合同拿给
　　周朴园。")(雷)

这里周朴园说"合同",显然是叫仆人去取合同。

1.1.4 主谓谓语句

㉝ 这钱,您留着自己用吧。(雷)

1.2 否定的祈使句

(1)(主语+)副词+动词短语/形容词

㉞ 别动!(北)
㉟ 不说吧,瑞贞。(北)
㊱ 先别那么高兴,往下看!

(2)(主语+)"不"+能愿动词+动词(短语)

㊲ 你不要说了!(日)
㊳ 不必提了。(雷)

(3)(主语+)"不"+能愿动词

㊴ 妈,您不要!(雷)

说明:

(1) 否定的祈使句结构特点大体与肯定的祈使句相同,不过限制更少些。例如带"得"的情态补语可用的范围要广些,不限于修饰动词的:

㊵ 喂,喂,白露,你别谈得这么高兴,这位先生是谁呀!(日)

被动句也可用于否定的祈使句:

㊶ 小心,别叫他们骗了!

(2) "别"可以单独构成祈使句:

㊷ 别,你们等等,一定等等!(日)
㊸ 不,别。(北)

2 怎样表达委婉程度不同的祈使

在人们的交际活动中,由于交谈双方的身份地位不同,说话人的交际目的以及交谈时的心情和情境不同,是命令还是请求,是制止还是劝阻,是直率还是委婉一些,在表达方式上是不同的。

2.1 肯定的祈使句

2.1.1 谓语中只有动词(短语)、形容词、名词、主谓短语的祈使句——命令句。谓语只包含动词(短语)、形容词、名词、主谓短语时,表示强制性的命令,语气是直率的、不客气的。如:

㊹ 去!(雷,周朴园命令周冲)
㊺ 快,快。(日,陈白露命令潘月亭)
㊻ 票!
㊼ 这本书你去还。

在曹剧中此类祈使句大都用于长辈对晚辈,地位高的对地位低的,或关系密切、彼此无须客套的平辈人之间。为了说明此类祈使句的表达功能——比较强硬的命令,我们以动词谓语句为例,对使用这种祈使句的人物之间的关系情况做了一个统计。“上”表示长辈、上级、地位高的人，“下”表示晚辈、下级、地位低的人，“平”表示平辈、地位相同的人。

表 9-1

人物之间的关系		频率
上→下		370
平→平		367
下→上	有敬辞	32
	无敬辞	24

说明：

(1) 曹剧中，周萍、周冲与鲁四凤，周朴园与鲁侍萍，周蘩漪与周萍，虽本为主仆、母子，但他们之间实际上的微妙关系已改变了彼此的地位，所以互相间(特别是没有第三者在场时)往往用简单的命令式。我们归入“平→平”。

(2) 在“下→上”的句子中，如用了敬辞“请”“您”或对长辈、上级的称呼，就使祈使变得委婉，多为请求，即使是命令，也是很客气的。如：

㊽ 您放心，您放心……(日，李石清对潘月亭)

㊾ 请这边走，腾屋子。(日)

㊿ 老师坐，老师坐。

值得注意的是，如果说话人为了提醒在场的人注意而说“听”“看”之类的词，语气是平和的，不一定不客气。如：

(51) 听，我像是听见有人来敲门。(雷，鲁四凤对鲁贵)

2.1.2　由动词重叠式或加上其他表示短时少量的词语构成的祈使句——委婉的祈使

2.1.2.1　动词重叠。动词重叠的基本语法意义是表示动作持续的时间短或进行的次数少。表示未然动作时，其主要功能是表示委婉的祈使。①

在曹剧中由动词重叠式构成的祈使句(句中还有语气词“吧”“啊”和能愿动词等缓和语气手段的除外)共有 110 例。其中可用可不用重叠式的有 21 例。用重叠式显然比不用重叠式语气要缓和得多。比较：

(52) 你跟金八说说,给咱们一点面子。(日)
　　你跟金八说,给咱们一点面子。

(53) 你的手冰凉,你先换一换衣服。(雷)
　　你的手冰凉,你先换衣服。

21 例中 15 例是“平→平”的,这 15 句话都是在说话人心情较好的情况下说的,多数表示请求。如：

(54) 你不信,你摸摸我的心。(日,顾八奶奶对潘月亭)

(55) 坐坐,袁先生!(北,江泰对袁任敢)

只有 4 例是“上→下”的,都是说话人对听话人表示尊重(如有陌生的或有特殊关系的第三者在场)的情况下说的。如：

(56) 四凤,收拾收拾零碎东西,我们先走吧。(雷)

鲁侍萍对女儿说这句话时,周繁漪在场。

另一类是必须用重叠式的(见第 3.1 节),与用动词的其他形式相比,语气也比较缓和,比较：

(57) 别,你们等等,一定等等!(日)
　　别,你们等着,一定等着!

(58) 你站一站。(雷)
　　你站住。

2.1.2.2　加动量词可以缓和语气。比较：

(59) ……叫他赶快收拾一下,不要电了人。(雷)

---

①　参见刘月华(1983)动词重叠的表达功能及可重叠动词的范围,《中国语文》第 1 期。

……叫他赶快收拾，不要电了人。

⑥⓪ 叫声四爷。（日）

叫四爷。

2.1.2.3　加表示短时的词语可以缓和语气。比较：

⑥① 真是的，快回屋睡一会。（北）

真是的，快回屋睡觉。

⑥② 你给我看会儿孩子。

你给我看孩子。

2.1.2.4　加"（一）点儿"可以缓和语气。比较：

⑥③ 让开点儿，他要走了。（雷）

让开，他要走了。

⑥④ 快点！（日）

快！

2.1.2.5　动词后加表示少量的词语也可以缓和语气。比较：

⑥⑤ 喝一点，姨父。（北）

喝，姨父。

⑥⑥ 快去，上点七厘散。（北）

快去，上七厘散。

2.1.2.2—2.1.2.5中表示短时少量的词语表达数量的作用不是主要的，其中的"一"有时可用可不用，"一"常常并不表示动作或事物的数目（如"你看一下"中的"一下"）。为什么表示短时少量的词语可以起缓和语气的作用？短时、少量的动作一般来说比较容易做到。从心理角度分析，说话人让听话人觉得自己的命令或请求的事情不难做到，以达到使对方易于接受的目的，从而收到缓和语气（但不一定客气）的效果。此外，句子末尾部分增加了几个非重读音节（动量词等一般不重读），语音就不那么急促，也缓和了语气。用此类祈使句的人物关系情况如下表：

表 9-2

人物之间的关系		频率
上→下		27
平→平		41
下→上	有敬辞	14
	无敬辞	3

与只由动词(短语)构成的祈使句相比,"下→上"所占的比例增加了。

2.1.3 用语气词的祈使句,语气词对改变祈使句的语气起重要作用

2.1.3.1 语气词"吧"可以大大缓和祈使的语气。只由动词(短语)、形容词构成的祈使句都可以加上"吧"。比较:

㉖ 鲁贵,叫他来吧……(雷)
   鲁贵,叫他来……
㉗ 我看我们先下去待一会儿吧。(雷)
   我看我们先下去待一会儿。

用"吧"的祈使句人物之间的关系情况如下表:

表 9-3

人物之间的关系		频率
上→下		104
平→平		165
下→上	有敬辞	75
	无敬辞	1

与前面两类祈使句相比,"下→上"所占的比例有所提高。这正体现了"吧"有缓和语气的作用。这里所说的敬辞,不少是对长辈、地位高的人的称呼。在 345 个包含"吧"的祈使句中,没有发现敌对情绪大的人之间在冲突时用"吧"的。在四凤与周萍的对话中,用不用"吧"作者很有讲究。在周萍雨夜去鲁家会四凤那段戏

里,白天周、鲁两家发生的激烈冲突以及母亲再三要求起誓不再见周家的人,使四凤非常怕见即将来赴约的周萍。所以当周萍来到她家时,她斩钉截铁地说:"你走!"用的是强硬的命令式。后来周萍又是央求又是唉声叹气,她心软了,恳求周萍:"那你走吧,好不好?"用的是很委婉的请求语气。周萍见她态度不那么坚决了,让她打开窗户,四凤态度又坚决起来,说:"不,不,你就走。"又用命令的语气。接着周萍用话激她,说四凤把他忘了,这时四凤心情十分复杂,但一时又说不清楚,于是口气又变得缓和了:"你走吧。"这几句话用"吧"与不用"吧",细腻地反映了四凤感情的波澜起伏。

2.1.3.2 语气词"啊"。曹禺喜欢用"呀"字来表示/a/这个音。在60个包含/a/音的祈使句中,42个用"呀"字,6个用"哪"字,12个用"啊"字。作者并没有严格地按发音规律用字。比如"您看哪!"用"哪","来人呀!"又用"呀"。语气词"啊"也有缓和语气的作用。比较:

㉙ 你说呀!(北)

  你说!

㉚ 胖子,你明儿来"回头",准来呀!(日)

除缓和语气外,"啊"在祈使句中还含有催促(如例㉙)和叮嘱(如例㉚)的意味,这是与"吧"不同的。

曹剧中还有两个用"呢"的祈使句:

㉛ 你过来呢!(日,胡四对顾八奶奶)

㉜ 你倒摸摸呢!(日,顾八奶奶对潘月亭)

这里本应用"呀"。说话的是两个俗不可耐、忸怩作态的人物,作者让他们用这个听起来有点儿嗲的"呢"字,显然是有意的。

由于"啊"包含催促和叮嘱意味,不仅仅为了缓和语气,所以使用它的人物之间的关系情况与"吧"不同,从下表可以看出,"下→上"所占比例有所减少:

表 9-4

人物之间的关系		频率
上→下		24
平→平		26
下→上	有敬辞	9
	无敬辞	1

2.1.4 用反问句表示祈使

曹剧中用包含"还不"的反问句表示祈使的句子共 15 例。说话人用这种句式表示祈使,是认为听话人理所当然地应该去做某事。这种句子多用于关系很密切或用不着客气的人之间,语气虽不一定强硬,但很不客气。如:

⑬ 糊涂东西,你还不跑?(雷,鲁侍萍对儿子周萍)

⑭ 还不快点走!(日,顾八奶奶对面首胡四)

2.1.5 用能愿动词以及其他一些词语改变祈使的语气

2.1.5.1 "想"表示委婉的请求。能愿动词"想"可以表示一种愿望。当说话人请求对方允许自己做某事时,用上"想"使请求的语气缓和。如:

⑮ 爸,我想下去歇一会。(雷)

⑯ 大奶奶,张顺想跟您请长假。(北)

应当注意,"想"更常用的是只表示一种愿望,不表示祈使。

2.1.5.2 "应该""应当""该"等可以缓和语气。"应该"等常常可以用来表示说话人的一种看法,通过说出自己的看法来祈使,语气自然委婉些。如:

⑰ 你们也该给你们父亲送行哪!(北)

⑱ 该起床啦!

2.1.5.3 用"要"的祈使句。主语为第一人称时,"要"有"要求"义,表示一种比较强烈的主观愿望,用于祈使句表示比较坚决的请求。如：

⑦⑨ 那我知道错了,不过,现在我要见你,要见你。（雷）
⑧⑩ 我要回家。（日）

这样用的"要"比"想"语气坚决。但作为祈使句,仍是比较委婉的。当命令听话人时,"要"表示说话人的要求、意志,语气也是坚决的。如：

⑧① 不,要起誓。（雷）
⑧② 不,你要说。（雷）

肯定祈使句中的"要"与否定祈使句中的"不要"语义上不是对应的。说话人用"要"表示强制性的命令时,往往是重复已提出的要求,所以语气坚决,有时"要"甚至重读（例⑧②）。

2.1.5.4 用"得"(děi)的祈使句。"得"是"需要""必须"的意思,在祈使句中可以表示请求劝告,也可以表示命令。语气是坚决的。如：

⑧③ 这不成,您得哭,您得好好哭一场。（雷）
⑧④ 你得陪着我,你不能走。（日）

在表示请求的句子中,用上"得"语气是比较缓和的,并不生硬,如例⑧③;在表示命令的句子中用上"得",语气是生硬、不客气的,如例⑧④。

2.1.5.6 用"可以"的祈使句。"可以"表示许可,在祈使句中能够缓和语气。

⑧⑤ 你可以不看,萍儿的母亲。（雷）

2.1.5.7 用其他词语改变语气。有些表示意愿的动词可以用来缓和祈使的语气。如：

⑧⑥ 我希望你不要走。（雷）
⑧⑦ 萍,我盼望你还是从前那样诚恳的人。（雷）

敬辞"请"可以使祈使更为客气,如:

⑧ 请您慢慢地看吧。(日)

敬辞"请"可以去掉,只影响语气,不影响句子的意思。"请"还可以单独构成祈使句:"请,请哪!"(北)

"请"一般用于"下→上"或彼此不甚熟识的人之间。曹剧中也有用于长辈对晚辈的,那是为了表示特别的不满或具有讽刺意味。如:

⑧ 你们要有事,那我就请你们给我滚蛋。(日,潘月亭对黑三等)

用"求""请求"表示请求,语气恳切,有时甚至表示哀求。

⑨ 可是,李先生,我求求您,您行行好。(日)

"我看""我想""最好"等用于祈使句时,以说出自己想法的方式表示祈使,也可以缓和语气。如:

⑨ 这个事难,我看您乖乖地把这孩子送回去。(日)
⑨ 你最好马上走。

如果祈使句里用了不敬的甚至侮辱性的词语、自然会使祈使句的语气不客气。如:

⑨ 滚,滚,快滚!(日)

用不表示实在意义的"给我",也会使语气不客气。如:

⑨ 我要一个人在这儿歇一歇,你给我出去。(雷)

包含能愿动词等的祈使句中,人物之间关系的情况如下表:

表 9-5

人物之间的关系		频率					
		要	可以	应该	得	想	其他
上→下		14	4	3	2		3
平→平		24	5	14	14	1	8
下→上	有敬辞	2	1		9	7	1
	无敬辞				6		

用"得"的"下→上"无敬辞的 6 例中,5 例是江泰酒醉后对岳父曾皓的,1 例是鲁大海对继父鲁贵的。

2.1.6 具有表示祈使功能的非祈使句。陈述句有时可以曲折地表示祈使,语气往往是委婉的。如:

㉕ 四爷您不宽宽大衣。(日)

㉖ 那么你可以关上窗户吧。(日)

上述句子仍属疑问句,听话人可以回答。但说话人的目的是请求对方做某事。

在特定的情境中,说话人有时用更加曲折的方式表示祈使。比如两人去买东西,甲摸摸自己的口袋以后说:"哎呀,我忘了带钱了。"意思是要向对方借钱。

上述具有祈使功能的非祈使句,已超出祈使句的范围。其表达方式复杂多样,对语境的依赖性极大,是很值得深入研究的。

2.2 否定的祈使句

2.2.1 由不同的能愿动词构成的祈使句

2.2.1.1 "别"与"不要"。"别"表示制止、劝阻,口语中常用,"别"通常是重音的所在。如:

㉗ 走吧,别说了。(雷,制止)

㉘ 别惹他们。(日,劝阻)

"别"究竟表示制止还是劝阻,完全由句子本身的意思、上下文来决定。

"别截"是北京话方言。如:

㉙ 别截,您先玩会儿。(日)

"不要"在祈使句中可以表示"不准许"。如:

⑩ (厉声)不要打人。(雷)

⑪ 鲁四凤:妈,您坐一坐,我给您倒一杯冰镇的开水。
　　鲁侍萍:不,不要走,我不热。(雷)

"不要"还可以表示"情理上不许可"或"不应该",是劝阻对方,语气比较缓和。如:

⑩ 石清,你不要难过,不要丧气,我明白你,你在外面受了许多委屈。(日)

"别"与"不要"意思和用法很接近,但又有区别,下面加以比较:

(1)"别"比"不要"更加口语化。有文化的人既用"不要"也用"别",没有文化的人一般用"别"。曹剧中,有一定文化素养的人,如周家、曾家的人等,既用"不要",也用"别"。鲁家虽属下层,但长年在大公馆当仆人,所以有时也用"不要"。而陈奶奶、王福升等较下层的仆人以及黑三、乞丐等下层社会的人物,都用"别",极少用"不要"。为了表现顾八奶奶、胡四等虽然富有但没有文化素养,作者也都让他们说"别"。

(2)因为"别"是口语词,所以用"别"语气随便些,有时显得人与人之间的关系亲近甚至亲昵。相反,"不要"的书面语色彩比"别"浓,用"不要"显得语气郑重,人与人之间的关系显得疏远。比如鲁大海作为一个罢工工人代表对矿主周朴园说话时用"不要":

⑩ 你不要同我摆架子……(雷)
⑩ 你不要骗小孩子……(雷)

这里的"不要"如果换成"别"就显得太随便了。

(3)正因为"不要"语气郑重,所以"下→上"用得较少。"上→下""平→平"用得较多。"别"的这种差别明显要小些。我们做了一个统计:

表 9-6

人物之间的关系		频率	
		别	不要
上→下		53	48
平→平		130	129
下→上	有敬辞	36	4
	无敬辞	4	2

在用"不要"的"下→上"的 6 句中,4 句出自中学生周冲之口。前面都有敬辞"您",1 句出自出走前的曾瑞贞之口,她是对实际上已成为朋友的愫方说的,1 句是"小东西"慌乱中说出来的。

(4) 因为"别"是口语词,所以总是用于对话中。曹剧中"别"比"不要"用得稍多些,这是自然的。不过因为这三个剧本反映的主要是上层人物的生活,加上书面语气息浓些,所以与实际生活中的对话相比,"不要"用得要多些。

在布告、公文等书面文字中,当禁止做某事时,只能用"不要",不能用"别"。如"不要随地吐痰"不能写作"别随地吐痰"。在报告、演说中也往往用"不要",用"别"就会显得不够庄重。

2.2.1.2 "不许"。"不许"是"不准许、不允许"的意思,表示制止,语气坚决、强硬。如:

⑩⑤(突然严峻)不许去!八月节泼凉水,发疯了!(北)

曹剧中用"不许"的有两类人物,一类是专横的周朴园(对儿子、鲁侍萍)和曾思懿(对儿子),态度严厉,没有商量的余地,另一类是顾八奶奶(对胡四)、妓女翠喜(对嫖客)、陈白露(对潘月亭),她们用较重的语气有娇嗔的意味。

2.2.1.3 "不用"和"不必"。"不用"有两个意思:

(1) 说话人认为"不需要""用不着"。如:

⑩⑥ 不用哭了。我这儿有的是钱,得了,得了。(日)

⑩⑦ 曾思懿:快去,上点七厘散。
　　袁　圆:(满有把握地)不用!(北)

例⑩⑥虽然可以用"别""不要"替换,但表达的意思不同,用"别""不要"只表示制止、劝阻,"不用"除制止外,还有"不需要"的意思。例⑩⑦则根本不能用"别"和"不要"替换。

(2) 只表示制止、劝阻,可以用"别""不要"替换,但语气要更加激烈、不客气。如:

⑩⑧ 周朴园:我问你,你刚才在哪儿?

周蘩漪:(厌恶地)你不用管。(雷)

"甭"(béng)是"不用"的合音。如:

⑩ 你今天晚上要是再没有客,明天早上甭见我。(日)

"不必"与"不用"的第一个用法类似,只是多出自有文化的人之口,语气要客气些。如:

⑩ 如果你觉得心里有委屈,这么大年纪,我们先可以不必这么哭哭啼啼的。(雷)

2.2.1.4 "不能"。在祈使句中,"不能"一般包含两种意思:

(1)情理上不许可、"不应该"的意思,是用讲道理的方式表示制止或劝阻,语气比"别""不要"要委婉。如:

⑪ 不能进医院,姨父眼看就不成了。(北)
⑫ 喂,爸爸,无论如何,我在这儿的事,不能让妈知道的。(雷)

(2)"不准许"的意思。如:

⑬ (坚决地)你们不能在一块儿。(雷)
⑭ 黑 三:他不能不见我。我得见见。
  陈白露:不成,你不能见。(日)

这样用的"不能"语气是坚决的。

2.2.2 用"不"表示劝阻的祈使句

只用"不"也可以表示祈使,与"别"的用法接近,多用于关系比较密切的人之间。

⑮ 先不管他。(日)
⑯ 不理他,明天我们俩还是一块放风筝去。(北)

这样用时,说话人对"不"后动词所涉及的人是很不客气的。

"不"的主要功能是否定判断和意愿,当说话人不希望某动作、某事发生或继续进行时,可以用"不"制止对方。如:

⑰ 曾瑞贞:愫姨,把自己的快乐完全放在一个人的身上是危险

的，也是不应该的。过去我是个傻子，繁漪你现
在还——

繁　方：不说吧，瑞贞。（北）

这样用时句末往往有"吧"，语气委婉。

2.2.3 用"少"表示制止、劝阻

在祈使句中，有时"少"并不明显地表示"多少"的"少"义，而是表示制止，有训斥意味。如：

⑱ 在行里，叫你做的你做，不叫你做的就少多事，少问。（日）

⑲ 少在这里废话！（日）

如果句中有敬辞，语气就缓和了，可表示劝阻。如：

⑳ 您少说闲话吧！（雷）

用"不必""不用""不许""不能"以及"少""不"等表示祈使的句子人物之间关系的情况如下表：

表 9-7

人物之间的关系		频率						
		不必	不用	不许	不能	少	不	其他
上→下		2	6	4	5	6	2	5
平→平		8	27	4	8	10	3	18
下→上	有敬辞	1	3		7	2		2
	无敬辞		2		6	2		

用"少"的"下→上"无敬辞的两例都是鲁大海对鲁贵的。

语气词"吧""啊"也可用于否定的祈使句，功能大体与用在肯定句里相同。

2.2.4 具有祈使功能的非祈使句

有些陈述句也可以曲折地表示否定的祈使，语气是委婉的。

㉑ 我认为你这次话说得太多了。（雷）

这是周朴园制止周冲继续说下去。

要制止对方已在进行或将欲进行某种动作时,可以用高扬的语调说出自己将进行另外的动作。如：

⑫ 好,时候不早了,我们要睡了。(雷)

这是鲁大海在对周冲下逐客令。

3 可构成祈使句的动词和形容词

3.1 可构成肯定祈使句的动词

只有动作动词(包括表示思维活动的)可以构成祈使句。越是表示具体动作的动词,构成祈使句越自由。除了下面将要谈到的需要其他成分同现的与不能构成祈使句的动词外,表示具体动作的动词一般都可以构成肯定的祈使句。

有些动词难以单独构成祈使句,需要一定的条件：

(1)需要重叠式或加"一下"。有些动词难以单独成句,构成祈使句时,有的要重叠或加"一下",如"醒、叙"等,有的重叠或加"一下"是可选择的形式之一,如"歇、躺"等。此类动词又分以下几种情况：

有的动词表示抽象动作,如"说明、宣传、反映、表示、活动、吓唬、打听、打扮"等,构成祈使句时一般要重叠。

有的动词有几个义项,有的义项构成祈使句时也要重叠式或加"一下"。如：

⑬ 我求您跟潘经理说说,只求他老人家再让我回去。(日)

⑭ 你可以看看这里的人怎样过日子。(日)

这里的"说"是"说情"义,"看"是"观察"一类的意义。

有的动词用重叠式与不用重叠式相比,表达的意义可能有细微的差别。如"你们谈谈",一般用于尚未开始谈话的场合；"你们谈吧",可用于谈话尚未开始,也可用于谈话已进行了一段时间。

有时祈使句用动词重叠式不是动词本身的需要,而是句法结构的需要：

Ⅰ．如果祈使句里包含状语或是由连动式、兼语式构成的，当请求命令进行动作时，重音一般在谓语动词或连动式、兼语式的第二动词上，动词一般要重叠；当命令或请求的重点在状语或连动式、兼语式的第一部分所表达的意思上（如对象、方式等），重音就前移，动词可以不重叠。比较：

⑫⑤ 过来，我的孩子，让我好好地ˈ亲一亲。（雷）

孩子，让我ˈ好好地亲。

＊孩子，让我好好地ˈ亲。

Ⅱ．句中用介词"把"时，动词重叠是谓语动词可选择的形式之一。如：

⑫⑥ 你把情况跟大家谈谈。

＊你把情况跟大家谈。

Ⅲ．表示条件关系的紧缩句第一动词一般也不能是"光杆"的，动词重叠是可选择的方式之一。如：

⑫⑦ 打扮打扮回头好见客。（日）

＊打扮回头好见客。

（2）要求"着"同现。有的动词不能单独成句，构成祈使句时，"着"是可选择的形式之一。如不能说"＊跪"，要说"跪着"。此类动词多数是既可以表示人体动作，又可以表示人的姿态或通过动作使物体处于一种状态的，如"仰、搁、托、捧、扶、挨、搂、站、躺、倒(dǎo)、伸、缩、跪、趴、披、待、记（使印象保持在脑子里）"等。

（3）要求趋向补语或结果补语同现。此类动词多为单音节的，动作的结果（合上、塞住）、方向（出来、打开）很重要。此类动词如"合、藏、塞、避、出、渡、关、闭、回、进、过（'趋向'义）、起、住、盖、存、骑、加"等。

（4）要求主语同现。此类动词多表示比较抽象的动作，发出动作的人——当事者往往对该动作具有权力或承担责任，这可能是要求主语同现的原因。此类动词如"决定、领导、批准、代理、代表、承担、负责、担任、防守、驾驶、解决、发行"等。

（5）要求宾语同现。此类动词的宾语大多表示动作的对象，只有与动词共现，祈使的内容才明确。此类动词如"禁止、利用、逼、处罚、救、请教、加入、帮助、替、养活、生产"等。

（6）要求某种状语同现。有些动作是在双方之间进行的，构成祈使句时往往要求表示有关的另一方的词语（由介词引进）同现。如"跟他讲理""向他赔罪"等。此类动词如"吵、约定、道歉、请教、要求、要（索取）、讲理、接头、接洽"等。

有些动词往往要求时间状语同现，祈使才明确，如"到、动身、考试"等。

（7）有的动词往往在有"去"的连动句中才能构成祈使句，这是因为此类动作一般要离开原地才能实现。如"打仗、战斗、旅行、出差、演戏、迎接、借"等。

（8）前面要用能愿动词"要"。此类动词有的表示的不是具体的动作，而是一种结果，如"工业化""增产"；有的表示一种主观态度，如"拥护""响应"等，有时还要求宾语同现（如"发扬"）。此类动词如"接受、允许、爱、工业化、增产、拥护、建设、尊重、尊敬、同情、明白、相信、团结"等。有的还要求补语同现，如"活（下去）、行动（起来）"。此类动词因为需要加"要"，所以不能算严格意义上的可以构成肯定的祈使句的动词。

以上八个条件不是互相排斥的。有的动词可能不只属于一类。如"打听"属第（1）类（打听打听），又属第（3）类（打听清楚）；"总结"属第（1）类（总结一下），又属第（4）类（你总结）；"讲理"属第（6）类（跟他讲理），又属第（8）类（要讲理）。

此外有些动词构成祈使句时可能还有特殊要求。如"指教"前面要加"请"。

下列动词一般难以构成肯定的祈使句：

（1）非动作动词

Ⅰ．表示判断、存在的动词。如"是、成、象、在、有"等。

Ⅱ. 能愿动词。

Ⅲ. 侧重表示一种状态的动词。如"丢(失)、跟随、得到、耽误、冲突、毕业、认得、误会"等。

Ⅳ. 大部分表示心理状态的动词。如"抱歉、想念、觉得、知道、忍受、认为、以为、佩服、失望、后悔、吃惊、伤心、害羞、害怕、生气、讨厌、急、着急、迷"等。

有的表示心理状态的动词加"要"后可构成祈使句,如"爱、同情、相信"等。

(2) 非自主动作动词。祈使句是命令请求进行动作的,因此一般来说只有表示动作者欲行即可行的动作动词才可以构成祈使句。这种表示主观上可以控制的动作动词叫自主动作动词。主观上不能控制的动作动词叫非自主动作动词,如"颤抖、呕吐、传染、遇、流、落、断、爆发、塌、裂、冒"等,难以作为谓语主要动词构成祈使句。

有的动词表示自然动作时,属于非自主动作动词,如"哭、笑、咳嗽"等。但在特定场合,如演戏时导演让演员做哭、笑的动作,以咳嗽为暗号进行联络等,这时这些动作就成为自主的了,从而可以构成肯定的祈使句。有意地劝一个人"哭"或让对方允许自己"哭",也属于自主动作。如:

⑫⑧ 老太太,您别发呆!这不成,您得哭,您得好好哭一场。(雷)

⑫⑨ 不要管我,你让我哭哭吧!(北)

(3) 具有贬义或消极意义的动词大部分不能构成肯定的祈使句,这是因为在正常情况下,人们一般是不愿意公开唆使别人或自己请求去做坏事、不祥之事的。此类动词如:"惹、剥削、隐瞒、欺骗、撒谎、欺负、侮辱、打架、糟蹋、侵略、辩解、残害、扯皮、出卖、吹嘘、篡改"等。"失败、输"等是消极意义的词,在特定场合出于某种需要,可以用在"要"后构成肯定的祈使句。"撒谎、骗"是贬义词,有时也可构成肯定的祈使句,但一定是秘密说的。当命令一个人做一件事时,人们一定选择褒义词或中性词,不会用贬义词。如人们会说:"你们计划计划。""你们商量一下。"不会说:"＊你们密谋密谋。"

(4) 口语中不常用的书面语词汇。如"攀、哀悼、翱翔、埋葬、哺育、驰骋、伴、备、奔、餐、望"等。

3.2 可构成否定祈使句的动词

(1) 大部分可构成肯定祈使句的动词都可构成否定祈使句。需要重叠或加"一下"的,构成否定的祈使句时不再重叠、不再加"一下"。需其他成分同现的,大部分仍有要求。

(2) 贬义动作动词可以构成否定祈使句。如"别吹嘘!""别欺负人!"

(3) 非自主动作动词与表示心理状态的动词,只要动作者可以使其表示的动作或状态停止或结束,即可构成否定的祈使句。如"别生气!""别哭了!"

褒义动词难以构成否定的祈使句,如不说:"＊别贡献自己的力量!"如同肯定的祈使句极少使用贬义动词一样,是祈使句本身的功能决定的。

3.3 可以构成肯定祈使句的形容词

由形容词构成的祈使句表示两种不同的意思,适用的形容词也不同。

(1) 表示要有某种改变。此类祈使句实际上包含了动作,只是使这种改变得以实现的动作在特定的语境中是不言而喻的。例如一个人往墙上挂画儿,另一个人看他挂得不合适,说:"左边高点儿!"意思是左边要往上移一点儿。也可以是在动作之前提出的一种要求。如两个人约好第二天去爬山,一个人说:"明天早点儿!"意思是叫对方明天早点儿去。这类句子都可以补出一个动词,动词是什么,由语境决定。如上面第一个句子可以补上"挂",第二个句子补上"去、到、走"等。此类祈使句可能正是包含描写动作的状语或补语的句子省略谓语动词的结果。

可构成此类肯定祈使句的形容词,在《普通话三千常用词表》

(初稿)①中有如下一些：

大	小	高	低	长	短	粗	细	远	近	宽	窄
厚	薄	深	满	浅	多	少	方	圆	扁	平	尖
正	歪	斜	弯	直	红	黄	绿	青	蓝	紫	黑
白	重	轻	快	慢	干	湿	浓	淡	稠	密	稀
硬	软	粘	光滑	紧	松	干净	卫生	热闹	安静
雄壮	整齐	稳	准	早	晚	贵	贱	便宜	贵重
彻底	确实	具体	密切	严密	简单	复杂	特别
坚固	公平	容易	明确	清楚	详细	细致	深刻
仔细	经常	热	凉	甜	酸	辣	咸	淡	香	嫩
响亮	丰富	碎	熟	新	新鲜	合适	普遍

（2）对对方的为人、处事、工作态度、生活态度等方面提出的希望或要求，有时有针对性——目前不合要求，有时没有什么针对性，只是一般的鼓励、希望。在《普通话三千常用词表》(初稿)中，此类形容词有如下一些：

实际	成熟	聪明	伶俐	精明	糊涂	灵活	老实
谦虚	谨慎	小心	随便	认真	马虎	和气	厉害
温和	严肃	严厉	勇敢	冷静	紧张	大胆	狠
客气	严格	文明	活泼	干脆	热情	朴素	大方
坚决	坚强	顽强	激烈	威风	勤快	主动	自觉
周到	踏实	努力	乘	高兴	快活	痛快	热心
耐心	进步	保守	积极	乐观	规矩	踊跃	

此类形容词后一般要加"点儿""些"。

第(1)类形容词多为中性的，也有褒义的；第(2)类大多是褒义的。有的褒贬义不明显，有的甚至是贬义的，如"马虎""保守"等。但当它们构成后一类肯定祈使句时，说话人一定认为对方过分"认

---

① 中国文学改革委员会研究推广处(1959)《普通话三千常用词表》(初稿)，北京：文字改革出版社。

真"、过分"解放"了,应该"马虎点儿""保守点儿"。因此这样用的"马虎""保守"是说话人所肯定的,不再具有贬义。

一般情况下贬义形容词难于构成肯定的祈使句。道理与动词的情形是一样的。

3.4 可以构成否定祈使句的形容词

由形容词构成的否定祈使句往往表示劝诫,多用贬义、消极意义的形容词,有些中性的也可以用。在《普通话三千常用词表》(初稿)中有以下一些:

(1) 可以单独构成否定的祈使句的:

为难 麻烦 忙慌 傻 自满 骄傲 自大 冒失
粗心 大意 麻痹 急躁 急 性急 胆小 顽固
疲沓 固执 腐化 小气 自私 懒惰 勉强 啰唆
顽皮 难过 苦闷 痛苦 难受 悲哀 满足 讨厌
兴奋 丢人 落后 消极 悲观 滑头

用上述形容词表示祈使时,可能有针对性——目前已存在某种状况;也可能只是一种劝说、警告。

(2) 构成祈使句时需加"那么"或"这么"的:

粗 脏 乱 碎 坏 恶劣 假 轻松 舒服 粗鲁
呆板 愚蠢 懦弱 野蛮 卑鄙

用此类形容词表示祈使时,说话人认为对方已存在上述形容词所表示的状况,"那么、这么"起指示程度的作用。此类祈使句往往含有指责的意味。

有的形容词构成祈使句时要加"着",如"别累着!""别烫着!"

褒义的或中性色彩的形容词一般难以构成否定的祈使句,如果用来构成否定的祈使句,其色彩将发生变化。比如一个孩子刚学会游泳就想到大江里去,以显示自己的"勇敢",他的朋友可能规劝他说:"别那么勇敢,江水深,可不是闹着玩儿的!"此时"勇敢"已具有讽刺意味。

综上所述,动词和形容词是否能构成祈使句以及构成哪种祈使句,主要取决于词的意义。

4　祈使句的主语

汉语的祈使句,有的出现主语,有的不出现主语。曹剧的祈使句,出现主语的有1056例,不出现主语的有1054例,数目几乎相同。在肯定的祈使句中,有能愿动词时,有主语的多些,其他类型的没有主语的多些。否定的祈使句中,由"别""不要"构成的,没有主语的多些,由"不必""不用""不能"构成的,有主语的多些。一般说来,出现不出现主语对祈使句的表达功能没有明显的影响。如"你说!"和"说!","你别去!"和"别去!",似乎没有多少差别。但在下列情况下,主语的出现对祈使句有一定的作用:

（1）要求主语同现的动词,主语自然是不可缺少的。

（2）当交谈对象不止一人时,用主语是使祈使对象明确的方式之一。

（3）用"您"及对长辈、上级的称呼作主语,可以使祈使更为客气。比较:

⑬⓪　您不要笑!（雷）
　　　不要笑!
⑬①　妈等一等,我就回来。（雷）
　　　等一等,我就回来。

5　祈使句的语调

语调在祈使句中的作用是相当大的。由于尚无深入的研究,只提出一些初步想法。

（1）祈使句的语调一般来说有以下几个特点:

Ⅰ.节奏快,即每个音节短促,音节之间间歇也短。

Ⅱ.发音力度大,即发音器官紧张、用力,在正常情况下音量大。有时为了某种目的而压低嗓门,音量小了,但发音器官还是紧张用力的。

Ⅲ.全句的音节,特别是句末非轻声音节,调值相对降低。例如,第一声由55降到33,第二声由35降到13等。

只说祈使句句末语调是下降韵,不能全面、准确地反映实际情况。

(2) 祈使句的语调与其他使语气委婉的方式具有对应关系。即只由动词(短语)、形容词、名词等构成的祈使句,一般比由动词重叠式、加语气词、加能愿动词等构成的祈使句节奏快、发音力度大、调值相对低。随着表达委婉语气的成分的出现、增加,祈使句的每个音节一般相应地延长,节奏减慢,发音力度减小,全句每个音节的调值相对提高。

(3) 同一个祈使句,使用不同的语调,语气的委婉程度不同,表达效果自然也不同。如果节奏快、发音力度大、调值低,语气就强硬;反之,语气就缓和。

至于祈使句中含有讽刺意味、指责意味、催促意味、叮嘱意味等等,语调上也都有所反映,情况将更加复杂。

总之,丰富多彩的使语气委婉的表达方式,加上构成语调的各个因素的千变万化,结果造成祈使句的委婉程度多种多样。其间差别可能很大,也可能很细微。正确使用使祈使委婉的各种表达方式,掌握好语调,是一种运用语言的艺术,也反映一个人的理解和运用语言的水平。

(原载《语法研究和探索》(三),北京大学出版社,1985年,有改动)

十 "怎么"与"为什么"*

《现代汉语词典》解释疑问代词"怎么"时说:"询问性质、状况、方式、原因等。"①解释"为什么"时说:"询问原因或目的。"②《现代汉语八百词》是这样解释"怎么"的:"怎么+动/形。询问原因,等于'为什么'。"③没有收"为什么"。"为什么"是询问原因的,但"怎么"询问原因时与"为什么"在语义与用法上是否完全相同呢?这就是这篇短文所要讨论的问题。

1 "怎么"与"为什么"表达功能的差异

诧异和询问不同,但二者又常常有联系:一个人觉得诧异时往往会发问。当然也有虽然诧异而不发问或虽然发问但不诧异的情况。"怎么"和"为什么"的区别正在这里:"怎么"主要表示诧异,"为什么"主要用于询问。

1.1 "怎么"作为疑问代词,一种用法是问方式。如"这个字怎么写?""去火车站怎么走?"本文讨论的是"怎么"的另一个用法,即问原因:"你怎么哭了?""他怎么不去了?"我们认为这个"怎么"实际上主要表示困惑、诧异。说话人用"怎么"时,往往已有自己的

---

* 王还先生阅过本文初稿,提出了宝贵意见和修改建议,谨致谢忱。
① 中国社会科学院研究所词典编辑室(1978)《现代汉语词典》,北京:商务印书馆,第1431页。
② 同上,第1187页。
③ 吕叔湘(1980)《现代汉语八百词》,北京:商务印书馆,第578页。

看法、想法,而当前发生的事或听到的话与自己的看法、想法不同,或认为发生的事超出了常规、常态,所以感到诧异、奇怪,整个句子含有"没有料到""不该如此"的意思。如:

① 石清,你怎么现在还在这儿?还不回家去?(《曹禺选集》[①])
② 愫小姐,别哭了。我走了大半年了,怎么我回来你还是在哭呀?
③ 曾　霆:妈妈没有睡么?
   曾瑞贞:大概睡了吧。
   曾　霆:你怎么还不睡?
   曾瑞贞:我刚给爷爷煎好药。

"怎么"用于句首时,后面可以有停顿,表示困惑、诧异的意思更为明显。如:

④ 你看,霜!霜!怎么,春天来了,还有霜呢!
⑤ 怎么哥哥,快五点了,你现在还不回屋睡去?

"怎么"并不排斥发问,即"怎么"可以表示因诧异而发问,被问者可以回答,如例③。

1.2　"为什么"的主要功能是用来询问。说话人用"为什么"时,主要是想问明原因、目的、道理。对所问之事事先可能有自己的看法,也可能没有什么看法。即使事先有看法,这个看法可能与已发生的事或听到的说法相同,也可能不同,即问话人对所问的问题可能诧异、奇怪,也可能并不诧异,纯粹想问明原因。如:

⑥ 我奇怪,为什么允许金八他们这么一群禽兽活着?
⑦ 露露,你知道昨天晚上我为什么到你这里来?
⑧ 物体在水里为什么会浮起来?(物理练习题)

例⑥是因诧异而发问;例⑦显然不包含诧异的成分,是问话人

[①] 本文例句除特殊说明的外,均出自《曹禺选集》(北京:人民文学出版社,1961年版)。

让对方猜自己行为的动机;例⑧作为一道物理练习题,不包含任何诧异的成分,纯粹是发问。例⑦、⑧的答案对问话人来说是已知的。用"为什么"的问句都可以回答。

1.3　如果问话人感到诧异而想问明原因、道理,那么既可用"怎么"也可用"为什么",即二者可以互相替换。如:

⑨ 哦,我的憗姨,这么一个苦心肠,你为什么(怎么)不放在大一点的事情上去?你为什么(怎么)处处忘不掉他?

⑩ 你为什么(怎么)躲我?为什么(怎么)害怕见我?

上述两个句子原用"为什么"是要问明原因。因为说话人有可能感到诧异,所以可以用"怎么"替换。替换后的句子表示困惑、诧异的成分大大增加了。

⑪ 曾思懿:(仿佛是不了解的神气)咦,你怎么(为什么)又不说话呀?这我可没逼你老人家啊!

⑫ 妈,怎么(为什么)您下楼来了?

⑬ 哦,可是你怎么(为什么)跑到我这里来?他们很容易找着你的。

例⑪—⑬原句包含较强的诧异成分,所以用"怎么"。但说话人也是在发问,所以可用"为什么"替换,但替换后表示诧异的成分大大减弱了。

1.4　如果说话人只表示对某事或刚刚听到的话感到诧异,那么就宜于用"怎么",不宜用"为什么"。如:

⑭ 陈白露:(向小东西)你怎么单碰上这么个阎王。

⑮ 张乔治:(惊愕)Oh, my! my good gracious!（意为:哎呀!我的天!）你简直是上帝,你怎么把我心里的事都猜透了?

⑯ 今天咱们开始放暑假?我怎么不知道?(学生说的话)

例⑭表示说话人诧异、同情与担心;例⑮表示惊愕;例⑯出自一个学生之口,表示困惑、诧异。上面这些句子主要不是在发问,所以不要求回答,也很难直接回答。

1.4.1 "怎么"用在句首时,后面可以有停顿,其表示诧异的语气更为明显,往往很难用"为什么"替换。如:

⑰ 怎么,楼下也这样闷热。
⑱ 怎么哥哥,快五点了,你现在还不回屋睡去?

这两个句子中的"怎么"可以移到主语后,但表示诧异的语气有所减弱:

⑰′楼下怎么也这样闷热。
⑱′哥哥,快五点了,你怎么现在还不回屋睡去?

移动后的"怎么"可以用"为什么"替换:

⑰″楼下为什么也这样闷热?
⑱″哥哥,快五点了,你为什么现在还不回屋睡去?

但替换后表示诧异的语气减弱,而询问的语气加强了。

有些用于句首的"怎么"纯粹表示诧异,表示对刚刚发现的情况或听到的话感到奇怪,是不能用"为什么"替换的。如:

⑲ (望见那红泥火炉)怎么,谁又在这里烧茶了?
   *为什么,谁又在这里烧茶了?
⑳ 怎么,你在外面偷听!
   *为什么,你在外面偷听!

1.4.2 用"怎么"的反诘句,也表示诧异,句中往往包含或可以加上能愿动词"能""会""肯"及可能补语[①],不能用"为什么"替换:

㉑ 凤,你看不出来,现在我怎么能带你出去?——你这不是孩

[①] 吕叔湘先生在《中国文法要略》中谈到反诘时说:"在以上两节中,我们可以注意一点:'怎么''哪里''安''焉''恶''乌'等疑问词多和'能''得'等字合用。"(北京:商务印书馆,1982年,第297页)我们的考察进一步证实了上述结论。

子的话么?

㉒ 放着这许多事情都不做,拿着我们这样造孽的钱陪他们打牌,百儿八十地应酬,你……你叫我怎么打得下去?

㉓ 你看,这种家教怎么配得上愫方,刚才是你泼了她一桶水?

㉔ 你看我这一大堆事业,我一大家子的人,你看我这么大年纪,我要破产,我怎么不急?

在上述句子中,"怎么"也都与"诧异"有联系。这种句子与本文讨论的表示诧异的"怎么"是同一个语言现象,与所谓询问原因不是毫无关系,我们可以用与上述各句语义相反的疑问句来证明:

㉑' 你怎么(为什么)不能带我出去?

㉒' 你怎么(为什么)打不下去?

㉓' 这种家教怎么(为什么)配不上愫方?

㉔' 你怎么(为什么)这么着急?

"为什么"很少成反诘句(但不是不能,例如:"四凤在这儿又没有事,我为什么不带她走?"),吕叔湘先生的《中国文法要略》和朱德熙先生的《语法讲义》在谈到反诘时,列举了一些由特指问句形成的反诘句,都没有举"为什么",但列举了与"为什么"接近的"怎么""哪儿(里)"。①

1.5 如前所述,有的句子只表示询问,并不包含诧异的成分,这种句子只能用"为什么",不能用"怎么"。如:

㉕ 你猜小李为什么不高兴?(自编)

＊你猜小李怎么不高兴?

㉖ 在纸板上戳一个小洞,通过小洞向外看,为什么小洞离眼睛越近,眼睛看到外面的范围就越大?(物理练习题)

＊在纸板上戳一个小洞,通过小洞向外看,怎么小洞离眼睛越近,眼睛看到外面的范围就越大?

---

① 见吕叔湘《中国文法要略》(北京:商务印书馆,1982年)第292页;朱德熙《语法讲义》(北京:商务印书馆,1982年)第204页。

㉗ 如果黑板"反光",我们为什么就看不清楚这时黑板上所写的字?(物理练习题)

＊如果黑板"反光",我们怎么就看不清楚这时黑板上所写的字?

现在让我们看看下面一对很有趣的句子,作为本节的小结:有一个民间故事,讲的是鸡叫和太阳出来的关系。讲故事的人对答案是清楚的,没有丝毫诧异的成分,所以标题定为"为什么鸡叫太阳就出来?"。如果有一个小女孩,连续几天早晨都发现一听到鸡叫就看到太阳出来,因而感到很奇怪,那么当她跑去问老祖母时就会说:"奶奶,怎么鸡一叫太阳就出来了?"

2 "怎么"与"为什么"和新知信息与已知信息

因为"怎么"表达说话人诧异的心理,所以用"怎么"时所提到的事或听到的话对说话人来说总是新的信息。[①] 道理很明显,已知的信息不再会引起诧异。如:

㉘ 周　冲:(见四凤不说话)四凤,怎么,你不舒服么?
㉙ 袁　圆:小柱儿说他奶奶送给你一对顶好看的鸽子。
　　曾文清:(指那笼子里的鸽子)在那里。
　　袁　圆:(提起来)咦,怎么就剩下一个啦?
㉚ 张乔治:不,露露,你应该可怜我……你必须答应我。
　　陈白露:怎么,你昨天晚上,闹成那个样子,吐了一床,你原来是求婚来的!

正因为如此,"怎么"常与表示出现新情况的"了"共现。如:

㉛ 怎么你连这个都预备了?
㉜ 怎么,你们又闹翻了么?

[①] 所谓新知信息也指在说话人与听话人之间第一次出现的信息:"怎么,听说你要去非洲?"

㉝ 窗户怎么关上了？

但有两种句子例外。一种是否定句。如：

㉞ 这种儿子怎么不（顿足）死啊？
㉟ 你怎么不死啊？还不死啊！

另一种也是比较特殊的句子。如：

㊱ 甲：明天你不能去看电影。
　　乙：'你怎么能去？（自编）
㊲ 甲：这本书小孩不准看。
　　乙：'妹妹怎么能看？（自编）

这是一种反诘句，直接针对对方刚刚说完的那个句子，语境很受限制。

在询问已知事实的原因时，一般只能用"为什么"。如：

㊳ 为什么，为什么我们要东一个，西一个苦苦地这么活着？
㊴ 为什么爷爷要抱重孙子，就要拉上我们这两个可怜虫再生些小可怜虫呢？
㊵ 你知道太太为什么一个人在楼上，作诗写字，装病不下来？

"为什么"不排斥新的信息，例㉙、㉝的"怎么"可以用"为什么"替换，当然，替换后表示奇怪的语气减弱了。

3　"怎么"与"为什么"风格色彩的差异

如前所述，"怎么"含有诧异以及"不该"的意思，所以常用于表示责怪的句子。如：

㊶ 咦，你怎么随随便便跑进来啦？
㊷ （不高兴）弟弟，你怎么这样不懂事？（自编）
㊸ 你怎么净说些小孩子话？（自编）

因此在曹禺剧作中"怎么"多用于平辈与平辈之间或长辈对晚

辈,而晚辈对长辈则用得较少。

"为什么"是问原因、目的的,重读时有询问究竟或质问的意味。如:

㊹ 她,她这一夜为什么不让你到屋子里去?

㊺ 你为什么这样说? 有什么证据?

㊻ 哦,妈,您为什么丢下我死了,我的妈呀!

如果这些句子中的"为什么"换成"怎么",质问、追问的语气会大大减弱,而责怪的意味加重了。如:

㊹' 她,她这一夜晚怎么不让你到屋子里去?

㊺' 你怎么这样说? 有什么证据?

㊻' 哦,妈,您怎么丢下我死了,我的妈呀!

"为什么"既可用于长辈对晚辈、平辈之间,也可用于晚辈对长辈。

此外,"怎么"比"为什么"更加口语化,语气更加随便。

4 "怎么"与"为什么"语音与语法结构上的差异

4.1 句重音问题

"为什么"可以重读。如:

㊼ 你们'为什么这样咒我?

㊽ '为什么他们总说您有病呢?

在这种情况下,"为什么"是整个疑问句的疑问焦点。这样的句子问的是全句所表述的事实的原因:例㊼问为什么"你们这样咒我",例㊽问为什么"他们总说您有病",疑问焦点还可以更加集中,集中到某一成分上,这时句重音就移到该成分上,该成分与"为什么"一起成为疑问焦点。如:

㊼'' '你们为什么这样咒我?(问为什么是"你们"这样咒我)

你们为什么'这样咒我？（问你为什么"这样地"咒我）
你们为什么这样'咒我？（问你为什么要"咒"我）
你们为什么这样咒'我？（问你为什么要咒"我"）

而表示诧异的"怎么"一般不能重读，句重音一般在后面作为焦点的成分上。如：

㊾ 石清，你怎么现在'还在这儿？
* 石清，你'怎么现在还在这儿？
㊿ 你怎么打着打着不'打啦？
* 你'怎么打着打着不打啦？

重音也可以在主语上，使其成为疑问焦点。如：

㊾' '你怎么现在还在这儿？（意思是：你叫我现在走，你怎么还在这儿？）
㊿' '你怎么打着打着不打啦？（意思是：你叫我接着打，你怎么不打了？）

只有在前面说过的那种特殊的否定形式的反诘句中"怎么"才可以重读，成为疑问焦点。如：

(51) 甲：今天晚上'你怎么能去？
乙：你说我'怎么不能去？

如前所述，这种句子对语境有很大的依赖性。

在疑问句中，疑问代词都可以重读成为疑问焦点[①]，"为什么""怎样""谁""什么""哪儿"以及询问方式的"怎么"等都如此。本文所讨论的"怎么"与众不同，说明它与一般疑问代词的功能不同。

4.2 "为什么"因为可以是疑问焦点，单独负载疑问信息，所以可以单独作谓语。如：

---

① 参见林裕文《谈疑问句》："特指问中，负载疑问信息的是疑问代词，疑问点也就在疑问代词。"（《中国语文》1985 年第 2 期）

㊼ 她要我走——可是——为什么?

㊽ 她要辞掉你,——为什么?

表示诧异的"怎么"不能单独作谓语,上述二句中的"为什么"不能用"怎么"替换。

位于句首的"怎么",后面虽有停顿,但很难看作是一个独立的分句,后面总跟着一个表示实在意思的句子,这个句子表述使说话者奇怪的事情。如:

㊾ 怎么,这窗户谁开开了?

当然,在一定的语境中,"怎么"可以单独成句。如:

㊿ 甲:你明天还上课?

　　乙:怎么?(自编)

乙的意思是:"你为什么提这个问题?"或"你问这个干什么?"这样用的"怎么"对语境有很大的依赖性。

4.3 包含"怎么"的句子,如果重音在谓语上,谓语多不是一个光杆动词或形容词,这是由"怎么"表示诧异的心理决定的。因为单独一个动词或形容词很难清楚地表达使说话人诧异的事情。比较:

㊶ *你怎么′哭?

　　你怎么′哭了?(自编)

㊷ ?你怎么′爱嫉妒?

　　你怎么′这么爱嫉妒?(自编)

㊸ *你怎么′高兴?

　　你怎么′这么高兴?(自编)

㊹ *你怎么′懒?

　　你怎么′这么懒?(自编)

用"为什么"时,谓语可以是光杆动词。如:

㊶′ 你为什么哭?

㊽′ ′你′为什么高兴?

用"怎么"的句子如果重音在主语上,而且谓语是动词时,结构上的限制要少些,形容词受的限制比较大。如:

㊶″ ′你怎么哭?(上句:你不许哭!)

㊽″ ?′你怎么高兴?(上句:你别这么高兴……)

(原载《语言教学与研究》,1985年第4期,有改动)

十一　对话中"说""想""看"的一种特殊用法*

1

在对话中,"说""想""看"有一种多少离开本义的共同用法。

1.1　"说"的本义是"用话来表达意思"[①]。但在对话中,当主语为第一人称时,它可以引出说话人的建议。如:

① 我说啊,等你妈来,把这些钱也给她瞧瞧,叫她也开开眼。(《曹禺选集》[②])

② 我说咱们明天就走,好吗?(自编)

③ 我说咱们都别去了。(自编)

上述句子用的是商量的语气,所以比较委婉。

"我说"也可以引出说话人对正在发生的事或正在讨论的问题的一种看法,表明说话人的态度,有"依我说"的意思。如:

④ 难道还要她陪着一同进棺材,把她烧成灰供祖宗?拿出点良心来!我说一个人要有点良心。

⑤ 我说这样做可不对,你别忘了你是老师!(自编)

---

* 王还先生曾阅本文初稿,提出许多修改意见,谨致谢忱。

① 中国社会科学院语言研究所词典编辑室(1978)《现代汉语词典》,北京:商务印书馆,第1072页。

② 本文例句除特殊说明的外,均出自《曹禺选集》(北京:人民文学出版社,1961年版)。

这样用"我说"时,说话人往往是不同意在场人的说法、做法,表明与之不同的态度,因此语气并不缓和,有时甚至有训诫的意味。

主语为第二人称时,"你说"有时是征询对方对人或事物的看法,让对方表态,而目的在于表明自己的看法是正确的,希望对方同意自己的看法。① 如:

⑥ 对了,我同你,我们可以飞,飞到一个真真干净、快乐的地方。那里没有争执,没有虚伪,没有不平等……没有……你说好么?
⑦ 你说,这身衣服我穿着不错吧?

上述句中的"你说"不是命令对方说话,与下面句子中的"你说"显然不同:

⑧ 你说,粮食藏在哪里?

有时说话人用"你说"并不真的想让对方说话、表态,完全是想表明自己的一种看法,说话人说出一连串的话语,根本不给对方留出说话的机会。如:

⑨ 您说这钱现在不从四爷身上想法子,难道会从天上掉下来?
⑩ 你说这个人,我为他用了这么多的钱,我待他的情分可真不算薄,你看,他一不高兴,就几天不管我。
⑪ 你说他这个人多好,别人的事他总记在心上!

这样用的"你说"除非出现赞美的词语,否则即使不出现责怪的词语,也常常含有责怪的意味。

1.2 "想"的本义是"开动脑筋;思索"②。在对话中,当主语为第一人称时,可以引出说话人的一种想法。如:

---

① 参见孟琮(1982)口语"说"字小集,《中国语文》第 5 期。
② 中国社会科学院语言研究所词典编辑室(1978)《现代汉语词典》,北京:商务印书馆,第 1246 页。

⑫ 我想这里既然没有人,我可以跟你说几句话。
⑬ 我跟你痛痛快快地说吧,我都想过,画报上一定登那么老大的照片,我的,胡四的……
⑭ 我在想,怎么才能让小赵也知道这件事。(自编)

这样用的"想"可以与表示动作进行的"在"以及动态助词"了""过"等结合。想法一般是比较具体的。

"我想"有时也可以引出说话人的看法、观点,这正是本文所要讨论的。如:

⑮ 我想,太太大概没有这个意思。
⑯ 现在我想辩白是没有用的。
⑰ 我想我们还是可以走,只要一块儿离开这儿。

"看法"不像"想法"那么具体,这样用的"想"不能与"在"及"了""过"等结合。可以用"认为"替换,但语气比"认为"缓和、随便得多。引出想法的"我想"是不能用"我认为"替换的。

主语为第二人称时,"你想"有时主要不是叫对方思索,而是引出自己的看法,目的是希望对方同意自己的看法。如:

⑱ 你想,在银行当个小职员,一天累到死,月底领了薪水还是不够家用,也就够苦了。
⑲ 你们想,人家杜家开纱厂的,鬼灵精!

"你想"用在反问句中,说话人想表明自己的看法是不容置疑的。如:

⑳ 你们想,你们哪一个对得起我?
㉑ 你想,金八爷看上她,这不是运气来了?
㉒ 你想潘经理这样忙,会管你这样的小事?

1.3 "看"的基本意思是"使视线接触人或物"[①]。在对话中,

[①] 中国社会科学院语言研究所词典编辑室(1978)《现代汉语词典》,北京:商务印书馆,第625页。

主语为第一人称时,"我看"也可以引出说话人的看法。如:

㉓ 我看像你这种人,活着就错了。
㉔ 我看一会儿黑三又要来。
㉕ 我看你,你简直是怪物!

"我看"也可以引出说话人的建议,有缓和语气的作用,如:

㉖ 我看借给他们点吧,大八月节的……
㉗ 好,我看你睡去吧。
㉘ 哦,愫表妹,我想起来了,我看我就现在对你说了吧。

主语为第二人称时,"你看"有时也可以引出说话人的看法。如:

㉙ 哎,真是的,你看我这个人,可不是心直口快,有口无心。
㉚ 你看,我说过,露露你是一个空前绝后的大杰作,那是一点也不错的。
㉛ 你看现在才是爸爸好了吧,爸疼你,不要怕!
㉜ 到这儿来,就得说这儿的规矩,你今天一天又没有好生意,你看黑三那个狗杂种会饶过你?

在这样用的"你看"之前或之后,一定发生了或说话人认为将会发生正在谈到的情况,说话人在说"你看"时,并不是真的让对方看什么(有时所谈到的情况是很难用肉眼看到的,如例㉚),而是想证明自己的看法正确,而且往往是想证明自己一贯正确或有先见之明。

"你看"还可以含有不满、责备、嗔怪的意味,用在说话人认为对方或第三者,有时是自己做了不应该做的事或做了错事的情况之后。如:

㉝ 你看,你看,你又急了,急什么?
㉞ 你看快天亮了,他的魂也没有见一个。
㉟ 你看!(走到曾霆面前申斥)你看出了血了!

㊱ 看这暴发户!过一回八月节都要闹得像嫁女儿——

有时简单的"你看""(你)看你"就含有强烈的不满、责怪的意味。例如《北京人》中曾经答应给袁圆一个风筝的曾文清逗袁圆说,风筝坏了,上面的糨糊都叫耗子吃了时,袁圆顿足说:

㊲ 你看你!

上述各例中的"你看"也不是命令对方看什么,例㉟似乎是命令曾霆看"血",但"出了血"这件事是当事者曾霆早已看到的。所以说话人——曾霆的母亲曾思懿说"你看",主要是表达责怪曾霆的语气。

2

上述"说""想""看"(以下径称"说""想""看")的共同点:

(1)都多少离开了本义。用于第一人称代词后时,引出说话人的看法,常常可以用"认为"替换,但语气要缓和些。用于第二人称代词后时,也都可以引出说话人的看法,而且都表明自己的看法是正确的。

(2)"说""看"只出现于对话,"想"也多出现于对话,不过写文章时也可以用"我想""我们想"。

(3)只用于第一、二人称代词后,不能用于第三人称代词或名词后。比较:

㊳ 我说咱们明天就走,好吗?(自编)
　　他说咱们明天就走,好吗?(引语)
㊴ 你说这个人多可恨!(自编)
　　*他说这个人多可恨!
㊵ 我想明天走问题不大。(自编)
　　他想明天走问题不大。(意思不同,"想"引出"想法")
㊶ 你想这件事没有我办得成吗?(自编)

＊他想这件事没有他办得成吗？

㊷ 我看咱们别去了。（自编）

　　＊他看咱们别去了。

㊸ 你看下雨了不是！（自编）

　　＊他看下雨了不是！

（4）"说""想""看"之后不能用"了、着、过"等动态助词以及各种补语。

（5）不用否定形式（主语为"我"时可以与"认为"比较）。如：

㊹ 我说/认为一个人要有点良心。（自编）

　　＊我不说/不认为一个人要有点良心。

㊺ 我想/认为明天走问题不大。（自编）

　　＊我不想/不认为明天走问题不大。

㊻ 我看/认为这个说法有问题。（自编）

　　＊我不看/不认为这个说法有问题。

㊼ 你说这件事我办得多漂亮！（自编）

　　＊你不说这件事我办得多不漂亮！

㊽ 你想他这样的人会帮助你？（自编）

　　＊你不想他这样的人会不帮助你？

㊾ 你看我猜中了吧！（自编）

　　＊你不看我没猜中了吧！

上述（2）－（5）是由"说""想""看"的第 1 种用法决定的。

3

"说""想""看"在语义与用法上的区别。

3.1 "我说""我想""我看"的区别

（1）当引出一种看法时，"我想"语气最为委婉。因为"想"表示头脑中正在思考，所想的不一定成熟、正确，所以用来引出看法，表现了说话者谦和、不强加于人的态度，自然会收到缓和语气的效果。“我说”引出看法时，直截了当，语气最不委婉。如前所述，“我说”有时还表明自己与众不同的看法，甚至有训诫的意味。比较：

(50) 我想这一定是谣言。（自编）
我看这一定是谣言。
我说这一定是谣言。

(51) 我想一个人要有点儿良心。（自编）
我看一个人要有点儿良心。
我说一个人要有点儿良心。

(52) 我想你这样做不对。（自编）
我看你这样做不对。
我说你这样做不对。

例(51)中前两句中的“要”改成“应该”更符合该句的语气。

下面的句子不宜用“说”替换“想”：

(53) 我想爸爸只要把事不看得太严重了，事情就会过去的。
*我说爸爸只要把事不看得太严重了，事情就会过去的。

这是因为当周萍对父亲周朴园说这句话时，只想劝慰对方，并不是表明自己的看法与父亲不同。下面两个句子也不宜用“我说”替换“我想”：

(54) 我想，太太大概没有这个意思。

(55) 我想周家除了我不会再有人这么糊涂的，再见吧！

“我看”比“我想”语气要直率些，所以下面的句子不能用“我想”：

(56) 我看像你这种人，活着就错了。

（2）如果引出一种建议，一般宜用“我看”“我说”，“我看”比“我说”更客气些。如：

(57) 我说啊，等你妈回来，把这些钱也给她瞧瞧，叫她也开开眼。（鲁贵对女儿鲁四凤说）

我看啊，等你妈来，把这些钱也给她瞧瞧，叫她也开开眼。

*我想啊，等你妈回来，把这些钱也给她瞧瞧，叫她也开开眼。

(58) 好，我看你睡去吧。

好，我说你睡去吧。

*好，我想你睡去吧。

(59) 我看你也该回旅馆了。

我说你也该回旅馆了。

*我想你也该回旅馆了。

“我想”引出建议时，往往是建议对方改变原来的计划、做法。如：

(60) 甲：明天的会我不想参加。（自编）

乙：我想你还是参加好。

(61) 甲：我决定报考北大了。（自编）

乙：你的成绩不大突出，我想还是报低一点儿的学校吧。

3.2 “你说”“你想”“你看”的区别

（1）表示自己观点正确时，“你说”一般用于疑问句，“你想”“你看”既可以用于疑问句，也可以用于非疑问句。如：

(62) 您说这钱现在不从四爷身上想法子，难道会从天上掉下来？

(63) 您想这钱现在不从四爷身上想法子，难道会从天上掉下来？（(62)改编）

(64) 妈，您想，他自幼就没有母亲，性情自然容易古怪。

(65) 你看，还是我说的对吧？（自编）

(66) 你看，我早知道他自己能去。（自编）

如前所述，“看”出现的语境很受限制，一定用于出现了某种情况或发生了某一事件的前后，因此例(64)不能用“您看”，例(65)、(66)也不能用“你想”“你说”。

（2）表示责怪时，“你说”常常引出议论。如：

(67) 你说这个人，我对他可真够意思的，可他对我怎么样，太不够朋友了!
⑱ 你说这事办的,多窝心!

"你看"后往往引出使说话人不满的人或事物,常常不加议论。如:

⑲ 您看您说话的神气!
⑳ 你看你!
㉑ 你看你,你看你那眼直瞪瞪的,喝得糊里糊涂的样子!
㉒ 你看,他不是嫌钱少,就是说没意思。(自编)

"你说"可以用"你看"替换,但"你看"不一定能用"你说"替换。如例⑰、⑱中的"你说"可以换成"你看",但例⑲—㉒中的"你看"不能换成"你说"。

"你看"可以单独成句,因为其出现的特殊语境使责怪的原因不言自明。"你说"难于单独构成完整的句子。

"看"的主语还可以不出现。如:

㉓ 看你说话的神气!
㉔ 看,出血了!

"说""想"是不能这样用的。

(原载《中国语文》,1986年第3期,有改动)

十二　超越分句的语言成分

在连续的话语中,我们常常发现一些语言成分所"管辖"的范围超出了一个分句。如:

① 要是一两天这个看涨的消息越看越真,空户们再忍痛补进,跟着一抢,凑个热闹……(《曹禺选集》[①])

在这个复句中,连词"要是"管后面四个分句,第二个分句中的"再"管着后面三个分句"忍痛补进""跟着一抢""凑个热闹"。

与此接近的,汉语中还存在一种超分句的语言成分,这就是"说、想、看"等动词,其后可能是几个分句,甚至是文章的一个或几个段落。如:

② 老爷说就放在这儿,老爷自己来拿,还请太太等一会,老爷见您有话说呢。
③ 不,这一块,你看,这不是一对眼睛!这高的是鼻子,凹的是嘴,这一片是头发。

上面两段话中的"说"与"看"管着后面所有的分句。

这些超越分句的语言成分在分析句子时是必须首先处理的。应该怎样处理这类语言成分,哪些语言成分可以超越分句,这就是本文所要讨论的问题。我们的主要目的是提出这种现象,因此我们先讨论后一个问题。

[①] 本文例句除特殊说明的外,均出自《曹禺选集》(北京:人民文学出版社,1961年版)。

1　超分句语言成分的类型

可以超越分句的语言成分可以是句子成分,可以是句子成分的一部分,还可以是助词、连词等不属于句子成分的语言单位。

1.1　句子成分

1.1.1　谓语动词

可以超越分句、充任谓语的动词都是可以带小句宾语的,有以下几种:

(1) 能愿动词

④ 我也反抗,我也打倒,我也要学瑞贞那孩子交些革命党朋友,反抗,打倒……

⑤ 你老人家是想当陪房丫头一块嫁过去,好成天给人家端砚台拿纸啊,还是给人家铺床迭被到了晚上当姨老爷啊?

(2) 表示感觉、知觉、心理活动、意志的动词和动补短语"看见、听见、感到、觉得、喜欢、讨厌、抱怨、埋怨、恨、怪、害怕、怕、舍不得、着急、知道、晓得、懂得、了解、明白、以为、相信、注意(到)、担心、考虑、同意、忘(了)、怀疑、猜、打算、希望、盼望"等。① 如:

⑥ 我突然觉得,我不能这样就死,我不能一个人死,我丢不了你。

⑦ 我不喜欢看你这样,跟我这样装糊涂!

⑧ 我明白,一个女人岁数一天一天地大了,高不成,低不就,人到了三十岁,父母不在,也没有人做主,孤孤单单,没有一个体己的人,真是有一天,老了,没有人管了,没有孩子,没有孩子,没有亲戚,老,老,老得像我……

---

① 本节列举了《普通话三千常用词表》(初稿)(文字改革出版社,1959年)所收可以超分句的动词、副词、连词、语气词等。介词短语大都可以超分句,可以超分句的形容词及固定短语等是开放的类,故不列举。

⑨ 好孩子,你以为我真糊涂,不知道你同那混账大少爷做的事么?

⑩ 啊,我梦见①这一楼满是鬼,乱跳乱蹦,楼梯、饭厅、床、沙发底下,桌子上面,一个个啃着活人的脑袋,活人的胳膊,活人的大腿,又笑又闹,拿着人的脑袋壳丢过来,丢过去,戛戛地乱叫。

(3) 可以引出直接或间接引语的动词,有的动词虽然不直接引出直接或间接引语,但表示通过语言来进行的动作,也属此类。如"听说、说、讲、告诉、打听、交代、叫、喊、嚷、骂、劝、问、答应、回答、约定、介绍、要求、嘱咐、允许、称赞、夸、鼓励、号召、声明、说明、解释、反映、决定、赞成、商量、批准、启发、说服、批评、承认、提出、指出、坦白、表示、请示、保证、请求、通知、广播、证明、埋怨、抱怨、命令"等。如:

⑪ 妈,昨天我见着哥哥,他说他这次可要到矿上去做事了,他明天就走,他说他太忙,他不上楼见您了。

⑫ 告诉你吧,你就不应当到这儿来,这儿不是你来的地方。

⑬ 我声明,不要把我算在里面,你们房子卖不卖,我从来没有想过。

(4) 某些关系动词,如"好像②、算、等于、是"等。如:

⑭ 多少年我没说过这么多话了,今天我的心好像忽然打开了,又叫太阳照暖和了似的。

⑮ 我也算替你们曾家生儿养女,辛苦了一场……

(5) "使得、免得、用不着、支持、争取、预备、准备、强迫、发现、值得、开始、继续"等。

---

① 《普通话三千常用词表》(初稿)未收。
② 《普通话三千常用词表》(初稿)看作副词。

1.1.2 状语

(1) 副词,绝大部分副词可以超分句。

Ⅰ. 否定副词"别""没有"。如:

⑯ 别指东说西,欺负妈好说话。
⑰ 你别无中生有,拿愫小姐开心。
⑱ 我没有挖空心思骗过人,抢过人。

Ⅱ. 表示语气的副词"简直、可、倒、偏、到底、究竟、竟然、果然、自然、固然、居然、当然、难免、未免、幸亏、原来、本来、根本、其实、千万、反正、大概、大约、恐怕、可能、也许、哪怕、的确、实在、只好、万一"等。如:

⑲ 自然,我决不尽批评人家,不说自己。
⑳ 您大概是想我想的,梦里到过这儿。
㉑ 也许这是空户们要买进,故意造出的空气?
㉒ 的的确确行里不但准备金不足,而且有点周转不灵。

Ⅲ. 表示时间的副词"正、才、刚、立刻、赶快、当时、临时、暂且、暂时、已经、早就、老早、一直、先、原先、先前、近来、向来、一向、预先、曾经、将、将要、马上、一会儿、回头、正要、就要、快、终于、往后、忽然、突然、偶然、偶尔、一时、时时刻刻、随时、始终、永远、老、开头、最后、连忙、渐渐地、慢慢地、总、仍旧、仍然"等。如:

㉓ 你姨妈生前顶好了,晚上有点凉,立刻就给我生起炭盆,热好了黄酒……
㉔ 我总天亮就去上班,夜晚才回来……
㉕ 如果她不愿意我,我仍然是尊重她,帮助她的。

Ⅳ. 表示重复、频率的副词"还、还是、又、再、也、照样、重新、常、常常、时时、屡次、往往、反复"等。如:

㉖ 我还是个社交明星,演过电影,当过红舞女呢!
㉗ 他回来了,什么又都跟从前一样:大家还是守着,苦着,看

着,望着……

㉘ 泰,不要再这样胡思乱想,顺嘴里扯,你这样会弄成神经病的。

Ⅴ.关联副词"就、也、才"等。如:

㉙ 你不是我的儿子,你简直没有点男人气,我要是你,我就杀了她,毁了她。

㉚ 哎,是我的命不好,才叫他亏了款,丢了事。

Ⅵ.表示范围的副词"都、全、统统、一齐、一概"等。如:

㉛ 都滚他妈的蛋,革他妈的命!

Ⅶ.表示方式的副词"互相、亲自、一起、一同、一块、到处、专门、一边"以及"恰巧、几乎、似乎"等也可以超分句。

不能超分句的主要是程度副词。

(2) 时间词、处所词

凡能作状语的时间词都可以超越分句。表示处所的名词加上方位词以后也都可以超越分句。如:

㉜ 老板,可怜可怜吧,您行好,明天就从良,养个胖小子。

㉝ 怎么,你昨天晚上,闹成那个样子,吐了我一床,你原来是求婚来的!

㉞ 树荫下,孩子们在唱歌跳舞,老人们在下棋,几个幼儿园的阿姨一边看着孩子,一边在聊天。(自编)

㉟ 办公楼前,汽车来往奔驰,行人熙熙攘攘,好不热闹。(自编)

在《普通话三千常用词》(初稿)中可以超分句的时间词有:"现在、目前、过去、将来、从前、以前、以后、后来、最近、最初、最后、今年、去年、前年、明年、后年、往年、春天、春季、夏天、夏季、秋天、秋季、冬天、冬季、寒假、暑假、一月—十二月、星期一—星期日、今天、昨天、前天、大前天、明天、后天、大后天、天天、早上、早晨、白天、上午、中午、晌午、午后、下午、傍晚、晚上、夜里、半夜、整天、半天、成天"。"时间、时候、工夫、时代、时期、年、月、日"等不能作状语，也不能超分句，"新年、春节、清明、国庆节"等较少作状语超分句。

(3) 介词短语一般都可以超分句。如：

㊱ 他就让这个女人由小孩而少女，由少女而老女，像一朵花似的把她枯死，闷死……

㊲ 譬如我吧，我爱钱，我想钱，我一直想发一笔大财，我要把我的钱，送给朋友用，散给穷人花。

㊳ 我告诉你昨天下午我跟我太太离婚了，正式离婚了！

(4) 由形容词、固定短语等充任的描写性状语大都可以超越分句。如：

㊴ 他就得乖乖地高高在上养着我，供着我……

㊵ 当他认为四凤不能了解也不能和他起共鸣的时候，他又不由自主地纵酒，寻欢，沉湎在新的刺激里。

单音节形容词多难以超越分句。

(5) 询问原因的疑问代词"为什么、怎么、哪儿、干什么、干吗"等。如：

㊶ 人家不瘸不瞎，能写能画，为什么偏偏要当老姑娘，受活罪，陪着老头？

㊷ 你既然知道这家庭可以闷死人，你怎么肯一个人走，把我丢在这里？

1.1.3 主语

在复句中，主语一般只在一个分句出现，这是大家公认的事实，过去有过很多研究。这也是一种超分句的现象。如：

㊸ 我要像杜甫的诗说的，盖起无数的高楼大厦，叫天下的穷朋友白吃，白喝，白住，研究科学，研究美术，研究文学，研究他们每个人所喜欢的，为中国，为人类，谋幸福。

㊹ 两个人处久了，渐渐就觉得平淡了，无聊了。

综上所述，主语、谓语动词、状语等成分属于可超越分句的句子成分，定语、补语、宾语属于不可超越分句的句子成分。

1.2 句子成分的一部分

1.2.1 兼语式、连动式的第一谓语部分。如：

㊺ 我刚跟八爷进来，到这儿来歇歇腿，抽口烟，你们在这儿是要造反，怎么啦？

㊻ 我爸爸叫我了，明天见，我明天等你一块放风筝，钓鱼，好吧？

㊼ 对了，是我逼他老人家，吃他老人家，喝他老人家，成天在他老人家家里吃闲饭，一住就是四年，还带着自己的姑爷。

1.2.2 个别介词及部分动词。如：

㊽ 把好的送给人家，坏的留给自己。（自编）

㊾ 昨天那几个零钱，还大账不够，小账剩点零……

这种现象实际上应该说是超语段成分，“把”“还”并不管后面两个分句，而是管两个分句中的一部分语段。“把”管“好的”与“坏的”，“还”管“大账”与“小账”，中间又都跳过了另一语段。这种现象是比较少见的。能这样用的介词十分有限，能这样用的动词也不多，只是可带宾语动词中的一小部分，而且对后面的词语、语境都有严格的要求。如：

㊿ 我的胃吃苹果可以，梨不行。（自编）

(51) 你去南京可以，上海也可以。（自编）

很多动词不能这样用：

(52) *打他不行，（打）我可以。（自编）

(53) *这条绳子捆书没问题，（捆）行李不行。（自编）

1.3 非句子成分

1.3.1 语气词“啊、的、了、呢、吧、吗、么、哩”等都可以超越几个分句，出现在复句的末尾。如：

(54) 嗯，连愫姨的行李都放在您的空木箱里，送上车了。

(55) 不拆开，我怎么能知道是喜信，好给您报喜呢？

(56) 妈，您可怜可怜我们，答应我们，让我们走吧。

(57) 要不到这儿周家大公馆帮主儿，这两年尽听你妈的话，你能每天吃着喝着，大热天还穿得上小纺绸么？

(58) 哼，我们两间半破瓦房居然来了坐汽车的男朋友，找我这当差的女儿啦！

1.3.2　可以连接分句的连词

(59) 你要是以后忘了妈的话，见了周家的人呢？

(60) 就是再累一点，再加点工作，就是累死我，我也心甘情愿的。

(61) 至于裁了你，又添了新人，我想你做了这些年的事，你难道这点世故还不明白？

1.3.3　疑问语调

有的疑问句负载疑问信息的只是表示疑问的语调，这种疑问语调也可以超分句。我们把它标在问号上：

(62) 你跟我有什么关系，你这么教训我？

(63) 他们不告诉我，自己就签了字了？

2　如何处理超分句的语言成分

2.1　对于上述超分句的语言成分，过去是怎样处理的呢？

大体可分为三种情况。第一种是动词（包括能愿动词），多作为主要动词来处理，其后部分看作宾语。这样处理，宾语可能是几个分句，也可能是一个段落甚至几个段落。但在单句这一层次上，这些分句和段落是作为一个句子成分，不再进行分析了。这种分析必然减少句子分析的实用价值。这样处理在理论上也存在一定的困难。因为主语、谓语、宾语等归根结底是属于单句(分句)内部的结构单位。如果一个宾语是由几个分句、段落甚至篇章构成的,那么无论在语义上、结构上,都是单句难以容纳的。正因为如此,曾有人试图把属于此类动词的"想、说、看"等当作提示成分、独立成分来处理。但无论在结构还是在语义上,此类动词的超分句用法与带名词宾语的用法很难说有本质的不同,有时二者也很难截然划分开。因此这样处理也存在一定的困难。

第二种是表示时间、处所等状语,过去一般看作全句的修饰语,即是修饰整个复句的。如:

㉔ 三天之后,风力会加强,气温会下降。①

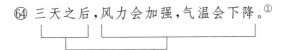

第三种是副词、介词以及其他不构成句子成分的,过去析句时一般不加分析,但其结构关系还是应该搞清楚的。

2.2 我们认为上述三类超分句的语言成分有共同的特点。第一,语义与结构上它们都"管辖"几个分句,而且不少可以在其余几个分句补出,补出后有强调的意味。如:

㉕ 我还是个社交明星(呢),(我)(还)演过电影(呢),(我)(还)当过红舞女呢。

㉖ 你别无中生有,(你)(别)拿愫小姐开心。

㉗ 自然,我决不尽批评人家,(我)(决不)不说自己。

㉘ 你要是以后忘了妈的话(呢),(你)(要是)(以后)见了周家的人呢?

第二,在汉语中,各种超分句的语言成分不在所有的分句中出现是正常现象,也不是所有的超分句语言成分都可以在所有分句中补出。一般来说,几个分句如果是联合关系,比如并列的、转折的,比较容易补出。如例㉕—㉘。在实际语言中,为了取得强调的

---

① 例句出自胡裕树(1979)《现代汉语》(修订本),上海:上海教育出版社,第318页。

效果,有时同样的主语、状语等在几个分句中重复出现。

⑲ 妈,昨天我见着哥哥,他说他这次可要到矿上去做事了,他明天就走,他说他太忙,他不上楼见您了。

⑳ 譬如我吧,我爱钱,我想钱,我一直想发一笔大财,我要把我的钱,送给朋友用,散给穷人花。

㉑ 可是,我的顾八奶奶,要讲"三从四德",你总得再坐一次花轿,跟胡四龙啊凤啊再配配才成呀!

㉒ 快四十的人还得上孝顺公公,下伺候媳妇,中间还得看你老人家颜色。

但不是所有的超分句语言成分都可以补出,特别是在偏正复句中。如:

㉓ 你知道,我今天早上忽然听说公债涨是金八在市面故意放空气,(公债涨是金八故意)闹玄虚,*(公债涨是金八)故意造出谣言说他买了不少,*(金八)叫大家也好买。

㉔ 可怜,妈就是一步走错,*(妈)就步步走错了。

㉕ 老爷说您犯的是肝郁,今天早上(老爷)想起从前您吃的老方子,*(今天早上)(老爷)就叫抓一副,*(今天早上就叫)给您煎上。

有时几个分句虽然在语义上含有共同的语言成分,但句子结构不同,更难以补出。如:

㉖ 将来房子卖了以后,你们尽管把我当作死了一样,*(你们尽管把我当作)这个家里没有我这个人……

㉗ 你不要以为她一句话不说,*(你不要以为她)仿佛厚厚道道(的),*(你不要以为她)没心没意的。

正因为超分句的语言成分在语义关系与句法结构方面有共同特点,所以我们可以统一地采用同样方法进行分析。

2.3 怎么分析超分句的语言成分?

我们主张按照实际的语言结构来处理,把超分句语言成分放在复句分析中：

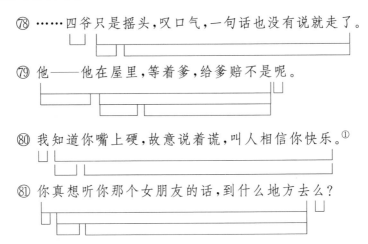

此外，有的语言成分管几个句子或整个段落，那么就在分析这几个句子或整个段落前先分析出来。至于"把好的送给人家，坏的留给自己""还大账不够，小账剩点零"之类的超语段成分，也许最好在分析第二分句时补出超语段的成分。

汉语是一种在表达方面十分经济的语言，能少用一个词就少用一个词。超分句语言成分的存在正是这一特点的体现。

（原载《汉语研究》（第一辑），南开大学出版社，1986年，有改动）

---

① 此类句子也许可以做如下分析：
　我知道你嘴上硬，故意说着谎，叫人相信你快乐。

这样分析虽然不符合通常所谓"主　谓　宾"的原则，但有两点可取之处：(1)更符合句子的实际语音停顿；(2)可以把超分句语言成分在较高的层次上分析出来。

十三　表示状态意义的"起来"与"下来"比较

"起来"与"下来"都可以用在形容词后表示某种状态的开始。如：

① 听了老王这番话，他的心情才平静下来。
② 听了老王这番话，他的心情反而平静起来。

上面两个句子都表示：听了老王的话以后，他的心情由不平静进入平静的状态。但"平静下来"与"平静起来"相同吗？即"下来"与"起来"表示新状态开始时，用法是否完全一样？二者是否可以互相替换呢？这就是这篇短文所要讨论的问题。

1　"起来"与"下来"所能结合的形容词不同

"起来"可以结合的形容词很广。在《普通话三千常用词表》（初稿）[①]中，共收455个形容词，只有不到50个形容词不能与"起来"结合。这种不能与"起来"相结合的形容词有以下几类：

（1）非谓形容词，如"基本、共同、永久"。形容词后用"起来"通常在句子中充任谓语或功能与谓语相同的带"得"的补语。非谓形容词不能充任上述句子成分，自然也就不能与"起来"结合。

（2）"乌黑、雪白"一类构成方式特殊、包含程度意义的形容词。

---

① 中国文字改革委员会研究推广处（1959）《普通话三千常用词表》（初稿），北京：文字改革出版社。

此类形容词也不能以简单形式充任谓语和带"得"的补语,所以也不能与"起来"结合。

(3) 不表示事物状态、属性的形容词,如"凑巧""亲爱的""故意"等。

而"下来"可以结合的形容词面非常窄,在《普通话三千常用词表》(初稿)中,只有"黑、暗、慢、软、松、平静、冷、凉、静、弱"等有限的十来个形容词。上述形容词有一个共同的特点,即都是负向形容词。所谓负向形容词是指"大、小,高、低,强、弱,多、少,长、短,厚、薄,亮、暗,粗、细,硬、软,快、慢,松、紧"等意义相反的成对形容词中的"小、低、弱、少、短、薄、暗、细、软、慢、松"等。而"大、高、强、多、长、厚、亮、粗、硬、快、紧"等叫正向形容词。"下来"所能结合的形容词只限于负向形容词中的一部分,即表示光线("暗、黑")、声音("低")、速度("慢")、人的情绪("冷静、冷、平静、松")、健康状况("弱")及人的态度和语气("软、缓和")的。如:

③ 会场渐渐静下来了。
④ 马跑得慢下来了。
⑤ 老张的态度明显软了下来。

"下来"不能与其他意义的负向形容词结合。例如不能说:

⑥ ＊夜深了,街上的人渐渐少下来了。

应该说:

夜深了,街上的人渐渐少起来了。

又如,不能说:

⑦ ＊夏至以后,天短下来了。

应该说:

夏至以后,天短起来了。

当"冷、软"等用来表示其他方面的意义(即非基本意义)时,后面也较难用带"得"的补语。非谓形容词不能充任谓语,自然也就不能与"起来"结合。

用于基本意义的"冷"与"下来"是否能结合?看下面例子:

⑧?十一月了,天冷下来了。

最好说:

十一月了,天冷起来了。①

但下面的句子没有问题:

⑨ 这接踵而来的打击,使他的热情很快就冷下来了。

又如,不能说:

⑩ *吃了几个月药,她的头发真的黑下来了。

应该说:

吃了几个月的药,她的头发真的黑起来了。

但下面的句子没有问题:

⑪ 七点了,天完全黑下来了。

"下来"只与负向形容词结合,说明它表示由动向静、由强向弱的负方向变化。

"起来"可以结合的形容词既可以是正向的,也可以是负向的。即它既可以表示状态由静向动、由弱向强的正方向变化,也可以表示方向相反的负方向变化。但我们发现,在实际语言中,"起来"更经常、更多的是表示正方向的变化。我们在400万字的语料中,对

---

① 笔者曾调查了一些北京人,对"天冷起来了"这个句子没有异议,都认为可以说;但对"天冷下来了"有不同意见,大多数人认为不说,少数人认为可以说。

"起来"与形容词的组合情况进行了统计。①

我们将形容词分为四类：A 类——正向基本意义的形容词,有些形容词没有正负方向的区别,如"疲乏、痛、具体、抽象"等也归入此类；B 类——负向基本意义的形容词；C 类——表示光线、声音、速度、人的情绪和态度等意义的正向形容词；D 类——C 类的反义词。统计结果如下：

A 类:317 例　　　　　B 类:48 例
C 类:41 例　　　　　 D 类:8 例

2　用于相同的负向形容词后时，"起来"与"下来"的区别

"起来"也可以与描写光线、声音等的负向形容词结合。那么同一个形容词与"起来""下来"结合时,是不是还有区别呢？

"起来"与一般形容词(正向、负向)结合时,主要表示一种合乎常规的变化,即表示顺应事理发展或合乎说话人预料的变化。如：

⑫ 这几年由于政策的落实,农民的生活一天天好起来。
⑬ 这几年他的脾气逐渐变得坏起来了。
⑭ 夏天了,天气热了起来。
⑮ 冬天了,天气冷了起来。

"起来"也可以表示不合常规的变化,这时句中常常包含有"倒""却""反而"或"突然""忽然"等副词,表示状态变化得不正常或出乎意料。如：

⑯ 很奇怪,他们吵了一架之后,关系倒亲密起来了。

---

① 所用语料为:曹禺《曹禺选集》,老舍《骆驼祥子》《老舍剧作选》,赵树理《赵树理文集》(一)(二),杨沫《青春之歌》,梁斌《红旗谱》,谌容《谌容中篇小说集》,高晓声《高晓声小说选》,苏叔阳《婚礼集》,蒋子龙《蒋子龙中篇小说集》,王安忆《王安忆中篇小说选》,邓友梅《邓友梅短篇小说选》,张洁《沉重的翅膀》,从维熙《从维熙中篇小说集》。

⑰ 他平时花钱十分节省,最近不知为什么,突然大方起来。
⑱ 已经六月初了,这几天却忽然冷了起来。

"起来"与表示光线、声音等意义的正向形容词结合时,主要也表示合乎常规的变化。如:

⑲ 电影结束了,剧场里的灯光亮了起来。
⑳ 他见对方有些退让了,口气又强硬起来。
㉑ 想到得意处,车子又快起来。

表示不合常规的变化时,常加"却""反而""突然"等。如:

㉒ 指挥大喊:"停!停!"不知为什么,合唱队员们的声音反而更加响亮起来。
㉓ 种种磨难,反而使他坚强起来。

但"起来"与描写声音、光线等意义的负向形容词结合时,只能表示不合常规的变化。如:

㉔ 圆圆反倒平静起来,她觉得不再从感情上欠这个家庭什么,要是没有这个大爆炸,她倒真有点犹豫,不好说走便走的。

这是张洁《沉重的翅膀》中的一段话。圆圆憎恶她虚伪的家庭,在挨了她称为"虐待狂"的妈妈一记耳光——"大爆炸"之后,她立即宣布离开这个家。按常理她内心是极不平静的,但圆圆反倒平静了——她终于下了离开家的决心,这就是用"起来"的原因。上述句中的"起来"如改为"下来",便大大失去了表现力。

㉕ 一阵风过去,天暗起来。

这是老舍《骆驼祥子》中的一句话。写的是六月里热得发狂的一天中午,祥子刚拉上了一个买卖,天就突然变了——天空布满了墨似的乌云,中午一点钟天便昏暗了,这是一种不合常规的变化,所以语言大师老舍准确地用"暗起来"描写此时的天色变化。而通常"暗起来"是用来描写傍晚天色变化的。

相反,"下来"与负向形容词结合时,只能表示合乎常规的变化。如：

㉖ 掌声停了,会场安静下来。
㉗ 他大吼一声,吓得她的手软下来。

这样,当与表示声音、光线等意义的形容词结合时,"起来"与"下来"的分工就明确了：

正向形容词＋"起来"——合常规变化
负向形容词＋"起来"——不合常规变化
正向形容词＋"下来"——句子不成立
负向形容词＋"下来"——合常规变化

因此下列句子中的"起来"与"下来"不能互相替换：

㉘ 掌声停了,人们都静了下来。（负向,合常规）
　＊掌声停了,人们都静了起来。
㉙ 太阳出来了,房间里又亮起来。（正向,合常规）
　＊太阳出来了,房间里又亮下来。
㉚ 他心里着急,朝马狠狠抽了两鞭子,马反而跑得慢起来。（负向,不合常规）
　？他心里着急,朝马狠狠抽了两鞭子,马反而跑得慢下来。
㉛ 盛气反而使他沉稳起来。（负向,不合常规）
　？盛气反而使他沉稳下来。

例㉚、㉛包含"下来"的两个句子,如果不认为不成立,至少在表示"不合常规"这个意思上,不如用"起来"的句子更富于表现力。

3 "起来""下来"与状态终点的关系

"下来"表示由强至弱或由动至静的变化时,可以表示新状态的开始。如：

㉜ 铃声响了,教室里开始静下来了。
㉝ 马跑累了,速度逐渐慢下来。

㉞ 他努力克制自己,使情绪慢慢稳定下来。

"下来"还可以表示新状态达到终点。如:

㉟ 铃声还没响,教室里却完全安静下来了。
㊱ 还不到六点钟,天却完全黑下来了。

表示状态变化达到终点时,形容词前可以加上"完全"作修饰语。

"起来"则不然,只表示状态的开始,即表示进入新的状态,不能表示状态达到终点,所以例㉟、㊱中的"下来"不能用"起来"替换:

㉟' *铃声还没响,教室里却完全安静起来了。
㊱' *还不到六点钟,天却完全黑起来了。

(原载《世界汉语教学》,1987年第1期,有改动)

十四　用"吗"的是非问句和正反问句用法比较

是非问句和正反问句是结构形式不同的两种疑问句。这两种疑问句除结构形式不同之外,还有什么区别吗?吕叔湘先生在《通过对比研究语法》一文中曾比较过这两种疑问格式:"a)你会说日本话吗? b)你会说日本话吧? c)你会不会说日本话? 三个问句一个内容,但是前两句有倾向性,a)倾向于怀疑,b)倾向于肯定,只有 c)是实事求是的询问。"①王力先生在 1981 年哈尔滨全国语法和语法教学讨论会上也谈到这两种疑问句:"'昨天他来了吗?''昨天他来了没有?'这两句问话是不是一样的?从前我以为这两句话意思一样,近年来才考虑懂了,其实意思不一样。语法书上很少跟你辨别这两个句子,在什么情况下你问这个,在什么情况下你问那个。这个最重要,没有讲。应该说,我要问你:'昨天他来了吗?'心里假定大概是来了。'昨天他来了没有?'那纯粹是疑问,我不知道,不能假定他来了没有。"②吕叔湘先生和王力先生谈的都是有关这两种问句的用法问题。为什么吕叔湘先生和王力先生的意见有同有异?本文就试图对这两种疑问句在用法上的异同做一些比较分析。

我们把"倾向"或"心里假定"叫作意向,即句意倾向。具体地说,意向是问话人在问话时对答案的倾向性,即心中已有(或估计

---

① 吕叔湘(1977)通过对比研究语法,《语言教学与研究》编辑部《语言教学与研究》(第 2 集),北京:北京语言学院出版社。

② 王力(1982)关于汉语语法体系问题,全国语法和语法教学讨论会业务组《教学语法论集——全国语法和语法教学讨论会论文汇编》,北京:人民教育出版社。

出、推测出)答案或没有答案。如果有答案,答案是肯定的还是否定的。有时问话人不是真正询问,而另有目的,这种非询问性的目的,我们也看作意向。弄清楚不同问句的意向,也就会清楚什么时候该用什么问句了。

1 是非问句的意向

是非问句主要有三种形式:(1)肯定的陈述句后加"吗",我们用"S吗"表示;(2)否定的陈述句后加"吗",我们用"S(不/没)吗"表示;(3)陈述句加疑问语调。第三种句式我们将另文讨论。本文只讨论前两种句式。

1.1 "S吗"问句

从总体来看,"S吗"问句的询问功能不及正反问句。在形式上,"S吗"问句是先说出一个肯定的陈述句,这就使这种问句较多地倾向于有肯定性的答案。但说话人毕竟没有把握,所以加上一个表示疑问的语气词"吗",表示疑问。"S吗"问句的意向有三种情况:(1)问话人预先有倾向性的答案,问话的目的是从对方得到答案;(2)答案对问话人并不重要,或问话的目的不是求得答案,而是另有目的;(3)问话人预先没有倾向性的答案,问话的目的是从对方得到答案。这正是吕叔湘先生和王力先生对该句式的意向结论不同的原因。在(1)(2)两种情况下,只能用"S吗"问句,不能用正反问句。在(3)的情况下,如果不考虑语气方面的差异而且结构又容许,"S吗"问句可以用正反问句替换。

1.1.1 问话人预先有倾向性的答案。有以下几种情况:
(1) 按常规、常理推测出答案。如:

① (擦着眼镜,走到左边饭厅门口)这儿有人么?(曹禺)

按周家的规矩,仆人总要在"这儿"伺候的,所以一般"有人么"这句话不宜改成"这儿有没有人?"

② 方凌轩:松年,你记得《本草》里有一味草药叫卷柏的吗?

郑松年：记得,又叫万年松,长生草。(苏叔阳)

方凌轩为老中医,郑松年为其得意门生,按常理郑松年会记得卷柏这味草药。如方凌轩问："你记不记得《本草》里有一味草药叫卷柏的?"就等于低估了郑松年的记忆力。

③（在院中）永福哥在家吗?（老舍）

这是在"永福"家的院子里叫,按常理人们在某些时间是在家的。

④ 说我不爱她吧,我至今还老想起她。……说我爱她吧,可她一提出要和我离婚,我马上心里就松了口气,好像有个声音在说："到底她说出来了,终于解脱了。"你,觉得奇怪吗?（苏叔阳）

说话人认为按常理自己这种"终于解脱了"的心理是令人奇怪的。这句话也不宜改成"……你觉得不觉得奇怪?"

以上各句答案是倾向于肯定的。以下各句答案倾向于否定,怀疑。如：

⑤ 苦的事你成么?（曹禺）

这是周朴园在问他长期过着舒服日子的长子周萍,他对周萍能不能吃苦持怀疑态度。如改成"苦的事你成不成?"就纯粹是在询问,表达不出怀疑的心理。下面的句子也表达问话人怀疑的心理：

⑥ 你看,咱们还出得去城吗? 洋兵可是快到啦,千真万确!（老舍）
⑦ 大婶,我爸爸叫您走吗?（老舍）

下面的句子是问话人明知故问,答案也是否定的：

⑧ 赵　春：有关东糖吗?!
　　老售货员：几儿啊（当时是 1977 年国庆节——笔者）? 老爷子,就卖关东糖?!

赵　春：我送他二两，把他嘴粘上！（苏叔阳）

关于答案是倾向于肯定还是否定、怀疑，我们初步分析与以下几个因素有关：

Ⅰ. 句中有能愿动词"能""会""肯""敢""可能"等或含有可能补语（肯定形式）以及副词"真（的）"等时，句意倾向于否定、怀疑的较多。如：

⑨ 我问你养得活我么？（曹禺）
⑩ 他有一套证据！他说：女的能卖肉吗？能卖鱼吗？能卖菜吗？能卖西瓜吗？能搬大油桶吗？能取货送货吗？（老舍）
⑪ 他会来吗？（丁一三）
⑫ 可是，尽管你练会推车子，你张得开嘴吆喝吗？（老舍）
⑬ 你真地相信爹就不会回来么？（曹禺）
⑭ 真送到车站了么？（曹禺）

包含"以为"的句子，答案总是倾向于与问话的句子在肯定否定方面相反的。如：

⑮ 你以为他不是我哥哥吗？（意向为"是"）
⑯ 你以为他们都拥护你吗？（意向为"不拥护"）

Ⅱ. 语调的作用。

如果谓语只由一个词充任，按正常语调发音时，句意可能倾向于肯定、否定或不定。把原来已在谓语上的重音再加重、发音加长时，句意就倾向于否定。如：

⑰ 今天下午有电影，你看吗？（正常语调）
　　今天下午的电影，你'看吗？（加重加长，怀疑）
⑱ 这本书好吗？（正常语调）
　　这本书'好吗？（加重加长，怀疑）

如果谓语包括不止一个成分，句重音不在谓语中心词上时，句意倾向可能是肯定、否定或不定；重音在谓语中心词上而且又加重

加长时,句意倾向于否定、怀疑。如:

⑲ 她念过'书么?
   她'念过么?(怀疑)
⑳ 这儿姓'鲁么?
   这儿'姓鲁么?(怀疑)
㉑ 你'爸爸叫你走吗?那你就走吧。
   你爸爸'叫你走吗?(怀疑)

句重音如果在状语上,句意就倾向于怀疑、否定,而且怀疑、否定的焦点在状语上。如:

㉒ 你'跟他走吗?
㉓ 你'仔细看了吗?

Ⅲ. 意向为否定的句子排斥某些语法形式、语法现象的出现。即有些语法形式、语法现象,只能出现在意向为肯定或不定的句子中。如:

㉔ 四凤有什么不检点的地方么?(曹禺)(肯定或不定)
   *四凤'有什么不检点的地方么?
   四凤'有不检点的地方么?(怀疑)
㉕ 你想'看看吗?(肯定或不定)
   *你'想看看吗?
   你'想看吗?(怀疑)

(2) 从上下文或语境推测出答案。如:

㉖ 齐凌云:等等,玉娥! 我看那怪麻烦的!
   宋玉娥:你有什么简便的办法吗?(老舍)(肯定)
        ? 你有没有什么简便的办法?
㉗ 王福升:四爷,您瞧,小翠跟您飞眼呢。
   胡　四:是么? 小东西看上了我么?(曹禺)(肯定)
        *小东西看上我没有?

＊小东西看上我没看上我？
㉘ 肖三郎:你负伤了吗？（丁一三）（肯定）
　　　＊你负没负伤？
　　　＊你负伤了没有？
㉙ 李桂珍:(上)小平！小平！
　　……
　　平海燕:有事吗？大妈！（老舍）（肯定）
　　　＊有没有事？大妈！
　　　＊有事没有？大妈！
㉚ （天上鸽群的竹哨响,恬适而安闲。）
　　屋内文清的声音:鸽子都飞起来了么？（曹禺）（肯定）
　　　＊鸽子都飞起来了没有？

(3) 根据对对方的了解,预测出答案,以用"S吗"为宜。如:

㉛ 请您让我谢谢,可以让我同你们照张相吗？我将会永远想起你们和我们的祖国。（苏叔阳）（肯定）

问话人为海外华侨,他知道国内同胞一般不会拒绝他的这一要求。

㉜ 吴萍:您想听听我的故事吗？
　　贾川:嗯？……好。（苏叔阳）（肯定）

对处于逆境的贾川怀有同情心的吴萍知道,贾川不会拒绝听关于她的身世的故事。

例㉛、㉜都不宜改作"V不V"问句。

1.1.2　问话人已知答案,问话是为了证实;或问话的目的不是从对方得到答案,而是另有目的,答案对问话人并不重要。

(1) 以问话方式提醒或告诉对方某事,并不一定要求回答。如:

㉝ 你忘记了在这屋子里,半夜,你说的话么？（曹禺）
　　你忘(记)没忘(记)在这屋子里,半夜,你说的话？（语意不同）

㉞ 呃,爸爸有一点觉得自己老了。你知道么?(曹禺)
　　? 呃,爸爸有一点觉得自己老了。你知道不知道?
㉟ 这叫青春的欢乐,懂吗你?(苏叔阳)
　　这叫青春的欢乐,＊懂不懂你?

(2) 以问话的方式来证实某种情况,答案往往是已知的。如:

㊱ 施惠东:(感动地)新玲!(坐在那里,伸出手去)
　　　　〔何新玲猛地跨近一步,把他的头搂在自己的怀里。
　　　　沉默。〕
　　何新玲:(颤抖着声音,轻轻地)爱我吗?(苏叔阳)
　　　　＊爱不爱我?
㊲ 这儿姓鲁么?(曹禺)
　　? 这儿姓不姓鲁?

当一个人根据已知信息找到自己认为是正在找的处所时,总会按例㊲的方式发问。

㊳ 愫　方:您要的参汤!
　　曾　皓:我要了么?(曹禺)
　　　　＊我要没要?
　　　　＊我要了没有?
㊴ 李石清:……金八的秘书丁先生要找你说话。
　　潘月亭:(忙接电话)喂,丁先生么?(曹禺)
　　　　＊喂,是不是丁先生?

(3) 问候及应酬性的问话,答案对问话人来说是不重要的。如:

㊵ 梁晨,最近好吗?(苏叔阳)
　　梁晨,? 最近好不好?
㊶ 平海燕:大叔抽烟吗?(礼让)
　　　　? 大叔抽不抽烟?
　　王仁利:抽!抽!我这儿有!(老舍)

问候及应酬性的问话所以用"S吗"问句,正是因为这种句式答案通常是倾向于肯定的。问话人用这种问句问候,表现了对对方境况的良好预测,会使对方愉快;用于应酬则表示希望对方接受自己的请求。如用"V不V"句式,就收不到这个效果,如例㊶。应酬时,一般用比"S吗"意向更为肯定的"S吧"问句。如:

㊷ 主　　人:吃点儿水果吧?
　　　　　　? 吃不吃点儿水果?
㊸ 主　　人:坐会儿吧?
　　　　　　? 坐不坐会儿?

例㊷、㊸中的正反问句,会使客人觉得主人无诚意而拒绝请求。

(4) 反问句

反问句表示所说的事实是毋庸置疑的,自然有答案,也无须回答。如:

㊹ 你有权利说这种话么?(曹禺)
　　* 你有没有权利说这种话?
㊺ 您比谁不精明,我敢撒谎吗?(老舍)
　　* 您比谁不精明,我敢不敢撒谎?

1.1.3　问话人预先没有倾向性的答案,问话的目的是从对方得到答案。如:

㊻ 你看我的脸脏么?(曹禺)
㊼ 药还有么?(曹禺)
㊽ 喂,……你能来一会儿吗?(老舍)

如果不考虑语气方面的差别,例㊻—㊽可以改用"V不/没V"反问句:

㊻' 你看我的脸脏不脏?
㊼' 药还有没有?

㊽’ 喂……你能不能来一会儿？

1.2 “S(不/没)吗”问句

在形式上，“S(不/没)吗”问句是先说出一个否定的陈述句，引出一个否定性的事实，但说话人怀疑这个事实的真实性，所以加上一个疑问语气词“吗”表示怀疑、询问。所以“S(不/没)吗”问句实际上是表达说话人的观点、看法，往往含有“(按常理)应该”，“我认为会”之类的意思。如：

㊾ 克大夫还在等着，你不知道么？(曹禺)
(意为：你应该知道。)
㊿ 霆，你一点不知道你是个大人么？(曹禺)
(意为：你应该知道……)
(51) 妈，您不说我么？(曹禺)
(意为：我担心您会说我。)
(52) 你，你不累吗？(老舍)
(意为：我估计你累了。)
(53) 王福升：要不，您听着：——(正要念下去——)
陈白露：你没有看见这儿有客么？(曹禺)
(意为：你应该看见这儿有客。)

因为“S(不/没)吗”问句的意向确定，所以当问话人对答案一无所知而想从对方得到答案时，不能用这种问句。如：

(54) 同志，请问你知道邮局在哪儿吗？
* 同志，请问你不知道邮局在哪儿吗？
(55) 书店有《子夜》吗？我想买一本。
* 书店没有《子夜》吗？我想买一本。

正因为“S(不/没)吗”问句与“S吗”问句意向不同，所以不能用“S吗”问句替换“S(不/没)吗”问句。如：

(56) 可是，你不怕旁的女人追他么？(曹禺)
* 可是，你怕旁的女人追他么？(句意不同)

(57) 曾瑞贞：找爹！找他去！
愫　方：为什么要找呢？
曾瑞贞：你不爱他么？（曹禺）
　　*你爱他么？

2　正反问句的意向

首先就正反问句的结构形式做两点说明：

（1）正反问句有“V不/没V”与“V不/没有”两种形式。表示已然动作时，“V没有”为常见式，“V没V”为少见式；表示未然动作时，“V不V”为常见式，“V不”为少见式。我们统计了以下几位作家的剧本，情况如下表：

表 14-1

	V不V	V没V	V没有	V不
曹禺《曹禺选集》	17	0	34	12
老舍《老舍剧作选》	38	0	55	0
苏叔阳《苏叔阳剧本选》	20	0	16	1
丁一三《陈毅出山》	6	0	3	0
从深等《间隙和奸细》	10	1	14	1

在“V没V”中，我们没有列入V为“有”的情况，因为“有”只能用“没”否定，应属“V不V”。如：

(58) 你没查查老户口册子，王家有没有这么个王仁德？（老舍）
(59) 有没有新任务？（从深等）

这样的句子共有6个：老舍1，苏叔阳1，从深等4。当“有”后有宾语时，也往往采用“V没有”式。如：

(60) 所长，有消息没有？有没有？我……（老舍）

只有黑龙江作家丛深等的《间隙和奸细》中有一句 V 不是"有"的：

㉛ 看没看见有谁进这屋里来？（丛深等）

我们知道黑龙江话正反疑问句用得有些特殊，可以只反复双音节词的第一个音节，如"应不应该""漂不漂亮"。在这些剧本中只有丛深等用了一个与众不同的句子，可能与方言有关。虽然我们并不认为北京话不容许"看没看""吃没吃"这种形式存在。

（2）"V"包括带宾语、补语及表示曾然体的"过"等。构成"V 不/没 V"问句时，宾语与补语等可重复也可以不重复。范继淹《是非问句的句法形式》一文曾做过细致描写。[①] 如未然体：

  a. 你拿走行李不拿走行李？
  b. 你拿走不拿走行李？
  c. 你拿不拿走行李？
  d. 你拿走行李不拿走？
  e. 你拿走行李不？

曾然体：

  a. 他治好过肺癌没治好过肺癌？
  b. 他治好过没治好过肺癌？
  c. 他治好没治好过肺癌？
  d. 他治没治好过肺癌？
  e. 他治好过肺癌没治好过？

已然体：

  a. 他逮住兔子没逮住兔子？
  b. 他逮住没逮住兔子？
  c. 他逮没逮住兔子？

[①] 范继淹（1982）《是非问句的句法形式》，《中国语文》第 6 期。

d. 他逮住兔子没逮住？

在实际语言中人们总是喜欢用最简短的形式。

2.1 "V不/没V"问句

在形式上,用正反问句时先说出一个"V",紧接着说一个"不/没V",表明问话人不知道答案是"V"还是"不V"。因此通常情况下"V不/没V"问句,句意没有什么倾向性。问话人预先没有倾向性的答案,希望从对方得到答案。有时问话人预先有自己的答案,但想了解对方的观点,希望对方说出答案。这正是吕叔湘先生说正反问句"是实事求是的询问",王力先生说"纯粹是疑问"的原因。如：

㉖ 露露,你说他还来不来？(曹禺)
㉗ 小柱儿拿出来不拿出来？(曹禺)

如果不考虑语气上的差别,上述句子可用"S吗"问句替换：

㉖'露露,你说他还来吗？
㉗'拿出来吗？

"V不/没V"问句除了询问之外,还有特殊的表达功能。这是"S吗"问句所不具有的。

(1) "V不/没V"问句适于表达问话人急于知道答案的迫切心情。如：

㉞ 王新英：所长,有消息没有？有没有？我……(老舍)
㉟ 何 贵：(糖葫芦)有点儿粘牙。
　　严大爷：不能。往下咬,要粘牙,你啐我脸上。好吃不好吃？
　　　　　(手指头差点儿戳到何贵鼻子上)(苏叔阳)

(2) 追问、逼问。

㊱ 江 泰：……我屋旁边那土墙要塌了,你们想收拾不(想)收拾？(曹禺)(逼问)
㊲ 要账的甲诮骂的声音：你们给钱不给钱！(曹禺)(逼问)
㊳ 学生甲：还您！……怎么样,您借不借？(苏叔阳)(威胁)

上述句子如改成：

㊻'……你们想收拾吗？①

㊼'你们给钱吗？

㊽'怎么样,您借吗？

上述例句就不是追问、逼问了。

因此,当句中有表示追问的"究竟""到底"时,可以用"V不V"问句,但不能用"S吗"问句。② 这正说明这两种句式表达功能的差异。如：

㊾ 大奶奶,您说人家究竟肯不肯缓期呀？（曹禺）

⑰ 你今天究竟走不走？（曹禺）

㊶ 师兄们,到底咱们想打痛快仗不想？（老舍）

㊷ 可是,告诉我一句话,到底能找到不能？（老舍）

如果"S吗"与"V不V"问句连用,通常总是先说"S吗",后说"V不V",表示追问,表示问话人急于知道答案,如：

㊸ 告诉我,明天你来吗？来不来？

㊹ 我写得好吗？好不好？你说呀！

（3）要求对方表态。

㊺ 我猜呀,那位胖胖的也许是商业局的副局长！你信不信？（老舍）

㊻ 尤师傅,真要把你调去当教员,你愿意不愿意呀？（老舍）

在集会或人群中演说,当说话人想使听众接受自己的意见、看法,以起到鼓动作用时,常用这种句式。如：

㊼ 高永义：乡亲们,……教堂该烧不该？（老舍）

㊽ 陈　毅：现在,我要带领着你们克服敌人造成的这个最大的

---

① 原文为："……你们想收拾不收拾？"

② 见吕叔湘（1980）《现代汉语八百词》,北京：商务印书馆,第279、128页。

困难,你们赞成不赞成?!

〔战士们喊:"赞成!"〕(丁一三)

上述句子如改用"S吗"问句,鼓动性就大大减弱了。

(4) 反问句,也是让对方表态,同意自己的看法。如:

⑦⑨ 贾老师,你说国良冤不冤?判了三年!(苏叔阳)

⑧⓪ 人家搂钱,我挨骂,您说我冤枉不冤枉!(老舍)

⑧① 当初打算把姐姐现在的丈夫介绍给小姨子儿,寒碜不寒碜?(苏叔阳)

例⑦⑨—⑧①可以改为用"S吗"表示的反问句,但谓语要改为否定的:

⑦⑨′ 贾老师,你说国良不冤吗?判了三年!

⑧⓪′ 人家搂钱,我挨骂,您说我不冤枉吗!

⑧①′ 当初打算把姐姐现在的丈夫介绍给小姨子儿,不寒碜吗?

但"S吗"反问句与"V不V"反问句相比,语气似不同。我们感觉"S吗"反问句语气十分肯定,表示说话人认为自己的看法是毋庸置疑的。而"V不V"反问句常有"你说"或可以加上"你说",意在让对方同意自己的看法,同时常常含有同情、得意、委屈、蔑视、不满、讥讽等感情、情绪。

2.2 "S没有"问句

"S没有"问句的意向与"V不V"问句接近。问话人一般不知道答案,想从对方得到答案。如:

⑧② 喂,我问你,牧之,八爷这两天买什么公债没有?(曹禺)

⑧③ 卫大嫂!你考上没有?(老舍)

⑧④ 战士们的情绪稳定下来没有?(丛深等)

⑧⑤ 手术前你做过检查没有?(苏叔阳)

上述句子如不考虑语气上的差别,可以用"S吗"问句替换:

⑧②′ ……八爷这两天买什么公债了吗?

㊺'卫大嫂！你考上了吗？

"S没有"问句表达功能与"V不V"接近。

（1）追问、逼问。

㊻ 究竟文清走了没有？（曹禺）

㊼ 你今天晚上要是再没有客，明天早上甭见我。听见了没有？（曹禺）

上述句子如改用"S吗"问句，就不是追问、逼问了。

（2）用来提醒、指示。

㊽ 我想大哭一场！看见我这身衣裳没有？我还像个人吗？（老舍）

㊾ 瞧见没有？什么东西都往那儿藏。（苏叔阳）

（3）用于训斥、指摘（反问句）。

㊿ 姐，你有良心没有？（苏叔阳）

㉑ 我们厂子那帮小青年儿，有一个正经干活儿的没有？（苏叔阳）

㉒ 拿工资？俩多月了，她给过我一分钱没有？（老舍）

㉓ 你想想，天下还有这么欺负人的没有？（老舍）

2.3 "V不"问句

"V不"问句是一种十分口语化的现象。它本来是表示未然情况的，但有的作家也用它表示已然的情况。如：

㉔ 那么你想要新妈妈不？（曹禺）（未然）

㉕ 这开水你要不？（曹禺）（未然）

㉖ 你喜欢愫小姐做你的妈妈不？（曹禺）（未然）

㉗ 我去瞅瞅孙少爷书背完了不？（曹禺）（已然）

㉘ 你说袁先生今天看出来不？（曹禺）（已然）

谓语动词为"有"的，也有这种形式：

㉙ 您瞅，有这种傻人不？（曹禺）

"S不"问句表示未然事件时，意向与"V不V"问句接近，表示已然事件时,与"V 没有"接近,只是语气缓和些。

3 用"吗"的是非问句与正反问句语气比较

当两种问句都真正表示询问时,总的来说是非问句比正反问句语气要缓和、客气。比较:

⑩ 你忘了,我虽然比你只大几岁,那时,我总还是你的母亲,你知道你不该对我说这种话么?(曹禺)
……你知道不知道你不该对我说这种话?
⑪ 你认识我吗?
你认识不认识我?(曹禺)
⑫ 好看吗?(苏叔阳)
好看不好看?
⑬ 萍,你别这样待我好吗?
萍,你别这样待我好不好?(曹禺)

正因为如此,"S 没有",例如"听见了没有",常用于训诫;"V 不 V"常用于追问、逼问。

此外,语调对语气也起十分重要的作用。如果说话节奏快,发音力度大,全句的音节,特别是句末的非轻声音节调值相对降低,语气就直率、不客气;反之,如果说话节奏慢,发音力度小,全句音节,特别是句末非轻声音节调值相对升高,语气就缓和、客气些。

4 用"吗"的是非问句与正反问句结构比较

与"S 吗"问句相比,"V 不/没 V"问句结构上受的限制比较大,"V 没有"问句也受一定的限制。

(1)谓语动词前有副词"都""又""真"时,只能用"S 吗"问句。例如:

⑭ 太太,把这三件雨衣都送到老爷那边去么?(曹禺)

＊太太,把这三件雨衣都送不送到老爷那边去?
⑩⑤ 他又喝醉了么?(曹禺)
　　＊他又喝没喝醉?
　　＊他又喝醉没有?
⑩⑥ 真送到车站了么?(曹禺)
　　＊真送没送到车站?
　　＊真送到车站没有?

　　这是因为"如果有副词修饰动词而疑问点在副词,副词要跟着动词反复"①,即:

⑩④' 太太,把这三件雨衣都送到老爷那边去不都送到老爷那边去?
⑩⑤' 他又喝醉没又喝醉?
⑩⑥' 真送到火车站没真送到火车站?

　　但这种句子太冗长拗口,所以实际语言中很少见。此外"又""真""都"等词的词义本身也决定这种问句的意向有倾向性,使其排斥正反问句。

　　句中包含"是……的"结构的,也排斥正反问句,可以用"S吗"问句。如:

⑩⑦ 你是昨天买的车票吗?

　　这种句子的疑问焦点在"是"后面的成分上,提问时除了可用"S吗"问句外,还可以用"是不是":

⑩⑦' 你是不是昨天买的车票?

　　(2)谓语动词前有"也""这么(样)""还是"等时,也要用"S吗"问句。如:

⑩⑧ 他也同意你派人上环山镇吗?(丛深等)

---

① 见吕叔湘(1985)疑问·否定·肯定,《中国语文》第4期。

＊他也同意不同意你派人上环山镇？
⑩ 你这么相信你的魔力么？（曹禺）
＊你这么相信不（这么）相信你的魔力？
⑩ 我这样累你么？（曹禺）
＊我这样累（你）不（这样）累你？

这是因为"也""这么（样）"等词的词义本身表明说话人预先已对答案有明确的倾向，所以排斥正反问句。

（3）谓语动词前有作为疑问焦点的介词短语或描写性状语时，通常不能只反复谓语动词构成正反问句[①]，可采用以下几种形式：

a."S 吗"问句
b."S 没有/不"问句
c. 用"是不是"
d. 反复介词或描写性状语

比较：

⑪ 你′跟他好吗？
　你′跟他好不？
　你是不是跟他好？
　你跟不跟他好？
　＊你′跟他好不好？
⑫ 你们从′明天开始放假吗？
　？你们从′明天开始放假不？
　你们是不是′从明天开始放假？
　＊你们从不从′明天开始放假？
　＊你们从′明天开始不开始放假？
　＊你们从′明天开始放不放假？

[①] 见吕叔湘（1985）疑问・否定・肯定，《中国语文》第 4 期。

⑬ 昨天他'在家学习了吗？
　　昨天他'在家学习没有？
　　昨天他是不是在家学习了？
　　昨天他'在没在家学习？
　　＊昨天他'在家学习没学习？
⑭ 你仔细检查了吗？
　　你仔细检查了没有？
　　你是不是仔细检查了？
　　？你仔细没'仔细检查？
　　＊你仔细检查没检查？
⑮ 以后你认真学习吗？
　　以后你认真学习不？
　　以后你是不是认真学习？
　　以后你认真不认真学习？
　　＊以后你认真学习不学习？

从以上例句可以看出正反问句适用范围较小，"S 不"也受一定的限制。

上述句子都可以反复整个谓语构成正反问句：

⑾' 你'跟他好不跟他好？
⑿' 你们从'明天开始放假不从明天开始放假？
⑬' 昨天他'在家学习没在家学习？
⑭' 你'仔细检查没仔细检查？
⑮' 以后你'认真学习不认真学习？

但较长的句子这样反复后冗长拗口，所以在实际语言中较少见。

（4）连动句、兼语句以及紧缩句以用"S 吗"为宜，有的可用"S 没有"。虽然连动句、兼语句可反复整个谓语构成"V 不/没 V"问句，但冗长拗口。比较：

⑯ 是，八字（都）拿去合了么？（曹禺）

是，八字(都)拿去合了没有？
　　是，八字(都)拿去合没(都)拿去合？
⑰ 藤萝架那边的电线，太太叫人来修理了么？（曹禺）
　　藤萝架那边的电线，太太叫人来修理没有？
　　藤萝架那边的电线，太太叫人来修理没叫人来修理？
⑱ 明天你吃了早饭就去吗？
　＊明天你吃了早饭就去不吃了早饭就去？

连动句、兼语句常常可以只反复第一动词构成"V 不/没 V"问句：

⑯'是，八字(都)拿没拿去合？
⑰'藤萝架那边的电线，太太叫没叫人来修理？

此外，以下几种情况也以用"S 吗"为宜，有的也可以用"S 没有"。
(1) 动词后加"(一)点儿"。如：

⑲ 你酒醒点了么？（曹禺）
　　你酒醒点了没有？
　？你酒醒没醒点？

(2) 动词后有结果补语"过"。如：

⑳ 克大夫给你母亲看过了么？（曹禺）
　　克大夫给你母亲看过没有？
　　克大夫给你母亲看过没看过？（意思不同，"过"为动态助词）

(3) 表示动作进行的"呢"。如：

㉑ 穿着哪吗？（老舍）
　？穿着哪没有？
　＊穿着哪没穿着呢？

正因为"V 不/没 V"问句有诸多结构上的限制，所以在实际语言中出现的频率大大低于"S 吗"问句。我们做了一个统计。因用"是不是""好不好""对不对""行不行"发问的句子意向都包含一定的倾向性，表达

功能与"S吗"问句接近,所以单独统计。统计结果如下:

表 14-2

	S 吗	S(不/没)吗	"是不是"等	S 没有/不	V 不/没 V
曹禺《曹禺选集》	114	57	18	46	17
老舍《老舍剧作选》	118	16	48	55	38
苏叔阳《苏叔阳剧本选》	111	49	21	17	20
丁一三《陈毅出山》	71	20	4	3	6
丛深等《间隙和奸细》	48	26	10	14	11

(原载《句型和动词》,语文出版社,1987年,有改动)

十五 动态助词"过₂、过₁、了₁"用法比较

通常认为,"我去过上海"中的动态助词"过"表示"过去曾经有这样的事情"[①]或"已有的经验"[②]。但它与所谓表示完成的"了"有什么不同?此外还有一个表示完毕意义的"过",在形式与意义上与上面的那个"过"以及"了"都有些纠葛。本文以表示经验的"过"为出发点,主要试图从用法方面说明它与表示完毕意义的"过"和表示完成的"了"的异同。我们沿袭成说,把上述三个词都看作动态助词,也按通常的习惯,把表示经验意义的"过"称作"过₂",把表示完毕的"过"称作"过₁",把表示完成的"了"称作"了₁",把另外一个表示出现新情况的"了"称作"了₂"。

1 "过₂"与"过₁""了₁"的语法意义比较

1.1 "过₂"的语法意义

我们把"过₂"的语法意义概括为曾然,即表示曾经发生某一动作或存在某一状态。如:

① 为了这个,我们还吵过一架。(谌容)

这个句子表示"我们"曾经"吵一架"。

既然是曾然,那就意味着现在已"不然",即现在已不再进行某

[①] 见吕叔湘(1980)《现代汉语八百词》,北京:商务印书馆,第216页。
[②] 同上,第217页。

一动作或不存在某一状态。如：

② ——一来三十年，你没后悔过吗？
——当然后悔过，特别是接到病休决定时，心慌意乱了好几天呵。"(《一九八三年中篇小说选》(第二辑))

这句话的意思是：某人曾经因为当了三十年兵而后悔，但现在不后悔了。

③ 他也像所有的知识青年一样想念过家么？想念过的。(《一九八三年中篇小说选》(第二辑))

这句话的意思是："他"曾经"想家"，但现在不想了。

④ (某连)荣获过"英雄善战，杀敌先锋"和"战斗模范连"的光荣称号。[①]

说这句话时，某连虽然还保留有"英雄善战，杀敌先锋"和"战斗模范连"的光荣称号，但绝不是正在"获得"，即"获得"这一动作必然已成为过去。这个句子后面完全可以加上一句"但那已是过去的事了"。

总之，表示某一动作曾经发生或某一状态曾经存在，但在说话时（即用"过$_2$"时）该动作已不进行，该状态已不存在，这就是"过$_2$"的语法意义。"过$_2$"的语法意义决定了它在用法方面的一些特点。

1.2 "过$_2$"与"了$_1$"语法意义比较

通常认为"了$_1$"表示动作的完成。[②] 我们想，把"了$_1$"的意义概括为"实现"也许更好一些。因为动词后用上"了$_1$"并不一定表示该动作已经完成。比如"这个会开了三天了，再有两天就闭幕了。"在这个句子里，"开"这个动作显然还没有完成，但该动作已经实现则是确定无疑的。

"过$_2$"与"了$_1$"在意义上不能说没有一点儿共同之处。比如，一

---

① 例句出自张晓铃(1986)试论"过"与"了"的关系，《语言教学与研究》第1期。
② 见吕叔湘(1980)《现代汉语八百词》，北京：商务印书馆，第314页。

一般来说已实现的动作状态都是已然的,曾然的动作状态往往是已实现的。但二者有区别:"了$_1$"不包括"曾经"的意思。因此用"了$_1$"后,句子不一定包含说话时该动作已不进行或该状态已不存在的意思。如:

⑤ 这件事他后悔了几十年,现在提起来仍然觉得很遗憾。

⑥ A:你昨天借的那本书看完了吗?

　　B:已经看了一半了,今天晚上就能看完。

至于表示将来完成的"了$_1$",就更不可能有"曾经"的意思了。如:

⑦ 你明年毕了业,分配了工作,我就放心了。

这个句子的两个"了$_1$",无论换上什么上下文,都不能用"过$_2$"替换:

⑦'＊你明年毕过业,分配过工作,我就放心了。

1.3 "过$_2$"与"过$_1$"语法意义比较①

"过$_1$"表示动作完结。如:

⑧ 可他又忍不住要想,那三场音乐会演过以后,会是怎么样呢?(蒋子龙)

⑨ 喝吧,吃了这个鸡;我已早吃过了,不必让!(老舍)

⑩ 每日都要发生一两桩纠纷。不过吵过了,也就罢了,不记仇,也不记教训。(王安忆)

⑪ 她洗过了脸,走进餐厅。(苏叔阳)

---

① "过$_1$"与"过$_2$"形式上还有以下区别:

A. "过$_2$"只能轻读,"过$_1$"可以轻读也可以重读。如:"我去过了,你不必去了。"

B. "过$_2$"与"了$_1$"不能连用,"过$_1$"与"了$_1$"可以连用。如:"他吃过了饭,正在休息。"(过$_1$,了$_1$)/"＊我去过了上海。"(过$_2$,了$_1$)

从意义上说,"过₁"只着眼于动作的完结①,与"曾然"义相去更远。在这方面"过₁"与"了₁"更接近些,所以"过₁"常常可以与"了₁"替换,如例⑧。在"过₁"与"了₁"同时出现时,往往可以去掉"过₁",有时也可以去掉"了₁",对意义没有什么影响。

⑨'喝吧,吃了这个鸡;我已早吃了,不必让。
⑩'每日都要发生一两桩纠纷。不过吵过,也就罢了,不记仇,也不记教训。
⑪'她洗过脸,走进餐厅。
  她洗了脸,走进餐厅。

不过,"过₁"与"了₁"还是有区别的:"过₁"表示动作完结,如动作仅仅是实现,尚未完结,就只能用"了₁",不能用"过₁"。如:

⑫ 这个会开了三天了,再有两天就闭幕了。
  *这个会开过三天了,再有两天就闭幕了。

上述两个句子如果没有后一分句,意思也不同:

⑬ 这个会开了三天了。("会"已持续了三天)
  这个会开过三天了。("会"已开完三天了)

至于"过₁"与"过₂"的区别,可以从"过₁"可用于未然动作,而"过₂"只能用于"曾然"(必然是已然)动作看出。如:

⑭ 咱们明天吃过早饭就出发。

这个句子中的"过"只能是"过₁",不可能是"过₂"。

2 "过₂"与"过₁""了₁"使用场合比较

2.1 在什么情况下说话人要谈到发生过什么动作或存在过

---

① "过₁"与充任补语的形容词"完"不同。"过₁"只着眼于动作的完结。"完"不仅着眼于动作的完结,还可以表示动作所涉及的事物的穷尽,如"他把钱花完了"。在"他刚吃完饭"与"他把米饭都吃完了"两个句子中,第一句的"完"表示动作"吃"完结,第二句中"完"表示"米饭"没有剩余,光了。

什么状态而用"过₂"呢？我们分析了600万字语料中的"过₂"后发现，说话人用"过₂"时，总是为了说明、解释什么。① 在实际语言中，包含"过₂"的短语、分句或句子（以下称"过₂句"）总是与另一个语意相关的短语、分句或句子（以下称"相关句"）相联系，有时"相关句"可能不出现，但听话人可以意会。如果没有一定的语言环境，孤立的"过₂句"在语意上是不能自足的。比如某剧场正在上演一出新戏，甲、乙二人商量着去看还是不去看，在一旁的丙这时说："这出戏我看过。"这句话显然不是丙想说的全部意思，而且也不是主要意思。甲和乙听了以后一定会问："好吗？"丙可能说："不错""好极了"或"不怎么样"。结果，丙的回答可能使甲、乙下了"看"或"不看"的决心，而这正是丙说"我看过"的目的。再比如甲想向乙了解上海的风土人情，如果他不知道乙是否有这方面的知识，一般他会先问："你去过上海吗？"乙可能回答："去过。"如果此后甲不说话了，乙会奇怪："你问我去没去过上海干吗？"这是因为"你去过上海吗？"这句话在上述语境中是个语意上不能自足的句子。实际上问话人想问的问题也在后边："那么你能给我介绍一下上海的风土人情吗？"

"过₂"句与"相关句"的关系是多种多样，我们可以概括地归为两大类。

2.1.1 通过曾发生或存在某一状态（"过₂句"）来说明一个事理（"相关句"）。不少"过₂句"与"相关句"存在明显的因果关系。其中有的有关联词语。如：

⑮ 我吃过媒人的亏，所以知道自由结婚的好。（老舍）

⑯ 小福子既是，像你刚才告诉我的，嫁过人，就不容易再有人要。（老舍）

---

① 所用语料为：曹禺《曹禺选集》，老舍《骆驼祥子》《老舍剧作选》，梁斌《红旗谱》，谌容《谌容中篇小说集》，高晓声《高晓声小说选》，苏叔阳《婚礼集》，王安忆《王安忆中篇小说选》，杨沫《青春之歌》，张洁《沉重的翅膀》，蒋子龙《蒋子龙中篇小说集》，邓友梅《邓友梅短篇小说选》，从维熙《从维熙中篇小说集》，一九八三年中篇小说选（第一辑），一九八四年中篇小说选（第一辑）（第二辑）。

⑰ 他一向没遇到过像曹先生这样的人,所以他把这个人看成圣贤。(老舍)
⑱ 按理说,他应当很痛快,因为曹宅是,在他混过的宅门里,顶可爱的。(老舍)

有的没有表示因果关系的关联词语,如:

⑲ 你是知识分子,喝过墨水,起出名字来一定好听。(从维熙)
⑳ 他觉得女人们都有些呆气,这一句话有一个女人也这样问过他。(曹禺)
㉑ 我从来没听过自己的作品,由一个正规的、编制完备的乐队演出过,这声音是这样的强壮、宏大,我惊住了。(王安忆)

上述句子都可以加上关联词语,表明其因果关系:

⑲'[因为]你是知识分子,喝过墨水,[所以]起出名字来一定好听。
⑳'他觉得女人都有些呆气,[因为]这一句话有一个女人也这样问过他。
㉑'[因为]我从来没听过……而且这声音是这样的强壮、宏大,[所以]我惊住了。

有的"过₂"似乎出现在表示结果的分句中,但实际上该分句在另一因果复句中表示原因。如(下面例句中括号里的词语为笔者所加):

㉒ 也许是他们瞧不起我这个木讷呆滞的"傻丫头",[所以]他们没有让我填表,也没有人问过我一句我的言行,[正因为如此]这是多么幸运哟!(苏叔阳)

有时用"过₂"的分句后接着一个转折关系的分句,但中间可补出一个表示结果的分句。如:

㉓ 关于爸妈的出身历史,这些日子老奶奶已经向孙子讲过不知多少遍了,但这个小小人儿似乎并不完全相信。(从维熙)

"但"前可插一句:"他应该相信了"。

㉔ 我代表党委找他谈过两次,再三表示挽留,可是没有用啊!(谌容)

"可是"前可以插"按说他该留下来"。

有些"过₂句"有丰富的"潜台词",即不出现"相关句",在一定的语境中听话人是可以意会的。如:

㉕ 大海,你是我最疼的孩子,你听着,我从来没这样对你说过话。你要是伤害了周家的人,不管是那里的老爷或者少爷,你只要伤害了他们,我是一辈子也不认你的。(曹禺)

这是鲁侍萍说的,她所以说"我从来没这样对你说过话",目的是要说明:自己下面要说的话十分重要,自己是十分严肃、认真地说的,所以大海应该特别重视。

㉖ 大妈,您修过沟吗?(老舍)

这是《龙须沟》中丁四对王大妈说的。丁四刚买了一身新衣服,因为他告诉卖衣服的他修过沟,并且是为了参加龙须沟落成典礼才特意买这身衣服,所以卖衣服的便很便宜地把衣服卖给了他。王大妈听说衣服便宜,也想买一身去,丁四就问了上面这句话。意思是:人家卖给修沟的人才便宜,您没修过沟,所以不会便宜地卖给您。

有的用"过₂"的句子,不表示明显的原因,而表示一种前提,另一分句表示由此前提做出的推论。如:

㉗ 亘古,黄河两岸曾发生过无数悲恸的故事,今天的故事,不过是昔日故事的续演……(《一九八四年中篇小说选》(第一辑))

"过₂句"说明第二分句所表示的事实——出现今天的故事——不是偶然的。

2.1.2 "过₂句"的作用在于说明人、事物及其间的关系。"过₂句"所表示的动作、状态一般是具体的,说话人通过这种具体的经历,说明较为抽象的事理——人的性格、品德、能力、地位等

等,以及人与人、人与事物间的关系。有时出现"相关句"。如:

㉘ 他流浪过、失业过,经历过残酷的战争,因为这他才更伟大了。(王安忆)

更多的是没有关联词语,但可以加上关联词语。如:

㉙ 他是有着那样一种命运的人,有过受尊敬的幸福,有过被鄙夷的痛苦,[所以]他懂得人需要尊严。(王安忆)

㉚ 你父亲是第一个伪君子,[因为]他从前就引诱过一个下等人的姑娘。(曹禺)

㉛ 这期间,郑江东批过他,骂过他,给过他处分,[所以按理他们的关系应该很不好,]可还是一个人似的好。(《一九八四年中篇小说选》(第一辑))

有的有"潜台词"。如:

㉜ 当初你爸爸也不是没叫人伺候过,吃喝玩乐,我哪一样没讲究过!(曹禺)

这是鲁贵对女儿四凤讲的一句话,意思是:所以你不应该看不起我,因为我当年也是阔人。

总之,通过过去曾发生过的动作或曾存在过的状态,来说明当前的人、事物、事理,这就是包含"过$_2$"的句子的表达功能。也就是说,"过$_2$"总是出现在说明解释性的句子中。

2.2 "过$_2$"与"了$_1$"使用场合比较

"了$_1$"也能出现在说明解释性的句子中。如:

㉝ 这种书我买了一本了,不买了。

㉞ 我今年去了一次上海,看到了那里的变化。

但"了$_1$"却不是只出现在说明解释性的句子里,它常出现在叙述进行某一具体动作的句子里。如:

㉟ "那,谢谢你!"赵云飞和小伙子换了位置。(蒋子龙)

㊱ 他默默地注视了她一会儿,退出了女宿舍。(《一九八三年

中篇小说选》(第二辑))

这种叙述性的句子,语意上是自足的,是不能用"过₂"替换的。

2.3 "过₂"与"过₁"用法比较

"过₁"具有特殊的表达功能,对语境有特殊的要求:"过₁"前的动词所表示的动作及所涉及的事物,必须是已知信息。这一点在对话中表现得最为明显:

㊲ 老套子盛上岗尖一碗山药粥,说:"大侄子你先吃,我就是这一个碗。"江涛两手捧着,把碗递给他,说:"我吃过了,大伯你吃吧!"(梁斌)

㊳ 呆了一会儿,他出神地望着我,轻轻地说,"我可以叫你阿娟吗?""你已经叫过了。"我点着头说。(苏叔阳)

例㊲的"吃""山药粥"及例㊳"叫""阿娟"在"过₁"出现时,对听说双方来说都是已知信息——上文已提及。

在叙述描写性的语言中,用"过₁"时,所叙述之动作与所及之物,必须在上文交代过。如:

㊴ 他要对他们讲的话都已经讲过了。(高晓声)

㊵ 现在,大家都发过言了。(谌容)

㊶ 哭过了,骂过了,抗议无效了;大伙儿也认命了。(王安忆)

例㊴在"过₁"前出现的"他要对他们讲的话"使动作——"讲"及所及之物——"话"成为已知信息;例㊵的上文是叙述"大家发言"的情况;例㊶上文交代过"大伙儿""哭了""骂了"。

"过₁"还经常出现在一定范围内是有规律性的动作动词后。例如,对每个人来说,一般每天吃三顿饭,早上要洗脸、刷牙,晚上要睡觉;在学校里,上下课要打铃;在公共汽车上乘客要买票;熟人见面要打招呼等。对听话人来说,在交代清楚语境之后,上述动作就不是陌生的,自然就属于已知信息,可以用"过₁"。如:

㊷ 吃过饭,老刘赶紧到五星一队去。(高晓声)

㊸ 下课了,打过铃了。(王安忆)

㊹ 略一颔首,便算打过招呼。(高晓声)

㊺ 时钟叮叮当当地敲过了十二点。(从维熙)

如果动作行为或动作行为所涉及的事物不是已知信息,就不能用"过$_1$"。比较:

㊻ 喂,小李,今天上午我买了一本特别有意思的书。

*喂,小李,有一本特别有意思的书我今天上午买过了。

㊼ 甲:你们昨天去哪儿了?

乙:昨天我们参观了一个钢铁厂。

*昨天我们参观过了一个钢铁厂。

又如,A、B、C、D四人刚刚填完表格,这时E走了进来。如果E知道填表之事,A等就可以对E说:"E,我们都填过了,你快填吧。"如果E不知填表一事,A等只能说:"E,这儿有一张表,是关于××的,每个人都得填,我们都填过了,你快填吧。"即要先使"填表"成为已知信息,才能用"过$_1$"。否则,E进屋之后,A等劈头就说:"E,我们都填过表了,你快填吧。"E肯定会莫名其妙:填表?为什么要填表?填什么表?……

从"过$_1$"要求这种特殊语境中,我们分析出了它的表达功能:表示听说双方已知的特定的动作行为已经进行了。比如甲让乙通知一件事,乙通知完之后告诉甲:"那件事我已经通知过了。"这就是"过$_1$"的典型用法。孔令达(1986)一文里所以得出"V'过$_1$'了$_1$N"比"V'了$_1$'N"(即加"过$_1$"与不加"过$_1$"相比——笔者)表示动作完毕的意味略微突出一些的结论①,张晓铃(1986)一文里所以得出"'过$_a$'(即'过$_1$'——笔者)和'了'连用增强了完毕的意思"的结论②,恐怕与我们这里所说的"过$_1$"的上述表达功能有关。只是以"突出""强调"来概括"过$_1$"的表达功能,似嫌笼统。

"过$_1$"与"过$_2$"的使用场合很不同,"过$_1$"与"了$_1$"相似,既可以

---

① 参见孔令达(1986)关于动态助词"过$_1$"与"过$_2$",《中国语文》第4期。

② 参见张晓铃(1986)试论"过"与"了"的关系,《语言教学与研究》第1期。

出现在解释说明性的句子里,如例㊲、㊳,也可以出现在叙述性的句子里,如例㊷、㊺;"过$_2$"所涉及的事物常常不是已知信息,如例㉒、㉚,而"过$_1$"所涉及的事物必须是已知信息。

此外,"过$_2$""了$_1$"在说汉语的人中是普遍使用的;"过$_1$"在北方受教育较低的阶层中较少使用。

3 "过$_2$"与"过$_1$""了$_1$"的句法结构特点比较

"过$_2$、了$_1$、过$_1$"的意义、功能,决定了它们在句法结构上也有不同之处。这里仅提出三点。

3.1 可以同现的动词和形容词

3.1.1 可以与"过$_2$"同现的动词和形容词

"过$_2$"可以结合的动词和形容词非常之广。不仅可以与动作动词、状态动词、形容词结合,有时还可以与系动词"是""姓",甚至能愿动词"会"等结合。例如:

㊸ 他从来没有这么虚弱过,这么力不从心过。(苏叔阳)

㊹ 他瘦削的面孔,高颧骨,尖鼻准,高鼻梁底下两只大眼睛,他从来没有胖过。(梁斌)

㊺ 甲:你会说英语吧?给我翻译一下这封信。

乙:你别拿我开心了,我什么时候会过英语?

㊻ 小张以前姓过王。

只有意义上能与"过$_2$"的意义——过去曾然,现在已不然——相配合的动词或形容词,后边才能用"过$_2$"。也就是说,只有一个动词或形容词所表示的动作或状态是可以改变的,后边才可以加上"过$_2$"。例如人的"跑""跳""坐""卧"等动作姿势是可以停止或改变的,花儿的颜色"红""黄"等是可以褪掉、变化的,人的感觉"高兴""痛苦"是可以改变的,所以上述动词、形容词后都可以用"过$_2$"。

什么样的动词、形容词后不能用"过$_2$"呢?

如果动词或形容词所表示的动作、状态是不可改变的,就不能用"过₂"。有以下两种情况：

（1）如果一个动词所表示的动作对当事者来说是必然的，而且在该事物存在期间只有一次，就不能用"过₂"。例如一个人必然要出生而且只出生一次，所以不能说"＊这个孩子去年出生过"。一次会议一般有开幕，而且只开幕一次，所以也不能说"＊这次会议开过幕"。"闭幕、出发、动身、毕业、上学、放学、开学"等均属此类。

与此接近的，如果一个动作所造成的状态是不可改变的、是永远要持续下去的，表示这种动作的动词也不能用"过₂"。例如一个人如果死了，就永远保持死的状态，所以不能说"＊他死过"。当然有时可以听到"他死过两次"。那么这里的"死"绝不是医学上判定的真死，而是假死，至于"他死过一个孩子"所以能说，是因为"死"的是"孩子"，一个人可以有几个孩子，"死"就可以不止一次。属于此类的动词还有"消逝、褪色"等。

（2）认知意义动词。认知意义动词表示的实际上也是一种不可改变的状态。比如一个人认识了另一个人，一般来说就不会不认识他了。一个人知道一件事，一般也不会变成不知道。"忘了"与"不知道"是两回事。所以一般不能说"＊我认识过他""＊这件事我知道过"。"了解（'知道得清楚'义）""晓得""懂""明白"等属于此类动词。

但在否定句里以上两类动词又可以与"过₂"同现。如："他从来没在这个学校毕过业。""我不知道这件事，也从来没知道过。"

至于在实际语言中为什么"他吃过饭""我睡过觉"之类的话很少听到，那是另外一类问题。"吃、喝、睡"等动词是可以与"过₂"结合的，如可以说"我吃过龙虾""上星期我没睡过一夜好觉"。"＊他吃过饭""＊我睡过觉"所以不说，是因为人人吃过饭，人人睡过觉，它们一般不具有说明解释的功能，即，是事理方面的原因造成此类句子很少出现。

虽然"过₂"可以与形容词结合，但在实际语言中用得较少。在我们600万字的语料中，"动词＋过₂"出现了990次，而"形容词＋过₂"只出现了6次，而且都在否定句中。系动词、能愿动词等也是如此。

3.1.2 可以与"过$_1$"同现的动词

由于"过$_1$"表示特定动作的完结,所以可以同现的都是表示具体动作的动词。比如"吃、喝、写、画、说、唱"等。在《普通话三千常用词表》(初稿)[①]所收的900多个动词中,只有400多个动词可以与"过$_1$"结合。

以下几类动词较难或不能与"过$_1$"结合:

(1) 非动作动词。如系动词,"是、像、成为";状态(包括心理状态、态度)动词,"生病、伤、长、死、醒、瞌睡、觉得、感动、佩服、同情、讨厌、误会、恨、抱歉、怪、害怕、心疼、害羞、满意、吃惊、伤心、忍耐、关心、担心、安心、放心、同意、允许、惦记、尊重、服从、拥护、赞成、失败、冲突、用功、发达、衰败、团结、联合、费、知道、晓得、懂、明白、认识、认得、免得、值得、认为、以为、相信、觉悟、迷信、怀疑、希望、失望、盼望、后悔、晴、阴"等;能愿动词,"能、会、愿意"。

(2) 不表示具体动作或由不止一个具体动作构成的动作动词。如"培养、依靠、前进、来往、交际、顾、理、接受、养活、工业化、进行、建筑、保护、吸取、批准、隐瞒、承认、改变、表现、预备、准备、防止、停顿、完成、贡献、确定、控制、应付、侵略、压迫、企图、克服、牺牲、俘虏、投降、复员、欺负、运输、教学、产生、变化、发展、继续、结束、停止、放手、放学、动身、犯、毕业、开幕、闭幕、发生、驾驶"等。

(3) 非自主动作动词,如"吐(tù)、咳嗽、打(呵欠)、丢、发现、打(闪)、打(雷)、上冻、结(冰)、化、落、飘、流、沉、着火、跌、爆发、发(火)、滚、断、塌、冒、发生、出现、遇见、看见、漏"等。有些非自主动作动词在叙述性语言中,当有后续句时,可以与"过$_1$"结合。如:

㉒ 他把家里人大骂了一通,火发过了,心里似乎痛快了一些。
㉓ 他忍不住吐了起来,吐过了,感到舒服了一点儿。

(4) 书面语色彩较浓的动词,如"著、踏、学习、埋葬、印刷"等,

---

① 中国文字改革委员会研究推广处(1959)《普通话三千常用词表》(初稿),北京:文字改革出版社。

较难与“过$_1$”同现。

大部分趋向动词，如“下、起、进、出、到”等不能单独作谓语，也不能只与“过$_1$”结合作谓语。如不能说“＊他进过了”。

动补式动词及动补短语，一般难与“过$_1$”结合，如不说“＊掏出过了”“＊写完过了”“＊站起来过了”。

形容词一般不与“过$_1$”结合。

3.1.3　可以与“了$_1$”同现的动词、形容词

大部分动词可以与“了$_1$”同现。下列几类动词一般不与“了$_1$”结合：

（1）系动词“是、像”。

（2）能愿动词。

（3）只能带谓词性宾语的动词，如“以为、认为、希望、主张、予以、装作、建议、值得、免得”等。

形容词较少与“了$_1$”结合，但当其后有表示时间、程度的数量词时，可以用“了$_1$”。如：

(54) 他的脸白了一阵子，又红了一阵子。

(55) 这双鞋大了一点儿。

非谓形容词不能与“了$_1$”结合。

3.2　可以同现的时间状语比较

在表示时间的状语中，可以分时间点与时间段。时间点又可分为确定的时间点，如“昨天、去年、三点半”；不确定的时间点，如“有一天、有时”。时间段如“从前、过去、以前、以后”等。与“过$_2$”同现的状语大多表示过去的一个时间段。如：

(56) 以前上过大学。（蒋子龙）

(57) 你父亲是第一个伪君子，他从前就引诱过一个下等人的姑娘。（曹禺）

如果不出现时间状语，就表示说话之前的某一时间点。如：

(58) 他说他得过什么博士硕士一类的东西。（曹禺）

(59) 在遥远的茫茫天际，任凭鲁小帆怎么回忆，也记不起在什么地方听到过这熟悉的声音了。（从维熙）

如果“过$_2$”前的动词表示不止一次动作，那么未出现的时间状语就表示说话前的一个时间段中不止一个时间点。如：

(60) 男子汉的嚎啕大哭她见过不少……（苏叔阳）

(61) 凡有北京货的地方我全去过，淘换了多少中国玩艺儿啊！（苏叔阳）

(62) 我还救过人命呢，跳河的，上吊的，我都救过，有报应没有？没有！（老舍）

在我们的语料中，不指明准确时间的“过$_2$句”共有 970 个。另外有 12 个句子的状语是“……时/的时候”，如：

(63) 你驻在这里的时候，到砖塔附近看过没有？（邓友梅）

这种状语实际上仍是表示一个过去的时间段中的一个或一些不确定的时间点。还有 3 例状语是“刚刚”“刚才”，以及 11 例真正表示确定时间点的状语，其中大时间点如“去年”“那年冬天”等 8 例，小时间点如“前天”“今早”等 3 例。如：

(64) 为什么？——我今早还说过，我愿意做你的朋友。（曹禺）

(65) 正值早春，两天前还飘过一阵小雪……（蒋子龙）

这种包含较近的准确时间状语的句子，“过$_2$”前的动词往往是已知信息（例(64)的“说”）或与已知信息有联系（例(65)的“飘”），即有特定的上文。这类句子常常是用来证实或反驳的，句中常有“确实”“还”之类的副词，表明确有其事，所以有必要指出准确的时间。

3.2.1　与“了$_1$”[①]同现的时间状语

最常与“了$_1$”同现的时间状语是表示确定时间点的时间词，在

① 我们不讨论包含结果意义的“了$_1$”，如“他把杯子打了一个”“你把水倒了吧”。

叙事中尤其如此。如：

㊻ 快十二点了，我吃完了那瓶酸奶往家走。(苏叔阳)
㊼ 这天下午院长领着四个人闯进了他的病房。(《一九八四年中篇小说选》(第二辑))

有时时间状语不在本句出现，但表示的时间点还是清楚的。如：

㊽ 给病人打了针，吃了药，输上液，院长又嘱咐了几句便领着医护人员撤走了。(《一九八四年中篇小说选》(第二辑))
㊾ 千百万群众在创造生活的劳动中，看似偶然爆发的事件，却代表了一种历史的必然。(《一九八四年中篇小说选》(第二辑))

例㊽动作发生的时间点上文已做了交代(见例㊼)，例㊾动作发生的时间点就是正在叙述中的事件发生的时间。

与"了$_1$"同现的时间状语在叙事中所以多表示确定时间点，是因为"了$_1$"表示动作的实现或完成，动作行为总是具体的，其实现的时间必然是确定的。

"了$_1$"也可以与表示不确定时间的状语同现，我们已发现如下三种句式：

(1) 在表示先后发生两个动作的句子中。如：

㊿ 他每天吃了睡，睡了吃，无所事事。
㊷ 什么时候复习完了功课，什么时候叫你出去玩。

(2) 动词后有数量词。如：

㊸ 那个地方去年我去了两次。
㊹ 到现在为止，我们一共学了两千生词。

(3) 句末有"了$_2$"或有后续句。如：

㊺ 甲：你决定调走了吗？
　　乙：已经打了报告了。

⑮ 这件事我已经通知了小李,你去通知小赵吧。

我们相信与不确定时间状语同现的"了$_1$"一定不限于上述三种句式。但可以肯定,"了$_1$"较难与表示一个时间段里的不确定时间点的状语同现。如:

⑯ *以前他去了一次上海。

⑰ ?从前我们班转来了一个学生。

3.2.2 与"过$_1$"同现的时间状语

"过$_1$"前的状语似乎比较自由,可以是表示确定时间点的时间词。如:

⑱ 我五点钟给他打过电话了,你不必打了。

但更经常的,"过$_1$"前不出现状语,表示的是一个不久的过去,不确定的时间点。如:

⑲ "喂,瑞贞,你怎么连你爹都不叫一声就走了。""叫过了。"(曹禺)

⑳ 我检查过了,怎么没有这些反革命宣传品?(从维熙)

也可以表示将来的一个不确定的时间点。如:

㉑ 你看过后,我相信会有个正确的态度。(苏叔阳)

3.3 可以出现的句式比较

"过$_2$"与"了$_1$""过$_1$"所能出现的句式有所不同,这里仅讨论较为典型的少数几种。

3.3.1 "过$_2$"不能在表示由一个施事者发出的、接连发生两个动作的"V$_1$+过$_2$+N(,)+V$_2$"句式中出现,如不能说:

㉒ *去年九月我去上海,以后又去了南京。

㉓ *我从来没吃完过饭就睡觉。

㉔ 甲:昨天你都去过哪儿?

乙:*早上九点去过图书馆,接着去过操场。

而"过$_1$""了$_1$"常在此种句式中出现。如：

⑧⑤ 脚卵洗了澡，来吃蛇肉。(《一九八四年中篇小说选》(第二辑))

⑧⑥ 她咽了口吐沫，把复杂的神气与情感似乎镇压下去……(老舍)

⑧⑦ 吃过午饭，国生愁眉不展往连生家跑。(高晓声)

⑧⑧ 荤菜从来不肯动，吃过了偷偷回自己家再吃。(高晓声)

3.3.2 "过$_2$"后可以加"一次""两天"之类的数量词，"了$_1$"也可以，但"过$_1$"一般不行。如：

⑧⑨ 你瞧，他还写过一本关于舞美的书。(王安忆)

⑨⑩ 她来过两次。(王安忆)

⑨① 到现在为止，已经抓了一百多，打了七十几个，叫他们反吧！(老舍)

⑨② *你吃过了一顿饭再走。

这是因为"过$_1$"后排斥新的信息。

3.3.3 "过$_2$"可以出现于"没"后，"了$_1$"或"过$_1$"不能。如：

⑨③ 我打过人，可没杀过人。(老舍)

⑨④ 你爸爸从没打过仗，这是一个军人的遗憾。(《一九八三年中篇小说选》(第二辑))

因此，如果句中有"过"，动词前又有"没"，这个"过"一定是"过$_2$"。

(原载《语文研究》，1988年第1期，有改动)

十六　几组意义相关的趋向补语语义分析

汉语的趋向动词"上、下、进、出、回、过、起、开、到"和"来、去",以及"上、下"等与"来、去"结合起来构成的"上来、上去,下来、下去"等均可以在动词或形容词后作补语,通常叫趋向补语。这些趋向补语所表示的意思十分复杂,以往有过不少分析研究。但我们觉得这些分析研究缺乏系统性。比如"上",《实用现代汉语语法》的解释是:

基本意义:由低处到高处(如:爬上树)。

引申意义:

(1) 表示趋近立足点(如:走上前)。

(2) 表示由开而合(如:关上门)。

(3) 表示使某物存在于某处(如:把红旗插上山顶)。

(4) 表示达到了很不容易达到的目的(如:住上了新房子)。

(5) 表示达到一定的数量,这个数量往往是概数(如:好上一百倍)。

(6) 表示动作开始并继续,包含有"变化""出现了新情况"的意思(如:唱上了)。

(7) 表示添加(如:算上我)。①

《动词用法词典》的解释是:

(1) 向上(如:爬上墙头)。

(2) 两个以上分开的事物接触到一起(如:把门关上)。

---

① 刘月华、潘文娱、故韡(1983)《实用现代汉语语法》,北京:商务印书馆,第340、341页。

(3) 附着（如：挂上一层釉子）。

(4) 得到；到手（如：户口办上了）。

(5) "上"是衬字（如：办上几桌菜）。

(6) 进入某种状态（如：这么早就办上年货了）。①

以上两种著作都是把趋向补语"上"的意义平列地分成几项。其他趋向补语的语义分类也是如此。

能不能对趋向补语进行系统的、综合的研究，把所有趋向补语的语法意义概括地分成几大类呢？如果能，同一趋向补语的不同类语法意义之间有没有联系呢？如果说各类意义之间有"引申"关系，是怎么"引申"的呢？还有，"上、下"等简单趋向补语与相应的"上来、上去，下来、下去"等复合趋向补语语义上有没有关系呢？如果有，是什么样的关系？最后，趋向补语之间是否存在反义关系？如果存在，哪个与哪个是反义的？

在趋向补语中，"上、上来、上去"（以下称"上"组），"下、下来、下去"（以下称"下"组），"起、起来"（以下称"起"组），以及"开、开来、开去"（以下称"开"组），语义关系十分密切，也就是说，这是几组语义有密切联系的趋向补语。本文分析这几组趋向补语之间的语义关系，并试图通过这一分析，回答上面提出的种种问题。

关于第一个问题，即所有趋向补语的意义能否概括地分成几大类的问题，笔者曾写过一篇论文，题目是《趋向补语的语法意义》②。在那篇文章里，我们认为任何一个趋向补语，不管有几种意义，都可以归入三大类：第一类是趋向意义，即方向意义，表示人或物体在空间的位置移动（如："走进来"）；第二类是结果意义，表示动作有结果或达到目的（如："关上门、打开窗户"）；第三类是状态意义，表示动作或状态在时间上的展开、延伸，或进入新的状态（如："唱起来了、热起来了"）。本文以这三种意义为纲，分析"上"

---

① 孟琮等（1987）《动词用法词典》，上海：上海辞书出版社，"说明书"第14页，序号为笔者所加。

② 该文曾在1988年10月西山语法讨论会上宣读，收入同年北京大学出版社出版的《语法研究和探索》（四）。

"下""起""开"各组的内部及各组之间的语义关系。

1 各组趋向补语的趋向意义及其之间的关系

每个趋向补语都有趋向意义,趋向意义是趋向补语的基本意义。

1.1 "上"组

1.1.1 "上"组的趋向意义

"上"的基本趋向意义,即趋向意义(一),表示通过动作使人或物体由低处移向高处,"上"后的处所词表示位移的终点。如:

① 白色的芦花,随风飘上天空。(梁斌)
② 嗯,连愫姨的行李都放在您的空木箱里,送上车了。(曹禺)

"上"的另一趋向意义,即趋向意义(二),表示趋近眼前的目标,即表示水平方向的移动。如:

③ 他笑了一笑,拿着剪刀朝吴洪大的猪跨上一步……(高晓声)
④ 当火车开动的时候,他却挤上前,抓住陈信的手,跟着车跑。(王安忆)

例③的目标是"吴洪大的猪",例④是"火车"。

"上来"的趋向意义(一)也表示通过动作使人或物由低处移到高处,但与"上"不同之处在于,用"上"时看不出参照点①,而用"上来"时,表示人或物体趋近参照点,参照点在高处。如:

⑤ 忽然我看见一个女同志跳上台来。(谌容)
⑥ 从渠底蹿上来一个赤臂露胸的汉子。(从维熙)

例⑤的参照点是"我"所在的位置——"台"上,例⑥的参照点是"他们"所在的位置——"岸"上,都是在高处。

---

① 参照点主要指说话人(或正在叙述的人、物体、处所)的位置。

"上来"的趋向意义（二）也是趋近眼前的目标，与"上"的趋向意义（二）不同之处在于，"上来"有固定的参照点，参照点就是目标。如：

⑦ 他凑上前来跟我说话……（谌容）
⑧ 一群孩子在门口玩儿，看见来了一辆小轿车都围了上来。（谌容）

例⑦的目标与参照点是"我"，例⑧的目标与参照点是"小轿车"。

"上去"趋向意义（一）也表示通过动作使人或物体由低处移到高处，与"上来"不同之处在于，用"上去"时，人或物体离开参照点，趋近高处的目标，即参照点在低处。如：

⑨ 江涛看见父亲，跑了两步蹦上车去。（梁斌）
⑩ 她自己总可以慢慢地搬上楼去，用不着求谁。（张洁）

例⑨的参照点是江涛所在的位置，例⑩的参照点是"她"所在的位置，都在低处。

"上去"的趋向意义（二）也是趋近眼前的目标，与"上来"趋向意义（二）的不同之处在于，"上去"的参照点不在目标，而在移动的人或物体原来所在的位置。如：

⑪ 有一天，她带来一个人，我一看就扑上去哭了。（谌容）
⑫ 江浩走上去，把军大衣披在爸爸的肩上。（从维熙）

例⑪的目标是"她带来的一个人"，参照点是"我"原来的位置；例⑫的目标是"爸爸"，参照点是"江浩"原来的位置。

"上、上来、上去"的趋向意义可用图 16-1、16-2（"○"表示移动的人或物体，"□"表示移动的终点或眼前的目标，"×"表示参照点，"（×）"表示可能的参照点，"→"表示移动的方向。下同）表示：

十六　几组意义相关的趋向补语语义分析　235

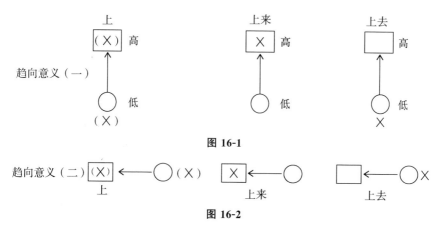

图 16-1

图 16-2

1.1.2 "上"与"上来""上去"趋向意义之间的关系

"上"可以代替"上来""上去",但用"上"代替"上来""上去"后,参照点就不清楚了。如:

⑬ 我看见小李匆匆忙忙走上楼来。("我"在"楼上")
　我看见小李匆匆忙忙走上楼去。("我"在"楼下")
　我看见小李匆匆忙忙走上楼。("我"可能在"楼下",也可能在"楼上")

1.2 "下"组

1.2.1 "下"组的趋向意义

"下"组的趋向意义(一)表示通过动作使人或物体由高处移到低处。"下"后的处所词表示高于地面的事物(如"树""台""床"等)时,该事物就表示人或物体移动的起点;处所词表示"地"或低于地面的事物(如"水""坑""井"等)时,该事物就表示人或物体移动的终点。如:

⑭ 小战士瞪了小赵一眼,转身跳下了舞台。(邓友梅)
⑮ (他)也顾不上脱衣服,扑通跳下水,向着船游去。(赵树理)

例⑭"舞台"表示小战士"跳"的起点,例⑮"水"表示某人"跳"的终点。用"下"时,参照点不是固定的,可能在高处,也可能在低处。

"下"的趋向意义(二)表示离开("退离"或迫使"离")某处所(移动的起点),进行水平方向的移动。如:

⑯ (他)最后只能慢慢地退下场子。(王安忆)

"场子"表示位移的起点。用"下"趋向意义(二)时,参照点也不固定,可能在位移的起点,也可能在位移的终点。

"下来"的趋向意义(一)也是通过动作使人或物体由高处移到低处,参照点在低处。如:

⑰ 蓝海忽地急步跑下(车)来抓住她的手,向上拉她。(苏叔阳)

⑱ 大街的人行道上都铺满了头夜的西风刮下来的黄叶。(曹禺)

例⑰的参照点在"车下"——"她"所在的位置,例⑱的参照点在"大街的人行道上",都在低处。

"下来"的趋向意义(二)是离开("退离"或迫使"离")某处所,与"下"的不同之处在于,用"下来"时参照点是固定的,在位移终点所在的位置。

⑲ 很多伤员从前线退下来了,住进了医院。

这个句子的"前线"是位移的起点,"医院"是位移的终点,也是参照点所在的位置。

"下去"的趋向意义(一)也是通过动作使人或物体由高处移到低处,参照点在高处,同时是位移的起点。如:

⑳ 他真想一下子跳下去,头朝下,砸破了冰,沉下去,像个死鱼似的冻在冰里。(老舍)

㉑ 王思让同志勇敢得很,把冰打开口,他就先跳下去。(赵树理)

例⑳的位移终点在"冰"下,参照点在"岸上";例㉑的位移终点在"冰"下,参照点在"冰"上,即参照点都在高处。

"下去"的趋向意义(二)也表示离开("退离"或迫使"离")某处所,参照点就在该处所。

㉒ 直到鲁泓喊出"带下去"的命令,他才走到鲁小帆身旁。(从维熙)

㉓ 场上裁判又把一个运动员罚下场去。

例㉒的参照点是"鲁泓"所在的位置,例㉓的参照点在"场上",参照点是位移的起点。

"下""下来""下去"的趋向意义可用图 16-3、16-4("□"表示位移的起点或终点)表示:

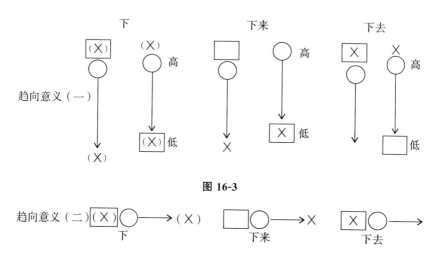

图 16-3

图 16-4

如果位移距离很近,"上来、上去,下来、下去"在参照点方面的区别就不明显,其用法受其他因素支配,如"把袖子挽上去/上来""把裤腿放下去/下来",限于篇幅,这里就不谈了。

1.2.2 "下"与"下来""下去"趋向意义之间的关系

"下"组内部趋向意义之间的区别和"上"组相同:"下"的参照点不固定,可代替"下来"与"下去",代替后参照点就不清楚了。如:

㉔ 我看见小李匆匆忙忙走下楼来。(参照点在"楼下")

我看见小李匆匆忙忙走下楼去。(参照点在"楼上")

我看见小李匆匆忙忙走下楼。(参照点可能在"楼上",也可能在"楼下")

1.2.3 "上"组与"下"组趋向意义之间的反义关系

在参照点不变的情况下,"上"与"下"具有反义关系。如:

㉕ 这时我们走上楼,他们走下楼,在楼梯中间遇上了。
㉖ 游人们有的走上山,有的跑下山。

"上来"与"下去"具有反义关系。如:

㉗ 我看见小李匆匆忙忙走上楼来,小张慌慌张张跑下楼去。

"上去"与"下来"具有反义关系。如:

㉘ 我看见小李匆匆忙忙走上楼去,小张慌慌张张跑下楼来。

1.3 "起"组

1.3.1 "起"组的趋向意义

"起"与"起来"的趋向意义表示通过动作使人或物体由低处向高处移动。如:

㉙ 一团迷雾从鲁泓眼前飘起,似乎连刘如柏的面目也分辨不清了。(从维熙)
㉚ 来呀,夏大夫,举起酒杯,为他们的幸福,干杯!(苏叔阳)
㉛ 从这棵树上飞起来,到另一个树上又落下去。(蒋子龙)

在现代汉语普通话里,一般不用"起去","起"与"起来"的意义相同,但用法不同。

1.3.2 "起"组与"上"组趋向意义比较

如1.1所述,"上"组也表示由低到高的位移,那么"上"组与"起"组所表示的趋向意义是否完全相同呢?回答是否定的。

第一,"上"组在表示位移方向时,都涉及终点,而"起"组只着眼于人或物体离开了起点向高处移动,不涉及移动的终点,即用"起来"时,位移可能没有终点或说不清楚终点,或说话人不理会位移终点。如:

㉜ 太阳升起来了,黑暗留在后面。(曹禺)
㉝ 他跌倒了,又不顾一切地爬起来。(谌容)

例㉜、㉝两例的位移都没有终点。

第二,"起"组后不能加任何处所词,表示位移终点的自然不能加,表示位移起点的也不能加。如果要表示位移的起点,只能放在动词前边。如:

㉞ 湖边的芦苇丛中"扑楞楞"飞起一群水鸟,鸣叫着向天边飞去。(苏叔阳)

第三,用"起"组时,没有固定的参照点,参照点可能在高处,也可能在低处。如:

㉟ 一颗新星就这么升起了。(王安忆)
㊱ 一出门,风在街上旋起雪花,向他身上刮着。(梁斌)
㊲ 他的脚似乎是两个弹簧,几乎是微一着地便弹起来。(老舍)

而"上"组除"上"外,有固定的参照点。
"起"与"起来"的趋向意义可用图 16-5 表示:

图 16-5

1.3.3 "起"组与"下"组的反义关系

"起"组也与"下"组构成反义关系。如:

㊳ 太阳每天早晨升起来,傍晚落下去。
㊴ 他一会儿站起来,一会儿坐下去,显得十分不安。

与"起"组构成反义时,"下"组一般也表示无终点的位移,参照点也不固定。

1.4 "开"

"开"的趋向意义表示通过动作使人或事物离开某处。与"起"

组相比,"开"主要表示前后左右水平方向的移动,而不是上下高低的移动;与"下"组趋向意义(二)相比,所结合的动词不同。"开"后如有处所词,表示位移的起点。如:

㊵ 我想天亮就离开旅馆。(曹禺)
㊶ 老太太,您闪开,我来!(老舍)

"开"的参照点不固定。

"开"的趋向意义可用图 16-6 表示:

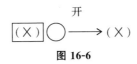

图 16-6

"开来""开去"较少用,从略。

2　各组趋向补语的结果意义及其与趋向意义的联系

我们所讨论的几组趋向补语都可以表示动作有结果或达到目的,即都有结果意义。这些趋向补语有的有不止一种结果意义。例如:

"上":

㊷ 你把眼睛闭上。("上"表示上下眼皮"接触")
㊸ 他评上了先进。("上"表示达到了不易达到目的)

"上来":

㊹ 我们班又补上来三个学生。("上来"表示"接触……")
㊺ 这些问题他都答上来了。("上来"表示有能力或成功地完成)

"下来":

㊻ 你把邮票揭下来。("下来"表示"脱离")
㊼ 一天的活干下来,他的腿都肿了。("下来"表示完成难以轻易完成的动作)

例㊷、㊹、㊻中的趋向补语表示的是一种自然的结果。比如进行了"闭"的动作,上下眼皮一般自然会"接触";进行了"揭"的动作,邮票一般自然会"脱离"信封。对每个趋向补语来说,这种结果意义是基本的、主要的,也是与其趋向意义有联系的。例㊸、㊺、㊼中的趋向补语表示的不是一种自然的结果,都包含一些附加意义。本文讨论的是前一种结果意义。

2.1 "上"组

2.1.1 "上"组的结果意义及其与趋向意义之间的联系

"上"的基本结果意义表示接触、附着以至固定。如:

㊽ 他闭上眼睛不说了。(杨沫)
㊾ 头巾上缝上一块红色的假玉。(梁斌)
㊿ 心里咕冬一声,压上块铅饼,脸色也就暗下来了。(邓友梅)

"上"在例㊽中表示上下眼皮接触,在例㊾中表示"假玉"与"头巾"接触,在例㊿中表示"铅饼"与"心"接触。

"上"往往关涉两个事物,或事物的两个方面,它们一般是一主一次的。如"电视机蒙上一块布","电视机"是主要物体,"布"是附加上的次要物体;"墙上挂上一幅画儿","墙"是主要物体,"画儿"是附着的次要物体;"地里种上庄稼","地"是主要物体,"庄稼"是次要物体等。"上"的这种结果意义是由趋向意义引申来的。在"上"的趋向意义(一)(二)中,有移动终点与目标,相当于主要物体,移动物相当于次要物体,移动方向相当于"接触、附着"等结果。"上"的结果意义可用图 16-7 表示("□"表示主要物体,"○"表示次要物体,"→"表示"接触"或可使接触的动作):

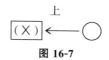

图 16-7

图 16-7 与图 16-1 的"上"接近,只是图 16-1 表示由低向高的位移;图 16-7 与图 16-2 的"上"更加接近,只是这个图与空间移动方向无关,表示的是结果。图形的近似显示了"上"的结果意义与趋

向意义的内在联系。

“上来”“上去”的基本结果意义与“上”相同：接触、附着以至固定。“上来”“上去”的结果意义与“上”的不同之处，正如其趋向意义间的区别：“上来”“上去”表示趋向意义时，有参照点的问题，表示结果意义时，则有着眼点的问题。所谓着眼点就是观察事物的基点、出发点：“上来”的着眼点在主要物体，“上去”着眼点在次要物体。例如：

(51) 学生录取名单又补上来了三个人。

(52) 虽然是葫芦片大的一块布，不管红的绿的，我也不肯扔了，都把它缝上去。（梁斌）

(53) 给你一张表，把名字、地址填上去吧。

例(51)着眼于“录取名单”这一主要物体，而不是次要物体“三个人”，所以用“上来”；例(52)、(53)着眼于次要物体“葫芦大的一块布”“名字、地址”，例(52)的主要物体没有出现，例(53)的主要物体是“一张表”，所以用“上去”。“上来”“上去”的结果意义可用图 16-8 表示（“×”表示着眼点）：

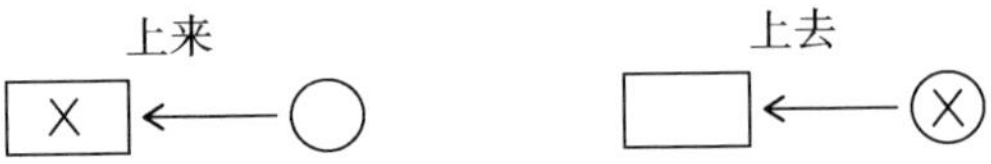

图 16-8

表示结果意义时，“上”的着眼点是不固定的。

2.1.2 “上”组结果意义之间的关系

在实际语言中，表示“接触”之类意义时，很少用“上来”。在我们 400 万字的语料中 1 例也没出现。[①] 比如往信封上贴邮票时，不说“＊把邮票贴上来”；往行李上捆绳子时，不说“＊把绳子捆上来”。“上去”用得也不多，在我们的语料中出现了 26 例，而“上”出现了 1622 例。这说明，当表示“接触、附着以至固定”这一结果意义

① 所用语料为：曹禺《曹禺选集》，老舍《骆驼祥子》《老舍剧作选》，赵树理《赵树理文集》（一）（二），杨沫《青春之歌》，梁斌《红旗谱》，谌容《谌容中篇小说集》，高晓声《高晓声小说选》，苏叔阳《婚礼集》，蒋子龙《蒋子龙中篇小说集》，王安忆《王安忆中篇小说选》，邓友梅《邓友梅短篇小说选》，张洁《沉重的翅膀》，从维熙《从维熙中篇小说集》。

时,人们往往不理会着眼点。正因为如此,"上"可以代替意义相同的"上来""上去"。如:

㊶' 学生录取名单又补上了三个人。

㊷' 虽然是葫芦片大的一块布,不管红的绿的,我也不肯扔了,都把它缝上。

㊸' 给你一张表,把名字、地址填上吧。

2.2 "下"组
2.2.1 "下"组的基本结果意义及其与趋向意义的联系

"下"的基本结果意义表示通过动作使物体的一部分或次要物体从整体或主要物体脱离。如:

㊹ 从她脱下的一件旧衬衣里,撕下一条贴边,找出了一卷细细的纸卷。(杨沫)

㊺ 他在我前面走了,一边从裤腰上解下钥匙。(王安忆)

例㊹中的第一个"下"表示次要物体"旧衬衣"与主要物体"她的身体"脱离,第二个"下"表示物体的一部分——"贴边"从整体——"旧衬衣"脱离;例㊺中的"下"表示次要物体——"钥匙"与主要物体——"裤腰"脱离。

与"上"一样,"下"的这一结果意义显然与其趋向意义(一)及趋向意义(二)有联系。在"下"的趋向意义(一)(二)中,位移的起点与目标,相当于整体或主要物体,移动物相当于物体的一部分或次要物体,移动方向相当于结果意义"脱离"。"下"的结果意义可用图16-9表示:

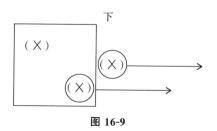

图 16-9

这个图与"下"的趋向意义图也是接近的。

"下来"与"下去"的基本结果意义与"下"相同,也表示物体的一部分或次要物体从整体或主要物体脱离。"下来""下去"的结果意义与"下"的不同之处在于,"下"的着眼点不固定,而"下来"的着眼点在物体的一部分或次要物体,"下去"的着眼点在物体的整体或主要物体。可用图 16-10 表示:

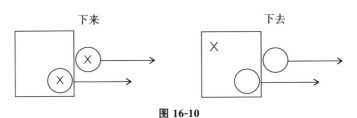

图 16-10

"下来"与"下去"的这一区别可从下面的句子中看出:

㊽ 那个青年从日记簿上撕下一块纸来给队长开了个单子。(赵树理)

㊾ 今儿你把猪八戒耳朵割下来,我也不吃!(苏叔阳)

例㊽着眼于"撕下来的那块纸",因为"那个青年"要用这块纸"给队长开单子";例㊾着眼于"猪八戒耳朵",说话人的意思是对猪八戒耳朵这样的难得之物也不稀罕。正因为如此,当人们要想获取、保留脱离之物时,就要用"下来"。如:

㊿ 老李,你墙上这幅画儿真好,摘下来给我吧。

㊾ 我真恨不得拿起一把菜刀,把你这两只巧手砍下来给我接上。(曹禺)

在上述二例中,说话人都想要取得脱离之物,也就是着眼于脱离之物,所以必须用"下来"。

例㊽—㊾都不能用"下去"替换。如:

㊾'*今儿你把猪八戒耳朵割下去,我也不吃!

㊾'*我真恨不得拿起一把菜刀,把你这两只巧手砍下去给我接上。

"下去"则恰恰相反。如：

⑥⁰ 今天20号了，把日历撕下去一张吧。
⑥¹ 地里长满了杂草，拔下去吧。

例⑥⁰着眼于"日历"，所以撕下其中的一张时，用"下去"；例⑥¹着眼于"地里"，所以除掉其上的杂草时，也用"下去"。

凡是表示从物体上去除某种东西时，都要用"下去"。如：

⑥² 地上的雪虽不厚，但是拿脚一跺，一会儿鞋底上就粘成一厚层，跺下去，一会儿又粘上了。（老舍）

如果去除物去除之后就化为乌有，那么就只能用"下去"。如：

⑥³ 把黑板上的字擦下去吧。
⑥⁴ 他把桌面上的灰尘抹下去。摊开书，看了起来。

例⑥⁰—⑥⁴的"下去"，不能用"下来"替换：

⑥⁰' *今天20号了，把日历撕下来一张吧。
⑥³' *把黑板上的字擦下来吧。

2.2.2 "下"组结果意义之间的关系

"下"表示脱离意义时，既可以和"取得、存留"意义动词结合，也可以和与上述意义几乎相反的"去除，遗弃"意义动词结合。① 前者如：

⑥⁵ 他花高价买下一块宅基地。
⑥⁶ 她死了，留下两个年幼的孩子。
⑥⁷ 他用自己的英雄行为写下了光辉的诗篇。
⑥⁸ 这几年他存下了一笔钱。

---

① 有些趋向补语表示结果意义时可结合的动词很广，多数动词与其后的补语语义联系很明显，如"掰下一块面包"，"一块面包"与面包脱离。有的可以分析出来，如"借下一斗粮食"，"粮食"与所有者分离；"攻下城池"，"城池"与原占有者脱离；"拍下一张照片"，"影像"与原型脱离。有的动词语义与其后的补语意义距离很远，如"定下了日子"。这是语言演变、补语语义引申的结果。分析这种演变、引申的过程，不是本文的任务。

后者如：

㊿ 他甩下妻子儿女走了。
⑦⓪ 他丢下身边的战士逃跑了。
⑦① 他弹下身上的雪花,进了屋。

为什么"下"能与意义截然相反的动词搭配呢？这是因为"下"表示结果意义时,既可以着眼于主要物体、整体,即与"下去"相同,也可以着眼于次要物体、部分物体,即与"下来"相同。着眼于前者时,可以与"去除、遗弃"意义动词搭配,着眼于后者时,可以与"取得、存留"意义动词搭配。即,"下"可以搭配的动词既包括"下来"可搭配的动词,也可以包括"下去"可搭配的动词。但由于句法结构的限制,"下"与"下来""下去"不是总能互相替换的。例㉒、㉓、㊿中的"下"可以用"下来"替换：

㉒' 他花高价买下来一块宅基地。
㉓' 她死了,留下来两个年幼的孩子。
㊿' 这几年他存下来了一笔钱。

例⑦①的"下"可用"下去"替换：

⑦①' 他把身上的雪花弹下去,进了屋。

2.2.3 "上"组与"下"组结果意义的反义关系

在着眼点不变的情况下,"上""上去"与"下""下来"构成反义关系。如：

⑦② 他把邮票贴上(去),又揭下(来),揭下(来),又贴上(去),折腾了好几次。
⑦③ 这三个人开始的时候补上去了,后来又叫人给刷下来了。

"上""上来"也可以和"下""下去"构成反义关系,如：

⑦④ 你先加上这三个,然后再减下去那五个。
⑦⑤ 你把塑料扣子拆下去,钉上几个铜扣子。
⑦⑥ 开始他们三个补上来了,后来又叫人家刷下去了。

2.3 "起"组

2.3.1 "起"组的结果意义

"起"组的结果意义是"连接、聚合以至固定"。如：

⑦ 家里再没有别的,关起门来吃了一顿槐叶。(赵树理)
⑧ 刚才零乱了的队伍,经卢嘉川这么一鼓动又组织起来了。(杨沫)
⑨ 她早就被抓起来了,一直关着。(谌容)

例⑦中的"起"表示"门"与"门"(或"门框")"连接",例⑧中的"起来"表示"聚合",例⑨的"起来"就引申为"固定"——"使失去自由"的意义了。

2.3.2 "起"组的结果意义与趋向意义的联系——"起"组与"上"组结果意义的比较

"起"组结果意义与趋向意义的联系,可以从"起"组与"上"组的关系中看出来。正如"起"组的趋向意义与"上"组的趋向意义十分接近一样,它们的结果意义也有共同之处。有时同一动词后加上"起"组或"上"组补语,整个动趋短语的意思很难说有什么不同。如：

⑩ 把眼睛闭上!
把眼睛闭起来!
⑪ 两条铁路接上了。
两条铁路接起来了。

正因如此,"起"组与"上"组可以搭配的动词有共同的。例如"闭合"义动词,"填充、封闭、覆盖、捆绑"义动词,"连接、黏合"义动词等。

但"起"组与"上"组的结果意义还是有差别的。

第一,"上"组的结果意义是"接触、附着以至固定",而"起"组的结果意义是"连接、聚合以至固定",即"上"的意义由"接触"延伸为"附着","起"组的意义由"连接"延伸为"聚合"。"连接"与"接触"接近,而"附着"与"聚合"就相距较远了。正因如此,"上"组与

"起"组可搭配的动词又有所不同。"上"组可与"相逢"义动词,"添加"义动词,"写、画"义动词,"比、配"义动词,"看、选"义动词等搭配,而"起"组可与"隐藏"义动词、"关押"义动词、"想、记"义动词,"陈列"义动词、"承担"义动词等搭配。在上述动词后,"上"组与"起"组是不能互相替换的。

第二,"起"组表趋向意义时不涉及终点,也不涉及目标,与此相联系的,表结果意义时,所涉及的可以是两个事物,也可以是两个以上的事物,这些事物之间没有主次之分;而"上"组所涉及的事物多为两个事物或事物的两个方面,其间有主次之分。

第三,"起"组表示趋向意义时参照点不固定,表示结果意义时,着眼点也不固定在一点,而是着眼于所涉及的所有事物。"上"组的着眼点不是在主要物体上,就是在次要物体上。"起""起来"的结果意义可用图 16-11 表示:

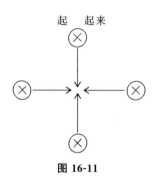

图 **16-11**

下面的句子显示了上述区别:

㉘ 你在奶里兑上一些水。(奶——主要的,水——次要的)
你在水里兑上一些奶。(水——主要的,奶——次要的)
＊你把奶和水兑起来。

㉙ 你把大米和小米掺和起来。(大米、小米不分主次)
你把小米和大米掺和起来。(小米、大米不分主次)
＊你把大米掺和上小米。

㉚ 衣服太短了,把这块布接上去。(衣服——主要的,布——

次要的)

* 衣服太短了,你把这块布接起来。

* 你把衣服和布接起来。

"上"组与"起"组结果意义的差别,造成了句法结构上的差别。

2.4 "开"

2.4.1 "开"的结果意义

"开"的结果意义是分离。例如:

⑧⑤ 祥子看见那些钱洒在地上,心要裂开。(老舍)

⑧⑥ 我闭了闭眼睛,又睁开,使自己清醒过来。(谌容)

例⑧⑤中的"开"表示心脏各部分分离,例⑧⑥的"开"表示上下眼皮分离。

2.4.2 "开"的结果意义与趋向意义的联系——"开"与"下"组结果意义的比较

"开"的结果意义与趋向意义有联系,"开"与"下"组结果意义的区别正如"起"组与"上"组的区别:

第一,"开"表示趋向意义时,表示前后左右的位移,而且不涉及终点;表示结果意义时,所涉及的事物(或事物的部分)不限于两个,而且没有主次之分。如例⑧⑤"心"可以裂开成几个部分,几个部分之间没有主次之分。

第二,"开"表示趋向意义时,参照点不固定;表示结果意义时,如只涉及一个事物,必然着眼于该事物,可以说没有着眼点的问题,如涉及不止一个事物,就着眼于每个事物。而"下"组不是着眼于主要事物(整体)就是次要事物(部分)。"开"的结果意义可用图16-12表示:

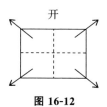

图 16-12

下面的句子可以显示上述区别：

(87) 你把面包掰下来一块给我。（“面包”——主要的，“一块”——次要的，着眼于“一块面包”）

(88) 把面包掰开，你们俩儿一人一半。（“面包”分开的两部分不分主次，无所谓着眼点）

(89) 袖子破成一条一条的，他干脆撕下去扔了。（“衣服”——主要的，“袖子”——次要的，着眼于“衣服”）

(90) 生活早就把我和腊梅分开了。（既着眼于“我”，又着眼于“腊梅”）

“开”也可与“上”构成反义关系，这时“上”所关涉的两事物（部分）也不分主次，如“合上书”与“打开书”。

2.4.3 “开”与“起”组的反义关系

“开”与“起”组表示结果意义时，呈反义关系。如：

(91) 敌人把他捆起来。民兵把他解开了。

(92) 人们聚起来，一会儿又散开了。

(93) 他皱起的眉头舒展开了。

3 各组趋向补语的状态意义及其与趋向意义的关系[①]

本文所讨论的几组趋向补语具有状态意义。其中“上”“上来”“起”“起来”“开”为一类，称“起”类，“上来”较少用；“下”“下来”“下去”为一类，称“下”类。“起”类与“下”类在与动词和形容词结合时情况不同，下面分别说明。

3.1 表示状态意义的趋向补语与动词结合的情况

“起”类与动词结合时，表示人或物体由静态进入动态。如：

---

① 本文只讨论表示新状态开始的状态意义，不讨论表示状态继续的状态意义。

㉔ 那伙人像疯了似地喊起来。(谌容)
㉕ 一挨他的手,我就浑身抖起来了。(邓友梅)
㉖ 虎妞的嘴唇哆嗦上了。(老舍)
㉗ 有的喝酒,有的猜开了拳。(老舍)

上面句子中的"起"类补语都表示开始动作。

"下"类与动词结合时,表示人或物体由动态进入静态。如:

㉘ 那辆朱红色小车拐了个急弯,吱地一声停了下来。(邓友梅)
㉙ 徐明嚼着枇杷的嘴停了下来,半天没出声。(邓友梅)

上面句中的"下"和"下来"都表示人或事物开始停止某动作,进入静态。表示状态意义的"下去"不能与动词结合。

"起"类("开"除外)与"下"类的状态意义恰好与它们的趋向意义对应,可用图 16-13、16-14("→"表示位移的方向和状态变化的方向)表示:

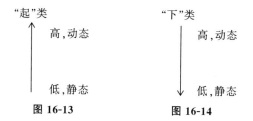

图 16-13　　　　图 16-14

也就是说,"起"类与"下"类的状态意义是与其趋向意义有联系的。

3.2　表示状态意义的趋向补语与形容词结合的情况

"起"类与"下"类与形容词结合的情况也不同。只有"起来"和"下来""下去"可与形容词结合。

在形容词中有一部分的意义有正向与负向的对立:"大、小、高、低、长、短、强、弱、厚、薄、亮、暗、快、慢、多、少、粗、细、深、浅"等,"大、高"等为正向形容词,"小、低"等为负向形容词。

"起来"可结合的形容词面很广,可与正向形容词结合,也可与没有方向的形容词结合。如:

⑩ 小小的公寓在黄昏的暮色中骤然热闹起来。(杨沫)(正向)

⑩ 会场又乱了起来。(谌容)(正向)

⑩ 脸上刷的黄起来。(梁斌)(无方向)

⑩ 那书记又变得客气起来。(高晓声)(无方向)

"下来""下去"可结合的形容词面很窄,只能与负向形容词中表示光线("黑、暗"),声音("低、小"),速度("慢"),人的情绪("冷静、冷、平静、松弛、松"),人的态度、语气("缓和、软")以及健康状况("弱")等词结合。如:

⑩ 过了许久,沸腾的会场才安静下来。(谌容)

⑩ 天渐渐黑下来,风越刮越烈。(蒋子龙)

⑩ 老殷头勒紧笼头,让马车慢了下来。(谌容)

⑩ 他的声音小了下去。(谌容)

"起来"和"下来""下去"与形容词结合时,它们的状态意义也与趋向意义对应,可用图16-15、16-16表示:

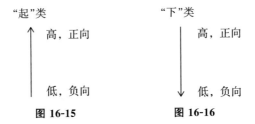

图 16-15　　　图 16-16

"起来"也可以与表示声音、光线、速度等方面的负向形容词结合,如:

⑩ 盛怒反而使她沉稳起来。(曹禺)

⑩ 他抽了马一鞭子,马反而跑得慢起来。

这样用时,"起来"表示的是一种出乎说话人意料之外的、在说话人看来是不合常规的变化。①

---

① 详见刘月华(1987)表示状态意义的"起来"与"下来"之比较,《世界汉语教学》第1期。

4　总结

综上所述,"上""下""起""开"是四组意义密切相关的趋向补语。每组内各种意义之间的联系以及各组之间的语义关系,说明趋向补语是一个内部具有极强规律性的系统。本文所讨论的是趋向补语中最复杂、最重要的四组,可以反映出整个趋向补语的面貌。我们用表15-1概括这四组趋向补语的语义关系。

参考文献

[日]杉村博文(1982)方向補語".下"".下来"".下去"解说,大阪外国语大学日汉语对照研究会编《日本語と中国語の対応表現用例集》。

[日]杉村博文(1983)试论趋向补语".下"".下来"".下去"的引申用法,《语言教学与研究》第4期。

徐静茜(1981)《"·起"和"·上"》,《汉语学习》第6期。

表 16-1 "上""下""起""开"四组趋向补语的语义关系

"上""起"组			正反义举例	"下""开"组		
补语	义类	意 义		补语	义类	意 义
上	趋向(一)		走上楼/走下楼 跳上岸/跳下水	下	趋向(一)	
	趋向(二)		走上前/退下 走上一步/退下一步		趋向(二)	
	结果		贴上/揭下 关上/打开		结果	
				开	结果	
	状态		跑上了/停下了 忙上了	下	状态	
上来	趋向(一)		走上楼来/走下楼去 跑上岸来/跳下水去	下去	趋向(一)	
	趋向(二)		走上前来/退下去 走上前一步/ 退下去一步		趋向(二)	
	结果		补上来/减下去 把灰尘弹下去		结果	
上去	趋向(一)		走上楼去/走下楼来 跑上岸去/跳下水来	下来	趋向(一)	
	趋向(二)		走上前去/退下来 走上去一步/ 退下来一步		趋向(二)	
	结果		贴上去/揭下来 加上去/减速下来		结果	

续表

"上""起"组			正反义举例	"下""开"组		
补语	义类	意 义		补语	义类	意 义
起	趋向	(×)高 ↑ ○ (×)低	飞起一只小鸟/ 飞下一只小鸟 站起/坐下	下	趋向	(×)高 ↓ (×)低
	结果	(⊗ 向中心汇聚图)	捆起/解开 聚起/散开	开	结果	(向四周发散图)
	状态	↑ 高,动 低,静	跑起了步/停下 唱起歌 跳起舞	下	状态	高,动 ↓ 低,静
起来	趋向	(×)高 ↑ ○ (×)低	飞起来/落下来/落下去 站起来/蹲下来/蹲下去	下来 下去	趋向	× 高 ↓ ↓ × 低
	结果	(⊗ 向中心汇聚图)	把甲和乙混起来/ 把甲和乙分开	开	结果	(向四周发散图)
	状态	↑ 高,正 低,负	跑起来/停下来 亮起来/暗下来/暗下去	下来 下去	状态	高,正 ↓ 低,负

（原载《语言研究》,1988 年第 1 期,有改动）

十七　语调是非问句

是非问句有两种：一种是用语气词"吗""吧"的，如：

① 你明天去广州吗？
② 你身体好吗？
③ 他是你哥哥吧？
④ 小李不来了吧？

在这种疑问句中，语气词"吗""吧"负载疑问信息。这种疑问句的句末语调通常是高扬的，但也可以是平的甚至是降低的，即在这种疑问句中，疑问信息不由语调负载。

另一种是非问句没有疑问语气词，如：

⑤ 离婚？（苏叔阳）
⑥ 敌人？（丛深等）
⑦ 还不回家去？（曹禺）

这种疑问句的语调必须是高扬的，否则就不成其为疑问句，即在这种疑问句中，是高扬的疑问语调负载着疑问信息。我们把这种疑问句叫语调是非问句。本文主要讨论语调是非问句的形成及表达功能。

我们把用语气词的是非问句写作"S＋吗"，把语调是非问句写作"S＋?"。

1 "S＋?"问句的类型

"S＋?"问句可以分"S_1＋?"与"S_2＋?"两种类型。

1.1 "S_1＋?"问句

"S_1＋?"问句是一种重复性问句,是由重复对方刚刚说过的话形成的。如:

⑧ 周繁漪:……我只问你走了以后,你预备把她怎么样?
   周　萍:以后?——我娶她!
   周繁漪:娶她?(曹禺)

在这一段话中,周萍的"S_1＋?"问句"以后?"是重复周繁漪刚刚说过的"我只问你走了以后"中的"以后"。周繁漪的"S_1＋?"问句"娶她?"又是重复周萍刚刚说过的"我娶她"中的"娶她"。"S_1＋?"问句所重复的可以是整个句子,即全部重复。如:

⑨ 周朴园:不要胡言乱语的,你刚才究竟上哪儿去了?
   周繁漪:在你的家里!
   周朴园:在我的家里?(曹禺)

有的只重复问话人最关心的部分,如:

⑩ 曾文清:……为什么不请她进来呀?
   曾思懿:请她进来?一嘴的臭蒜气!……(曹禺)
⑪ 陈白露:这是我的家,我自然要回来。
   张乔治:你的家?(曹禺)
⑫ 愫　方:他不会,他死也不会回来的,他已经回来见过我!
   曾瑞贞:爹走后又偷偷回来过?(曹禺)

这种问句也可以是否定形式的。如:

⑬ 陈白露:你说你没看见!
   王福升:没看见?可是——(曹禺)

1.2 "$S_2+?$"问句

"$S_2+?$"问句是接引性问句,即是由上文、语境等引起的,并不重复什么。"$S_2+?$"问句可以是由上文引发的。如:

⑭ 曾文清:爹爹犯什么病?
　愫　方:腿痛,要人捶,他说心里头气闷。
　曾思懿:那一定是——
　曹文清:于是他老人家就叫你捶了一晚上?(曹禺)

这段话中曾文清的"$S_2+?$"问句"于是他老人家就叫你捶了一晚上?"是由愫方刚刚说过的"要人捶"引出的,并且也是接着那句话的。又如:

⑮ 周朴园:你知道她现在在哪儿?
　鲁侍萍:我前几天还见着她!
　周朴园:什么?她就在这儿?此地?(曹禺)
⑯ 潘月亭:喂,喂,白露,你别谈得这么高兴,这位先生是谁呀!
　陈白露:你不知道?让我介绍一下,这是我的表哥。(曹禺)
⑰ 王福升:小姐。
　陈白露:你来干什么?
　王福升:哦,您没有叫我?(曹禺)

"$S_2+?$"也可以是由一定的语境引发的。如:

⑱ 王福升:(四面望望)方先生不在这儿?
　陈白露:他还没有回来。有事?(曹禺)
⑲ 陈白露:Georgy,今天怎么啦,又换了打扮啦?(曹禺)

这两个"$S_2+?$"问句都是由问话人亲眼所见的情况——语境引发的。

"$S_2+?$"问句也可以由说话人已有的知识引发。如:

⑳ 鲁侍萍:……刚才我在门房听见这家还有两位少爷?(曹禺)
㉑ 鲁大海:听说你要走?(曹禺)

这个"$S_2+?$"问句都是由"听说"的话引发的。

由于"$S_1+?$"是重复刚刚听到的话,"$S_2+?$"问句是由上文、语境等引发的,因此"$S+?$"问句大都离不开一定的语境,依赖于一定的语境。"$S_2+?$"问句中有一种是由已有知识引发的,对语境不存在依赖关系,但以问话人已知某种信息为前提。所以,"$S+?$"问句是一种具有依赖性的句子,不是一种可以自由出现的句子。在实际语言中,除由已有知识引发的"$S_2+?$"问句外,在一段话语中都不是始发句。

2 "$S+?$"问句的表达功能

疑问句的表达功能与句意倾向有关系。所谓句意倾向是指:说话人对答案有无倾向性,即问话时已估计、推测出答案还是纯粹的发问,想从对方得到答案;如果倾向于有答案,答案是肯定的还是否定的;此外,有时说话人用疑问句并非真正要询问,而是另有目的,这种非询问性的目的我们也看作句意倾向。① 比如,用"吗"的是非问句比正反问句更倾向于有答案,而正反问句比是非问句的询问功能更强等②。"$S+?$"问句属于是非问句,因此与是非问句一样,倾向于有答案。但"$S+?$"问句又有不同于其他是非问句的表达功能。

2.1 "$S_1+?$"问句的表达功能

用"$S_1+?$"问句时,问话人并不像用一般疑问句那样是想从对方得到答案,而主要是表达自己对对方刚刚说过的话表示怀疑、惊讶。如:

㉒ 曾文清:哎,有饭大家吃。
曾思懿:有饭大家吃?你祖上留给你多少产业,你夸得下这种口。(曹禺)

---

① 见刘月华(1987)用"吗"的是非问句和正反问句用法比较,中国社会科学院语言研究所现代汉语研究室《句型和动词》,北京:语文出版社。
② 同上。

在这段话里,曾思懿问"有饭大家吃?"显然不是要求对方提供什么答案,而是对曾文清刚刚说过的"有饭大家吃"表示惊讶、不满,因为在她看来,"有饭大家吃"是不可思议的。

㉓ 陈白露:好! 好! 你就当是我向你借的吧。
张乔治:露露要跟我借钱? 跟张乔治借钱?
陈白露:嗯,为什么不呢?
张乔治:得了,这我绝对不相信的。No,no! 这我是绝对不相信的。(大笑)你真会开玩笑,露露会跟我借钱……(曹禺)

在这里,张乔治是故意装作不相信陈白露会跟他借钱,以逃避正面拒绝借钱给她。这说明张乔治很清楚"$S_1+?$"问句的表达功能是表示不相信,他很好地利用了这种问句。

㉔ 陈白露:这是我的家,我自然要回来。
张乔治:(不大肯相信)你的家?
陈白露:你进了我的卧室,你是什么意思?
张乔治:什么?(更不相信)我进了你的卧室? 不对,我没有,(摇头)没有。(曹禺)

此段对话伴有剧作者的说明:"不大肯相信""更不相信"。可见"$S_1+?$"问句的表达功能是:对刚刚听到的话表示怀疑、惊讶。

2.2 "$S_2+?$"问句的表达功能

"$S_2+?$"问句的情况复杂一些。

有的"$S_2+?$"问句是问话人从上文、语境等所做出的推测,问话的目的是让对方证实。如:

㉕ 鲁侍萍:我听见你哥哥说,你们谈了半天了。
鲁四凤:您说我跟周家二少爷?(曹禺)

鲁四凤是从她母亲刚刚说过的话中推测出她母亲说的是她与周家二少爷谈话之事,她问的目的是请母亲证实,以便回答母亲的问话。

㉖ 陈白露:不,他决不会回来的。他现在一定工作得很高兴……(悲痛地)他早把我忘记了。
方达生:你似乎还没有忘记他?(曹禺)

方达生的问话是从陈白露对原来丈夫的追忆中做出的推测。又如:

㉗ 小东西:他们就打我,拿皮鞭子抽。昨天晚上……他们……(抽咽)
陈白露:又打你了?(曹禺)

有的"S_2+?"问句表示对所见所闻有些怀疑、惊讶,因而发问以求证实,这种问句以否定形式居多。如:

㉘ 顾八奶奶:什么,他在门口?
张乔治:奇怪!你不知道?(曹禺)
㉙ 陈白露:不过,你们轻轻把小东西又送回到金八手里,这件事是很难弥补的。
潘月亭:哦,小东西怎么样了?你难道还没有把她找回来?(曹禺)
㉚ 周朴园:……再有,我要问你的,你自己带走的儿子在哪儿?
鲁侍萍:他在你的矿上做工。
周朴园:我问,他现在在哪儿?
鲁侍萍:就在门房等着见你呢。
周朴园:什么?鲁大海?他!我的儿子?(曹禺)

有的"S_2+?"是反问句。如:

㉛ 你想潘经理这样忙,会管你这样的小事?(曹禺)
㉜ 住在这个地方还怕人?(曹禺)
㉝ 你当我不知道,不认识你?(曹禺)

例㉛的意思是"潘经理不会管这样的小事",例㉜的意思是"住在这个地方就不应该怕人",例㉝的意思是"我知道,我认识你"。

有的"$S_2+?$"问句的功能是打招呼。如：

㉞ 鲁贵由中门上。
　　鲁　贵：哦！（向四凤）我正要找你。（向周萍）大少爷,您刚吃完饭？（曹禺）
㉟ 曾霆……很兴奋地急步走进来。
　　曾　霆：妈！
　　曾文清：下学啦？（曹禺）

上述句子可以说是明知故问。说出对方正在做或将要做的事,像例㉞、㉟那样,是我们见面打招呼、问候的一种方式。

有的"$S_2+?$"问句实际上是祈使句,表示命令。如：

㊱ 周朴园：你叫什么？你还不上楼去睡？（曹禺）
㊲ 鲁侍萍：糊涂东西,你还不跑？（曹禺）

有的"$S_2+?$"问句实际上是训斥人。如：

㊳ 哭什么,你爹死了？（曹禺）

因此,"$S_2+?$"的询问功能是很弱的,用这种疑问句时,说话人往往已有答案,发问是为了进一步证实。至于表示反问、祈使、打招呼、训斥的句子,就更不具询问功能了。

对答案有明显的倾向性——往往已有答案,询问功能很弱,这是"$S+?$"问句的共同特点。

3　"$S+?$"问句与"$S+吗$"问句比较

3.1　从表达功能来看,虽然问话人用"$S+吗?$"时常常倾向于有答案,但也存在对答案没有倾向性,纯粹表示询问的"$S+吗$"问句。[①] 如：

[①] 见刘月华(1987)用"吗"的是非问句和正反问句用法比较,中国社会科学院语言研究所现代汉语研究室《句型和动词》,北京:语文出版社。

㊴ 周朴园:(停向四凤)药呢?(曹禺)
㊵ 陈白露:叫你从东方饭店取来的行李,拿回来了么?(曹禺)

这两个"S+吗"问句是真正表示询问的,问话人事先没有确定的答案。这种是非问句与"S+?"不同,比较:

㊴' 药还有?
㊵' 叫你从东方饭店取来的行李,拿回来了?

㊴'是对"还有药"的说法表示怀疑或要求证实,㊵'是对"行李拿回来了"的说法表示怀疑或要求证实。

如果"S+吗"问句是倾向于有答案的,那么"S+?"问句比"S+吗"问句表示怀疑、惊讶的语气更强烈。比较:

㊶ 周朴园:克大夫还在等着,你不知道么?(曹禺)
　　　　克大夫还在等着,你不知道?
㊷ 愫　方:您要的参汤!
　曾　皓:我要了么?(曹禺)
　　　　我要了?

3.2　如前所述,"S+?"问句的依赖性极强,而"S+吗"问句可以不依赖上文、语境,比"S+?"的独立性要强。比如一个负责人想找一个工作人员,但不知那个工作人员是否在办公室,他打电话到该办公室问:"喂,你是老李吧? 老张来了吗? 我找他有点儿事。"他不能说:" * 喂,你是老李吧? 老张来了? 我找他有点儿事。"因为上文与语境都不能给问话人创造使用"S+?"问句"老张来了?"的条件。又如,一个人有两张电影票,想找一个伴儿同去,他可以问一个朋友:"今天晚上有一个电影,听说特别好,我有两张票,你想去吗?"他不能问:"你想去?"

正因为如此,"S+吗"问句与"S+?"问句很多是不能互相替换的。

3.3　"S_1+?"问句与回声问句比较

"S_1+?"是由重复对方刚刚说过的话形成的。有一种问句叫

回声问句,是由重复刚刚问过的话形成的,可以有疑问语气词"吗"。对方的问句可以是特指问句、反复问句、选择问句。如:

㊸ 甲:请问,这个字念什么?
　　乙:这个字念什么吗? 噢,念 pào。
㊹ 甲:你看,这件衣服样子好不好?
　　乙:样子好不好吗? 嗯,还可以。

也可以没有疑问语气词。如:

㊸'乙:这个字念什么? 噢,念 pào。
㊹'乙:样子好不好? 嗯,还可以。

回声问句与"$S_1+?$"问句有以下几点区别:

(1)从形成来看,回声问句重复的是对方的问话,因此,回声问句中除了疑问语气词"吗"或疑问语调之外,还包含有特指问、反复问、选择问等疑问方式;"$S_1+?$"问句一般是由于重复对方的非问话形成的,问句中除了疑问语调外,不再包含有其他任何疑问手段。

(2)从表达功能来看,"$S_1+?$"表示问话人的怀疑、惊讶,回声问句的目的可能是让对方再重复一遍问话,也可能没有什么目的,是在思考如何回答对方问话过程中的一种自言自语,不包含明显的怀疑、惊讶成分。

在实际语言中,回声问句出现的并不多,"$S+?$"问句则比较常见。比如在《曹禺选集》中,"$S+?$"问句共出现 264 个,其中"$S_1+?$"问句 79 个,"$S_2+?$"问句 185 个;而典型的回声问句 1 例也没有发现。

在《曹禺选集》中,有几个疑问句是由于重复对方问话的一部分形成的。如:

㊺ 李石清:不过,奇怪,你干了这几年,就一点存蓄也没有?
　　黄省三:存蓄? 一个月十三块来钱,养一大家子人,存蓄?
　　(曹禺)
㊻ 曾文清:……为什么不请她进来呀?
　　曾思懿:请她进来? (曹禺)

例㊻即本文之例⑩。这两段话中的"存蓄?""请她进来?",虽然也是由于重复前面的问话形成的,但除了疑问语调外,不包含其他疑问手段,而且含有明显的怀疑、惊讶成分,所以我们归入"S+?"问句。还有两例由重复是非问句形成的:

㊼ 陈白露:你喝醉了吧?
张乔治:喝醉了?今天我太高兴了!(曹禺)
㊽ 方达生:小东西!竹均,你瞧见小东西了么?
陈白露:不是在屋子里?
方达生:(不信地)在屋子里?(曹禺)

例㊽的"在屋子里?"重复的是上面的那个"S_2+?"问句。例㊼与㊽自然不会包含特指、正反等疑问手段,而且也包含明显的怀疑、惊讶成分,与回声问句不同,所以我们也归入"S_1+?"问句。

(原载《语言教学与研究》,1988年第2期,有改动)

十八　趋向补语的语法意义*

在现代汉语里,"来、去、上、上来、上去、下、下来、下去、进、进来、进去、出、出来、出去、回、回来、回去、过、过来、过去、起、起来、到、到……来、到……去、开、开来、开去"二十八个动词及动词组合,可以在动词和形容词后作补语。上述动词本是表示趋向的动词,但作补语时,不仅仅表示趋向,有的意义、用法相当复杂。我们把趋向补语的意义分为三类:趋向意义、结果意义、状态意义。所有趋向补语都有趋向意义,可结合的动词大部分相同;有些趋向补语有结果意义,可结合的动词大部分不同;少数趋向补语有状态意义,可结合的动词和形容词有同有异。本文具体讨论这三类意义,并尽可能寻找划分这三类意义的形式标志。

1　趋向意义

1.1　趋向补语表示趋向意义时,表示的不是动作的趋向,而是人或物通过进行某一动作,而在方向方面达到的一种结果。[①]例如:

① 我看见一个女同志跳上台来。(谌容)

---

*　笔者主编了一部《趋向补语通释》。该书分别描写了二十八个趋向补语的语法意义及可以搭配的动词。书前有一篇关于趋向补语的"总论",本文就是其中的一部分。该书是在 400 万字的语料的基础上写成的。参加资料收集及编写工作的还有当时任教于北京语言文化大学的陈贤纯、张兰欣、王颖等老师。

① 参见刘月华(1980)关于趋向补语"来""去"的几个问题,《语言教学与研究》第 3 期。

这里"跳"表示一种动作方式,由于"跳",一个女同志"上了台"。

② 他跌倒了,又不顾一切地爬起来。(谌容)

这里"爬"是动作方式,结果是"起来"了。因此所谓趋向意义表示的也是一种结果,不过是方向方面的结果。

1.1.1 趋向意义是趋向补语的基本意义

所谓趋向,如上文所说,就是方向,趋向意义也就是表示人或物在空间的位移。例如"来"表示趋近立足点①,"去"表示离开立足点而趋近另一目标,"上"表示由低处移向高处,"下"相反,表示由高处移向低处,"进"表示由外部移向某处所内部,"出"相反,表示由某处所内部移向外部,"回"表示由另一处所移向原处(包括家、家乡、所属单位等),"过"表示经过某处所,"起""起来"表示由低处移向高处,"开"表示离开某处,"到"表示移到某处。"上""下"等加"来/去"后,两个趋向动词的意义结合起来,"上""下"等指明方向,"来/去"指明与立足点的关系。

1.1.2 包含趋向意义补语句子的形式标志

本文所谓形式标志专指区分趋向补语的各种意义的形式标志。

(1) 包含或可以加上表示位移起点的处所词语。如:

③ 孩子们从山下跑上山去了。
④ 孩子们从教室里跑出来了。
⑤ 太阳从地平线上升起来了。
⑥ 他从我身边走开了。
⑦ 我从他手里接过皮包。

(2) 包含或可以加处所宾语,"起、起来、开来、开去"除外。如:

⑧ 他走进了房间。

---

① 参见刘月华(1980)关于趋向补语"来""去"的几个问题,《语言教学与研究》第 3 期。

⑨ 孩子们爬上山去了。
⑩ 人们陆续退出了会场。

(3) 可结合的动词类别

可与表示趋向意义的趋向补语搭配的动词类别有限。主要有以下几类：

Ⅰ.表示躯体动作的动词，如"走、坐、站、爬、跨、倒"等。不同的补语可结合的动词略有不同。比如与"来、去"结合的动词一定是表示移动性动作动词，如"走""进"，而"坐""站"等非移动性动作动词就不能与"来、去"结合。

Ⅱ.表示物体自身运动的动作动词，如"飘、飞、流、窜、涌"等以及趋向动词。表示由低向高运动的动词"升、浮"等只能与"起、起来、上、上来、上去"等结合；相反，"落、跌、降"等只能与"下、下来、下去、进"等结合。

1.2 趋向意义的分类

我们可以把趋向意义按照与起点、终点的关系，分为三类。

1.2.1 指向终点的趋向补语

指向终点的趋向补语指出通过动作人或物所达到的处所。"来、去，上、上来、上去，下、下来、下去，进、进来、进去，回、回来、回去，到、到……来、到……去"等属于此类。例如：

⑪ 白色的芦花，随风飘上天空。（梁斌）
⑫ （他）也顾不上脱衣服，扑通跳下水，向着船游去。（赵树理）
⑬ 祥子刚把车拉进门洞来，放好，曹先生又出来了。（老舍）

包含此类趋向补语的句子都有或可以加表示终点的处所宾语，如例⑪的"天空"，例⑫的"水"，例⑬的"门洞"。

但不是所有动词与此类任何一个趋向补语结合都可以带处所宾语。比如"来、去"只有与"上、下、进、出"等趋向动词结合时，才可以用处所宾语，与一般动词结合时不能带处所宾语。如不能说：

⑭ *走教室来/去。

＊游岸边来/去。

但可以说：

⑮ 进教室来/去。
　回家来/去。

在前一种句子中,表示终点的处所词语只能与"向"结合作状语。如：

⑯ 向教室走去。
　向岸边游去。

1.2.2　指出起点的趋向补语

"下、下来、下去，出、出来、出去，过、过来、过去，开"等是指出起点的趋向补语。例如：

⑰ 小战士瞪了小赵一眼,转身跳下了舞台。（邓友梅）
⑱ 朱老忠走出房门,在院子里歇了一下。（梁斌）
⑲ 我想天亮就离开旅馆。（曹禺）

包含此类趋向补语的句子都包含或可以加表示起点的处所宾语,如例⑰的"舞台",例⑱的"房门",例⑲的"旅馆"。

"下、下来、下去"是既能指向终点又能指出起点的趋向补语。

1.2.3　无指向趋向补语

"起、起来，开、开来、开去"是无指向趋向补语,此类补语既不指向终点,也不指出起点。如：

⑳ 太阳升起来了,黑暗留在后面。（曹禺）
㉑ 他垂下头,转身走开。（王安忆）
㉒ 工人们也分散开来,向各车间走去。（蒋子龙）

包含无指向趋向补语的句子着眼于人、物离开起点,而不关心向何处位移,不能带处所宾语。如：

㉓ ＊风筝飞起天来了。

＊他很快地走开这儿。
＊歌声传开四面八方。

"开"的大部分用法属于此类,只有"离开、躲开"等属于指出起点的。

有些趋向补语意义接近,但用法不同,就因为属于不同类的表示趋向意义的补语。比如"起来"与"上来、上去"都可表示由低向高的移动,从立足点来看,"上来"在高处,"上去"在低处,"起来"立足点既可以在高处也可以在低处。"上来、上去"与"起来"的主要不同在于"上来、上去"指向终点,"起来"无指向,前者可带处所宾语,后者不能带处所宾语。比较:

㉔ 气球飞上楼来/去了。
＊气球飞起楼来了。

2 表示结果意义的趋向补语

趋向补语可以表示动作达到某种结果,即表示结果意义。趋向补语中有结果意义的有"上、上来、上去、下、下来、下去、出、出来、出去、过、过来、过去、起、起来、开、开来、开去、到,来,去"等。"进、进来、进去、回、回来、回去、到……来、到……去"没有结果意义。

2.1 趋向补语所表示的结果意义

本文对趋向补语的结果意义主要做共时的、静态的描写,采取归纳、分析的办法,至于一个趋向补语的结果意义是怎样和为什么与不同类的动词结合起来,一个趋向补语的几个结果意义是怎样发展来的或彼此有什么关系,将不着重讨论。

关于趋向补语的结果意义有两种看法。一种意见认为,趋向补语"只表示动作实现的结果",似本身无特殊意义。另一种意见认为趋向补语本身有某种特殊的结果意义。《现代汉语八百词》解释"上"时,有些游移于二者之间:"a)表示动作有结果,有时兼有合拢的意思。……有时兼有存在或添加于某处的意思。……有时兼有达到一定的目的或标准的意思。"①(着重号为笔者所加)这段话表明,作者一方面认为"上""有时"只表示动作有结果,因为"合拢""添加于某处""达到一定的目的或标准"都是"有时兼有"的,不"兼有"时,就只能理解为只"表示动作有结果"了。另一方面又认为"上""有时"还具有"合拢"等具体、特殊的结果意义。不过"上"所兼有的三种意思是属于一种结果意义,还是三种结果意义,作者没有说明,但从都归入"a"来看,似属于一种结果意义。

2.1.1 我们认为每个表示结果意义的趋向补语都具有其特殊的结果意义。有的只有一个结果意义,如"来",有的有几个结果意义,如"上"。每一个结果意义都是很概括的,在与有些动词结合时,其结果意义可以看得很清楚;与有些动词结合时,不那么清楚,但一般总是可分析、可解释的。

比如"起来"的结果意义是"接合(连接结合)以至固定",如"把两条绳子接起来","把群众组织起来","把水和奶掺合起来","人们把他围了起来(人连接)","用布把电视机蒙起来(布与电视机连接)"等等。用"起来"时,所涉及的事物一定不止一个,而"起来"就表示这不止一个事物的连接、结合以及固定。我们把可与"起来"结合的动词分为十二类:(1)关、合;(2)接、连、粘、缝;(3)捆、绑、围、封;(4)集合、组织;(5)想、回忆;(6)烧、升、引、惹;(7)表示不止一方参与的动作动词,如"唱、打、讨论";(8)收藏、埋、蒙;(9)逮、捕、押、看(kān);(10)陈列、打扮;(11)建立、承担;(12)某些政治活动的动作动词,如"动员、武装"。可以看出,当"起来"表示结果意义时,其意义离"接合"越来越远,但仍可解释:所有的动词都表示不止一人一物参与的动作。就是"想起来"也一定存在"想"的人与所想的人或事物双方。从(8)开始逐渐由"接合"向"固定"义靠拢。

又如"上"的结果意义是"接触以至固定"。如"把门关上""用绳子把箱子捆上""两人遇上了""汽车开上大路(车与路接触)""奶

---

① 吕叔湘(1980)《现代汉语八百词》,北京:商务印书馆,第419页。

里加上糖""在纸上写上字""点上灯（火柴与灯芯接触）"等等。"比上""爱上"的"上"只用"接触"似难解释清楚，但不"接触"就无法"比""爱"。有的语法著作把"上"的意义解释作"合拢"，"存在""添加"，或解释作"附着"等，我们认为上面每一种释义的覆盖面都较小，而"接触"可以概括上述几种意义。

有些趋向补语的结果意义比较接近，但仍有不同。比如"起来"所连接的双方一般无主次、整体与部分之分，即两部分基本上是平等的；"上"往往表示的是一个次要的或整体的一部分与主要的或整体去接触，"上"所联系的两部分往往不是平等的；"下来""下去"都表示分离，但"下来"着眼于部分，表示部分从整体分离下来，而"下去"着眼于整体，表示从整体中分离出去一部分等。此类细致差别不是三言两语可以说清楚的，将另文讨论。

2.1.2 有时同一个动词可以带不同的表示结果意义的趋向补语，表示不同的意思。例如：

㉕ 把你知道的情况都写出来。（表示"由隐蔽到显露"）
你把刚才说的话写下来。（表示"分离"）
这个词最后他还是写上来了。（表示"有能力"）
㉖ 我买到了一本新出版的畅销书。（表示"动作有结果"）
这本书我终于买上了。（表示"达到了希望达到的目的"）

这正说明趋向补语的结果意义不是空灵的，当一个趋向补语表示结果意义时，不只是一般地表示"动作有结果"，而表示一种特殊的、具体的结果。

2.1.3 趋向补语与前边的动词相互间有选择性，即哪个趋向补语能与哪些动词结合不是自由的。正是每个趋向补语所具有的特殊的、具体的结果意义，决定对前边动词的选择，即每个趋向补语选择那些在语义上能与其结果意义相配合的动词。比如表示"接触"意义的"上"，要求前边的动词表示接触或可使接触的动作，如"接、连、穿、碰、放、添、画"等。表示"失去正常状态"的意义的"过去"要求前边的动词表示非正常状态的动作或状态，如"昏迷、睡、死"等。

2.1.4 虽然我们认为趋向补语的结果意义是具体的,但同时又认为它是概括的。我们应该尽量分析归纳出这种概括性的意义。否则会把趋向补语的一个结果意义分割成几个,而这几个意义可能是前边的动词所具有的。比如如果把"集中起来""统一起来"中的"起来"看成"由分散到集中",把"藏起来""躲起来"中的"起来"看成"由显露到隐蔽",那么把"陈列起来""摆起来"看作什么呢?看作"由隐蔽到显露"?这里有一个结果意义的同一性问题。

2.2 表示结果意义的趋向补语的形式标志

怎样鉴别一个趋向补语表示的是趋向意义还是结果意义?怎样确定一个趋向补语包含一个还是几个结果意义,即怎样确定结果意义的同一性问题呢?这就是本节所要解决的问题。

2.2.1 表示结果意义的趋向补语区别于趋向意义、状态意义的趋向补语的形式标志

(1)不能与处所宾语同现。这是在形式上鉴别一个趋向补语表示的是趋向意义还是结果意义的重要方法。比如"下来",既表示"由高处向低处位移"这样一个趋向意义,又表示"分离"这样一种结果意义,那么下边两个句子属于哪种意义呢?

㉗ 他从地里拔下来一个大萝卜。

㉘ 你把帽子从头上摘下来。

第一个句子,从意义上讲,"大萝卜"并没有"由高处向低处位移",从结构上讲,也不能加处所宾语,不能说"*把大萝卜拔下地来",所以这个"下来"不表示趋向意义,而表示结果意义;第二个句子中的"帽子"可能"由高处"移向了"低处",但不能加处所宾语,如"*把帽子摘下头来",所以这个"下来"也表示结果意义。

(2)动词前可加表示起点的状语,如例㉗、㉘。

(3)大部分可用于"把"字句,如例㉕、㉘。

(4)大部分有可能式,例如:

㉙ 他连积极分子的边儿也挨不上呀。(谌容)
㉚ 我的肚子装不下四桶水!(老舍)

2.2.2 怎样确定结果意义的同一性

当一个表示结果意义的趋向补语同一个动词结合而表示不同意义时,这个趋向补语就包含不止一个结果意义。比如趋向补语"上":

㉛ 节日里,孩子们都穿上了新衣服。(表示"接触")
㉜ 孩子们盼了好久,今天终于穿上了新衣服。
   (表示"达到了希望达到的目的")
㉝ 我早就想吃龙虾,这次去福建终于吃上了。
   (表示"达到了希望达到的目的")
㉞ 这种水果每天吃上两个,对身体很有好处。
   (表示"达到一定的数目")

也就是说,表示不同结果意义的趋向补语,不排斥同一动词。相反,表示同一结果意义的趋向补语,则不能与同一动词结合而表示不同的意思,但不排斥不同的动词,即可与不同的动词结合。因此我们认为,如果在同一结果意义的趋向补语的分布中出现了相同的动词,那就说明为结果意义的归类错了。比如如前所述,《现代汉语八百词》把表示"合拢""添加"以及"达到一定目的或标准"的意思都归作"上"的一个结果意义,就值得考虑。因为我们可以说:

㉟ 池塘里已经养上鱼了。(表示"鱼与池塘接触")
㊱ 这个孩子早就想养鱼,这回可养上了。
   (表示"达到了希望达到的目的")

上述两个句子的"养"是同一动词,意义相同,但两句的"养上"意思明显不同,说明其中的"上"应分属两个结果意义。

补语对前边动词的选择——分布,是决定结果意义同一性的重要形式特征。

3 状态意义

趋向补语的状态意义表示人或事物状态的变化。如果说趋向意义表示人或事物在空间的位移,那么状态意义就表示动作或状态在时间上的展开、延伸,结果意义则与空间、时间无关。

每个趋向补语所表示的状态意义是与其趋向意义有联系的。只有表示向上、向四方、向下的趋向补语"起来、起、上、开、下来、下去"有状态意义,"上来"也可以表示状态意义,但用得有限。

3.1 表示进入新状态的趋向补语

表示向上、向四方意义的"起、起来、上、上来、开"与表示向下意义的"下来、下去"都可以表示进入新的状态。

3.1.1 "起来、上、开"等表示向上、向四方的补语与动词结合时,表示事物由静态进入动态。如:

㊲ 天阴了雪又下起来了。(王安忆)
㊳ 那伙人像疯了似地喊起来。(谌容)
㊴ 空中还不时响起一阵阵沉闷的雷声。(谌容)
㊵ 虎妞的嘴哆嗦上了。(老舍)
㊶ 正队长一看事情躲不脱了,她不等不靠,自己扛起大头干上了。(蒋子龙)
㊷ 六个人在一腿深的青草上打开了。(赵树理)
㊸ 有的闷喝,有的猜开了拳。(老舍)

上述句子都表示从没有动作(静态)转为进行动作(动态)。

相反,表示向下意义的"下来"与动词结合时,表示由动态转为静态。如:

㊹ 那"乒!乒!乓!乓!"的敲打声也骤然停息下来。(张洁)
㊺ 一会儿站下来用望远镜看看敌方阵地……(邓友梅)
㊻ 走到东南角,传单撒完了,她的心才放下来。(梁斌)
㊼ 何婷这才安下心来,拨起电话号码。(张洁)

3.1.2 与形容词结合时，“起来”等表示状态的变化。只有“起来、上来、下来、下去”可以与形容词结合。“上、下”等不能。

“起来”可以结合的形容词面最宽，在《普通话三千常用词表》(初稿)①所收的形容词中，绝大部分可与“起来”结合，只有非谓形容词以及“适当、恰好、凑巧、亲爱的、故意”等少数词除外。如：

㊽ 生活有了这些，就变得愉快、美好起来。(王安忆)

㊾ 鲁泓回忆起这些场景时，视线有些模糊起来。(从维熙)

㊿ 一阵风过去，天暗起来。(老舍)

(51) 有这么好多原因，说闲话的人一天比一天少起来。(赵树理)

(52) 我呼吸都困难起来。(邓友梅)

“下来”“下去”可结合的形容词十分有限。在《普通话三千常用词表》(初稿)中，“下来”只与表示声音的“低”(或表示价格)、“小”“静”“安静”，表示光线的“暗”“黑”，表示人的情绪态度的“平静”“冷”“凉”“松”“软”以及表示速度的“慢”结合。“下去”可结合的形容词更少，只有“低”“静”“暗”等。很明显，可以与“下来”“下去”结合的只是少数负向形容词②。例如：

(53) 以后的声音又都低下去，艾艾就听不见了。(赵树理)

(54) 忽然又像回光返照一般地明亮起来，但接着又暗下去。(曹禺)

(55) 老殷头勒紧笼头，让马慢了下来。(谌容)

(56) 小腿疼一听说要出罚款，要坐牢，手就软下来，不过嘴还不软。(赵树理)

虽然“起来”既可以与正向形容词结合，也可以与负向形容词结合，但在我们的语言材料中，它主要与正向形容词结合。我们做了一个统计，“起来”与正向形容词结合有 358 例，与负向形容词结

① 《普通话三千常用词表》(初稿)，文字改革出版社，1959 年。

② 所谓正向形容词指“大、高、热、硬、积极、坚强”，相反，“小、低、冷、软、消极、软弱”是负向形容词。

合有56例，这说明“起来”主要表示由静态向动态、由弱至强的变化；“下来”“下去”只与负向形容词结合，说明它们表示由动态向静态、由强至弱的变化。这与趋向意义恰好有联系：在空间上“由下至上”的变化与由弱至强的状态变化相联系；在空间上“由上至下”的变化与由强至弱的状态变化相联系。

那么“起来”与“下来”“下去”和同样的负向形容词结合时，还有区别吗？我们认为有。当“起来”与上述表述声音、光线、速度、人的情绪等形容词组合时，“正向形容词＋起来”表示合乎常规、合乎意料的变化。如：

(57) 发现了这个事实，她就更加不安起来。（杨沫）

(58) 想到得意处，车子便又快起来。（赵树理）

(59) 他见了光明，太阳好像特别的亮起来。（老舍）

(60) 孙知县：你没有那个本领！（又硬起来）好啦，你是借着团的那气儿来敲诈我。（老舍）

“负向形容词＋起来”则表示不合常规或出乎意料的变化，所以前边常有或可加上“反而”“倒”“忽然”“一下子”等词语。如：

(61) 圆圆反倒觉得平静起来。（张洁）

(62) 盛气反而使他沉稳起来。（曹禺）

(63) 茶客们忽然全寂静起来，几乎是闭住呼吸地听着。（老舍）

因此，“起来”与“下来”“下去”在一定的语境中不能互相替换。比较：

(64) 掌声停了，人们都静下来。（负向，合常规）
掌声停了，*人们都静起来。（负向，合常规）

(65) 太阳出来了，房间里也明亮起来。（正向，合常规）
太阳出来了，*房间里也明亮下来。（正向，合常规）

3.1.3 表示进入新状态的趋向补语的结构特点

(1) 句中不包含处所宾语及表示动作起点的状语。

(2) “上、起来、开”与动词组合时，表示一种在说话人看来是不

知不觉开始的状态,所以不能用于"把"字句。如:

⑥⑥ ＊他们又把歌唱上了。
　　＊他们又把歌唱起来了。
　　＊他们又把歌唱开了。

"下来""下去"与形容词结合表示状态变化时,自然也不能用于"把"字句。

同样的原因,上述趋向补语一般也不能用于祈使句。如:

⑥⑦ 大声喊!
　　＊大声喊起来!
⑥⑧ 说!
　　＊说上!
⑥⑨ 唱!
　　＊唱开!

(3) 关于是否有可能式的问题,比较复杂。

"上"与"开"没有可能式。如:

⑦⑩ 唱上了。
　　＊唱不上。
⑦① 唱开了。
　　＊唱不开。

"起来"与动词结合时,一般也没有可能式。如:

⑦② 他站住沉思起来。(张洁)
　　＊他站住沉思不起来。
⑦③ 她心里猜想着,只好站在庙门外的台阶上等待起来。(杨沫)
　　＊她……等待不起来。

有些动词加上"起来"分属结果意义与状态意义,前者为可能式,后者无可能式。比较:

⑭ 一班学生心齐，歌能唱起来。
二班学生心不齐，歌老也唱不起来。（结果意义）
忽然一班学生唱起来了，吓了我一跳。（状态意义）
*忽然二班学生唱不起来……

“起来”与形容词组合时，一般也没有可能式，但当表示希望出现某种状态而又达不到目的时，也可以用可能式。如：

⑮ 这几天他老高兴不起来。
⑯ 我想对他亲热点儿，可是怎么也亲热不起来。

能这样用的只限正向形容词。负向形容词不行。如：

⑰ *这个人老也愁不起来。
⑱ *我对他老也冷淡不起来。

表示说话人的估计时，也可以用可能式，也只限于正向形容词。如：

⑲ 我看他一辈子也红不起来。
⑳ 他们哪，我想三年五年富不起来。

“下来”表示状态意义时，可以用可能式表示希望达到但没有达到的状态。如：

㉑ 教室里老也安静不下来。
㉒ 他想说得慢点儿，可是慢不下来。

“下去”表示进入新状态意义时无可能式。

3.2　表示动作继续进行和状态保持不变的趋向补语

3.2.1　“下去”与动词结合，表示动作继续进行，即保持某种运动状态。如：

㉓ 她忘记了焦部长，忘记了秦波，也忘记了自己，一个接一个地看下去。（谌容）
㉔ 事在人为，努力干下去，总会看到胜利。（梁斌）

㉘ 弹琴的人总也不能流畅地弹下去。（张洁）
㉖ 如果这样浪费下去就吃亏了。（高晓声）

3.2.2 "下去"与形容词结合,表示保持某种状态。如：

㉗ 再冷下去,就不会有了。（高晓声）
㉘ 他便不再客气下去。（高晓声）
㉙ 吉子宽怕张维再啰唆下去,便插进话说……（谌容）
㉚ "四人帮"倒台了,农村也算穷到底了,不会再穷下去了。（高晓声）

这样用的"下去"多出现于假设句或包含否定意思的句子。

3.2.3 结构特点

（1）句中不包含处所宾语及表示动作起点的状语。
（2）可用于祈使句,但限于前面是动词的情况。如：

㉛ 说下去！
㉜ 坚持下去！
㉝ ＊高兴下去！

（3）与动词结合有可能式。如：

㉞ 话已经说不下去。（高晓声）
㉟ 不改革无论如何混不下去了。（蒋子龙）

与形容词组合时,无可能式。如：

㊱ ＊他再也糊涂不下去了。
㊲ ？他再也高兴不下去了。

（原载《语法研究和探索》（四）,北京大学出版社,1988年,有改动）

十九　汉语的形容词对定语和状语位置的选择*

1　问题的提出

我在北京语言学院曾经教过几个学期写作课,发现学生在使用形容词时,常常有问题。来美国后,在教学中发现这个问题在美国学生中特别突出,几乎在每一个人的每一次作文里都存在。学生出现的问题是:把应该放在谓语位置上的形容词,放在了定语位置上。如:

① 我觉得美国孩子有太多的钱和太多的时间,所以他们想做什么就做什么。(美国学生)
② 从这个电影来看,中国人偏向大儿子,父母给他最多的东西。(美国学生)
③ 老师问不难的问题,我们都会回答。(日本学生)
④ 她穿了一件漂亮衣服,我也想买一件。(日本学生)
⑤ 这个节目介绍了五个人,都住在一起,可是每个人有不同的想法。(美国学生)

上面五个句子,把每个句子分成一个个分句来看,很难说有什么不对,但是把两个或几个分句连起来以后,读起来就显得很别

---

* 本文曾在1989年美国中文教师学会(波士顿)年会上宣读。此次发表,只增加了一些例句,在观点和文字上未做改动。

扭。如果改成下面的句子就顺了：

①'我觉得美国孩子的钱和时间太多了，所以他们想做什么就做什么。
②'从这个电影来看，中国人偏向大儿子，父母给他的东西最多。
③'老师问的问题不难，我们都会回答。
④'她穿的衣服很漂亮，我也想买一件。
⑤'这个节目介绍了五个人，都住在一起，可是每个人的想法不同。

我们可以发现，在改变之前的句子里，"太多、最多、不难、漂亮、不同"等形容词性词语都处于定语的位置上，在改变之后的句子里，这些形容词性词语都移到谓语的位置上去了。这是为什么呢？本文试图对这种现象做一简要分析。

既然问题出在形容词作定语还是作谓语上，我们就从这里着手进行分析。

2 汉语的形容词作定语时在句子中的位置和作用

定语可以分为两类：描写性的和限制性的。所谓描写性定语，其作用是对中心语所表示的事物的性质、状态进行描写，说明它是什么样的。本文只与描写性定语有关，而不涉及限制性的定语（说明中心语所表示的事物的范围）。①

汉语的形容词作定语时，可以出现在主语中，也可以出现在宾语中。

2.1 主语中的定语

定语出现在主语当中时，中心语多表示已知信息。如：

---

① 刘月华(1984)定语的分类和多项定语的顺序，北京市语言学会《语言学和语言教学》，合肥：安徽教育出版社。

⑥ 这只旧衣柜,又拿来了。(曹禺)
⑦ 昨天来的那位漂亮姑娘是谁?
⑧ 午饭后,天气更阴沉,更郁热。低沉潮湿的空气,使人异常烦躁。(曹禺)
⑨ 他的热情洋溢的讲话,给我留下了深刻的印象。
⑩ 你的那个笨孩子打破了一个杯子。

在上述句子中,主语的中心语或表示动作者,或是判断的对象,定语则从性质、状态等方面对其加以描写。

2.2 宾语中的定语

汉语的宾语多表示新信息。如:

⑪ 我当时小猫般好奇的心里,只是想到了一个幼稚的问题。(《人民文学》1989年)
⑫ 我恍恍惚惚地看见两个穿着黑衣裳的鬼……(曹禺)
⑬ 触目的是一张旧相片……(曹禺)
⑭ 我不愿意喝这种苦东西。(曹禺)

例⑪－⑬中的宾语"一个幼稚的问题""两个穿着黑衣裳的鬼""一张旧相片"都表示新信息,例⑭中的"这种苦东西"不是新信息,这个句子的焦点在"愿意"上。

与本文有关的只是宾语中的定语。因此下文提到定语时,将只限于宾语中的定语。

3 形容词作谓语的作用

汉语的形容词可以直接作谓语,而且作谓语比作定语更自由。如:

⑮ 她的衣服朴素,洁净……(曹禺)
⑯ 室内陈设华丽……(曹禺)
⑰ 大灯笼的颜色很蓝也很光洁,伸手就可以摸到。(《人民文

学》1989年）

⑱ 这个女孩很可爱。

⑲ 春天到了，柳树绿了，河水解冻了。

形容词作谓语时，主语多为已知信息（如例⑮－⑱），也可以是新信息（如例⑲）；谓语是对主语的描述，一般表示新信息，通常是句子的语意焦点。

4 形容词对定语和谓语位置的选择

汉语的形容词既可以作定语，又可以作谓语，那么，同一个形容词作定语与作谓语在语意上是否有什么不同呢？让我们来比较一下：

⑪'我……想到了一个很幼稚的问题。
　　我……想到的问题很幼稚。

⑬'触目的是一张旧相片。
　　这张相片很旧。

⑮'她的衣服朴素，洁净……
　　她穿着朴素、洁净的衣服。

⑱'这个女孩很可爱。
　　我看见了一个很可爱的女孩。

我们可以看出来，在形容词作定语的句子里，其后的名词都表示一个新信息，形容词的作用是对这个名词所表示的事物进行修饰，虽然也是新信息的一部分，但句子的语意焦点是在形容词所修饰的名词上；当形容词作谓语时，它不仅表示新信息，而且是句子的语意焦点，而它所描述的名词所表示的事物则往往是已知信息。汉语的信息结构特点是：新信息在已知信息后，焦点是新信息的核心，更是在已知信息之后。因此，当一个名词表示的是已知信息，不是句子的语意焦点，又要用一个表示新信息、而且是句子的语意焦点的形容词去描写时，就应该把这个形容词放在该名词之后，即

应该把名词放在主语的位置上,把形容词放在谓语的位置上。现在让我们回过头来分析一下外国学生所写的句子:

① 我觉得美国孩子有太多的钱和太多的时间,所以他们想做什么就做什么。(美国学生)

在这个句子里,"时间""钱"不是新信息,因为一般来说,人都有会有时间,也会有一些钱;"太多"是新信息,而且是"他们想做什么就做什么"的原因,从而也是第一个分句的语意焦点,所以应该把"太多"放在谓语的位置上,如例①'。

①' 我觉得美国孩子的钱和时间太多了,所以他们想做什么就做什么。

接着:

④ 她穿了一件漂亮衣服,我也想买一件。

这个句子与上一个句子完全相同,所以应该把"漂亮"放在谓语的位置上,改为④'。

④' 她穿的衣服很漂亮,我也想买一件。

再接着:

③ 老师问不难的问题,我们都会回答。

如果这是一个假设句,当然没有问题,因为那样"不难的问题"就是一个新信息了。但在学生的文章里,这不是一个假设句,"问题"也不是新信息,因为上文已经提到老师提问题的事,而"不难"则是新信息,表示"我们都会回答"的原因,从而成为第一个分句的语意焦点,所以应该放在谓语的位置上,改为③'。

③' 老师问的问题不难,我们都会回答。

最后看看例②和例⑤:

② 从这个电影来看,中国人偏向大儿子,父母给他最多的东西。

⑤ 这个节目介绍了五个人,都住在一起,可是每个人有不同的想法。

在这两个句子里,名词"东西"和"想法"显然是已知信息(来自已经看过的电影和节目),句子的语意焦点在"最多"和"不同"上,所以应该改为②'和⑤'。

②' 从这个电影看,中国人偏向大儿子,父母给他的东西最多。
⑤' 这个节目介绍了五个人,都住在一起,可是每个人的想法不同。

5 形容词作定语和作谓语问题的复杂情况

我们上面通过一些例子说明外国学生,特别是美国学生,在使用形容词时存在选择定语还是谓语位置的问题。实际上,这个问题很复杂。首先汉语的形容词和英语的形容词句法功能不尽相同。[①] 比如,汉语的形容词作定语很受限制,而作谓语则自由得多。因此,几乎所有可以作谓语的形容词都可以作定语("多、少、够"等所谓唯谓形容词除外);相反,英语有些形容词作表语(to be+形容词,功能有些类似中文的谓语)则很受限制。其次,汉语和英语的形容词内部功能也不尽相同,有些形容词学生容易出问题,有些形容词学生不容易出问题。此外,学生不是在所有的句式中都会出现问题。本文不打算对形容词作定语还是谓语这个问题进行全面的分析,只谈几个与教学有密切关系的问题。

5.1 汉语的形容词作定语十分受限制

如前所述,汉语的形容词作定语所受的限制比作谓语要大得多。这表现在以下几个方面:

5.1.1 形容词单独作定语时,对所修饰的名词有选择性。这个问题朱德熙(1956)有过详细的论述。他举例说,可以说"薄纸",不能说"*薄灰尘";可以说"绿树",不能说"*绿庄稼"。但可以说

[①] 请参见本文附录。

"薄薄的一层灰尘""绿绿的庄稼"。① 因此,当对同一个形容词作定语还是谓语进行选择时,除了我们在第3节谈的问题之外,还要注意选用形容词的正确形式。否则会出现句法结构方面的问题。如:

⑳ *前面是一条浅河,孩子们上学、放学都是光着脚蹚过去。

(美国学生)

前面是一条浅浅的小河,孩子们上学、下学都是光着脚蹚过去。

前面的小河很浅,孩子们上学、下学可以光着脚蹚过去。

㉑ *看着小梅那细皮肤,就知道她不常下田干活儿。

(美国学生)

看小梅那细细的皮肤,就知道她不常下田干活儿。

小梅的皮肤很细,因为她很少下田干活儿。

5.1.2 "多、少、够、对、错"等形容词

我们知道"多、少"作定语时,前边要加"很"。如:

㉒ 书架上摆着很多新书。

㉓ 他只在汤里放了很少一点儿盐。

在这种句子里,作定语的形容词变换成谓语很方便:

㉒' 书架上的新书很多。

㉓' 他在汤里放的盐很少,所以很淡。

由于本文前面所说的原因,美国学生不太会用后面这一类句子,即他们很少把形容词放在谓语的位置上,而喜欢把形容词放在定语的位置上。通常会说:

㉔ *我每天有太少时间睡觉,所以常常上课晚。

㉕ *我学得不好,不是因为我不用功,可能是因为教授太严,给太多功课。

---

① 朱德熙(1956)现代汉语形容词研究,《语言研究》第1期。

㉖ *他觉得城市里有太多的安全问题。
㉗ *开学的时候我想,三年级应该是最多功课的,四年级不会太忙了。

把"太少、太多、最多"放在谓语的位置上,就没有问题了:

㉔'我每天睡觉的时间太少,所以常常迟到。
㉕'我学得不好,不是因为我不用功,可能是因为教授太严,给的功课太多。
㉖'他觉得城市里安全方面的问题太多了。
㉗'开学的时候我想,三年级应该是功课最多的,四年级就不会太忙了。

"够"与"对、错"一般不作定语,如不说"*我有(很)够(的)钱""*这是一个(很)对(的)答案""*我打了错号码"。可是美国学生常常会说出下面的句子:

㉘ (在商店)
　A:*哎呀,这种车又涨价了,你有够钱吗?
　B:*我没有够钱。

应该改为:

㉘' A:哎呀,这种车又涨价了,你的钱够吗?
　　B:我的钱不够。
㉙ (打电话)
　A:喂,我找王大为。
　B:*对不起,你打了错号码。

应改为:

㉙' A:喂,我找王大为。
　　B:对不起,你打错了。(或:你的号码错了。)

把"够、对、错"放在定语的位置上,在美国学生中非常普遍,这是因为受英文的影响。

5.2 与句式有关的问题

本文讨论"有"字句和"是"字句,是美国学生最常出错的。

5.2.1 "有"字句

下面是美国学生最常说的句子:

㉚ *我认为不同种族的人结婚,还是可以建立一个幸福的家庭。可是在农村,由于很多人有保守的看法,所以如果他们住在农村,就免不了受歧视。

㉛ *中国人结婚,父母送很多礼物。美国人有不同的结婚风俗,在结婚典礼上,朋友们给很多有用的东西。

㉜ *他们不收礼,也不送礼,那个地方有很少这么好的人。

㉝ *你有很好成绩,才能上这个大学。

应改为:

㉚' 我认为不同种族的人结婚,还是可以建立一个幸福的家庭的。可是在农村,由于很多人思想很保守,所以如果他们住在农村,就免不了受歧视。

㉛' 中国人结婚,父母给很多东西。美国人结婚的风俗习惯不同,在结婚典礼上,朋友们会送很多有用的东西。

㉜' 他们不收礼,也不送礼,那个地方这么好的人很少。

㉝' 你的成绩很好,才能上这所大学。

5.2.2 "是"字句

请比较下面的句子:

㉞ a. 这个女孩很漂亮。
　 b. 这是一个很漂亮的女孩。
㉟ a. 小梅这个姑娘很聪明。
　 b. 小梅是个很聪明的姑娘。
㊱ a. 南京这个城市很大。
　 b. 南京是一个很大的城市。

在"是"字句中,"是"的主语和宾语通常表示同类事物,所以往往同属已知信息或新信息，定语则一定表示新信息。正因为如此，从语意焦点来看，例㉞—㊱之a式和b式基本一样，形容词都表示新信息，都是语意焦点。但从表达功能或出现的语境来看，a式和b式则不完全相同。a式是描写句，b式是判断句，a式的描写作用很强，b式则具有分类的作用。再看下面的句子：

㊲ 香港是一个有很多人口的地方，可是那儿的经济很发达，生活水平很高，所以我认为人口多不是一个缺点。

在这个句子里，说话人要说的意思是：虽然香港人口很多，可是经济很发达，生活水平很高。所以应该把表示语意焦点的短语“很多”放在谓语的位置上：

㊲' 香港人口很多，可是那儿的经济很发达，生活水平很高，所以我认为人口多不是一个缺点。

而“香港是一个有很多人口的地方”则是一个判断句，说的是“香港”怎么样，与后面的句子在语意上衔接不起来。但是跟下面的句子可以衔接：

㊲" 香港是一个人口很多的城市，而西宁则是一个人口较少的城市。

显然㊲"的两个分句功能是判断性的，是对两个城市进行对比。此外，不是所有的a式和b式都可以互相变换。如：

㊳ a. 外边阳光很亮。

b. * 外面/这是很亮的阳光。

㊴ a. 今天天气很冷。

b. * 今天是冷天气。

㊵ a. 这是一个方桌。

b. * 这个桌子很方。

㊶ a. 这是件绿衣服。

b. * 这件衣服很绿。

在表达此类意思时,美国学生常常喜欢选择"是"字句。结果,不是在表达功能或上下文方面出问题,就是在结构方面出问题。

实际上,形容词不仅有谓语和状语位置的选择问题,还有状语和谓语以及状语和补语的位置选择问题。如:

㊷ 多买一点儿![学生往往说:＊买多一点儿!]

㊸ 应该少吃糖。[学生往往说:＊应该吃少糖。]

再如"快走"与"走快","晚来"与"来晚"等,这些不在本文的范围内,笔者以后将另文分析。

参考文献

Brown, G. & Yule, G. 1983. *Discourse Analysis*. Cambridge: Cambridge University Press.

Quirk, R., Greenbaum, S., Leech, G. & Svartvik, J. 1972. *A Grammar of Contemporary English*. London: Longman.

附　录

英语的形容词有的既能作定语又能作表语,有的只能作定语,有的只能作表语。一个形容词究竟可以用作定语还是表语,又与其意义(直接意义与转义)、作用(用作说明还是用作描写,表示永久的性质还是临时的性质)有关,情况很复杂(参见 Quirk, Greenbaum, Leech & Svartvik,1972)。英语形容词的这种情况必然会影响说英语的学生对汉语形容词的运用。一般来说,英语的形容词作表语受的限制更大。为了进一步证明本文的论点,在文章写完后,我让三个已经学了两三年中文的学生,用最自然的英文,把与本文相关的一些中文句子翻译成英文。下面是他们的翻译(三人分别用甲、乙、丙表示):

① 今天天气很冷,你别出去了。
  甲　Tody it's very cold, you'd better not go out.
  乙　It's really cold out today; don't go out!
  丙　Do not go out, it is very cold today.
② 小梅很漂亮,你看见过吗?
  甲　Xiaomei is very pretty. Have you seen her before?
  乙　Xiaomei is a really pretty girl; have you seen her before?
  丙　Xiaomei is very pretty, have you seen her?

③ 我觉得美国学生钱太多，时间也太多，所以他们想做什么就做什么。
　甲　I think that because American students have too much money and too much time, they feel they can do whatever they want.
　乙　I think American students have too much money and too much time, so they do whatever they want.
　丙　I think American students have too much money and time, hence they can do whatever they want.
④ 从这个电影来看，父母偏向大儿子，给他的东西最多。
　甲　Since they saw this movie, the parents favor the oldest boy, and give him too many things.
　乙　You can see from this movie that the parents favor the oldest son (and) give him the most things.
　丙　Judging from this movie, parents tanned to favor their oldest son and give him the most of everything.
⑤ 今天上课老师问的问题不难，我们都会回答。
　甲　Today in class the teacher asked us easy questions. We could all answer them.
　乙　The questions teacher asked in class today weren't too difficult, we could all answer.
　丙　The question asked by the professor in today's class were not very difficult, we could answer all of them.
⑥ 这个节目里有五个人，都住在一起，可是想法不同。
　甲　There are five people in this movie. They all live together but each has their own way of thinking.
　乙　There's five people in this program; they all live together but they have different ways of thinking.
　丙　There are five people in the show, they all live together but have different views on things.
⑦ 我每天睡觉的时间太少，所以常常迟到。
　甲　I don't get enough sleep at night, so I'm often late.
　乙　I never sleep enough, so I'm often late.
　丙　I get very little amount of sleep everyday, hence I am always late to class.
⑧ 我觉得城市里安全问题太多。
　甲　I think that safety in an inner city is a big problem.
　乙　I think there are too many safety problems in cities.
　丙　I think there are many safety issues in the city.

⑨ 开学的时候我想,三年级应该是功课最多的,四年级就不会太忙了。

 甲 At the beginning of the semester, I think the 3rd year students should have the most homework, then the 4th year won't be as busy.

 乙 When school started I thought 3rd year was the year with the most homework, so 4th year shouldn't be so busy.

 丙 At the beginning of the semester, I thought junior year have the most work and senior year would be less busy.

⑩ 我学得不好,不是因为我不用功,可能是因为教授太严,给的功课太多。

 甲 I'm not doing well in that class, not because I don't study, but maybe because the professor is too strict and assigns too much homework.

 乙 I don't do well (in school), but not because I'm not hardworking, maybe because the professor is too strict and gives too much homework.

 丙 I do not get good grades is not because I do not study hard, but it is because the professor is too strict and assigns us too much homework.

⑪ 这种汽车又涨价了,你的钱够吗?

 甲 The price on this kind of car has gone up. Do you have enough money?

 乙 The price of this kind of car gone up again; do you have enough money?

 丙 The price for this model of cars has raised again, do you have enough money?

⑫ (打电话)对不起,你打错号码了。

 甲 Sorry, you got the wrong number.

 乙 Sorry, you have the wrong number.

 丙 I'm sorry, you have dialed the wrong number.

⑬ 你的成绩好才能上这个大学。

 甲 Your grades have to be good if you want to go to college.

 乙 You can only go to this college if you have good grades.

 丙 You only can get this school if you have good grades.

这三个学生的翻译不尽相同,这与他们对句子的理解有关。从上面这十三个句子的翻译来看,除了①以外,其余的句子学生都往往把形容词放在定语位置。这些翻译再次证明了我们的论点,同时也能帮助我们找到问题的某些原因。

(原载《美国中文教师学会会刊》,1996年第2期,有改动)

二十　趋向补语前动词之研究*

趋向补语是汉语中十分重要的一个语法现象。过去我们对趋向补语、动趋结构,对包含动趋结构的句子,进行了很多研究。本文换一个角度,研究趋向补语前面的动词,说明趋向补语前可以出现什么样的动词,并由此探讨趋向补语的表达功能。

虽然从最概括的语法意义来说,趋向补语像其他一些补语一样,都表示动作的结果①,但具体分析时,发现仅仅由 11 个趋向动词构成趋向补语所表示的意义是非常复杂的。要说明趋向补语前可以出现哪些动词,首先必须说明趋向补语在意义上可以分哪些类,因为意义类别不同的趋向补语,前面可以出现的动词几乎完全不同。实际上对趋向补语做任何研究,可能都不能不分类进行。笔者曾写过一篇文章,题目是《趋向补语的语法意义》,该文详细说明了我们对趋向补语语义分类的原则。我们把所有趋向补语的意义分成三大类:趋向意义、结果意义、状态意义。② 本文将按照这种

---

* 笔者主编的《趋向补语通释》分为三部分。第一部分是总论,论述趋向补语的语义分类及包含趋向补语的句子的结构特点。第二部分是分述,分章描写每个趋向补语的意义及每个意义前可以出现的动词(分类)。每一分述后,有一个词表,表中注明在所采用的 400 万字的语料中每个动词出现的频率。第三部分是动词与趋向补语搭配词表,收录了《现代汉语词典》中全部可以带趋向补语的动词,每个动词下按照义项列出可以结合的趋向补语。本文是在《趋向补语通释》的基础上写成的。

① 我们认为汉语的补语有以下几种:结果补语、趋向补语、可能补语、情态补语(带"得"的补语)。表示时量、动量等的成分,我们认为无论在意义上、在句法结构上,都与上述补语不同,所以我们同意朱德熙先生的意见,把它们从补语中分出去。

② 刘月华(1988)趋向补语的语法意义,中国语文杂志社编《语法研究和探索》(四),北京:北京大学出版社。

分类来说明趋向补语前可以出现的动词。

　　用一句最概括的话来说,趋向补语前可以出现的动词,是可以直接产生该结果的动作行为动词,而且,这个动词和该补语所组成的动趋结构意思应该是清楚的。结果补语也如此。比如可以说"跑进教室",因为"跑"可以直接产生"进教室"这样一个结果。同样道理我们也可以说"端上楼一盘水果""哭红了眼睛""打破了一个杯子"等等。同样还可以说"孟姜女哭倒了长城",因为"孟姜女哭"了以后,直接产生"长城倒了"这样一个结果,而且"哭倒了长城"的意思是清楚的。但有一个外国学生想说一个人哭得很厉害,结果倒在了地上,而用"＊她哭倒了"这个句子来表达却是不行的,因为"哭"一般不直接产生"倒"这种结果,而且"她哭倒了"这个句子意思也不清楚。如果说"她哭倒在地上",也许有人可以接受,这是因为"在地上"补充了一些信息,使意思更清楚了。又如一个人跟一个朋友吵翻了,他很后悔,想找他和解,于是去敲那个朋友的门,可是那个朋友不想见他,发现是他在敲门,干脆把本来没有关上的门关上了。要表达这个意思,你不能说:"＊他去敲门,反而把门敲上了。"(比较:"把门敲开了"),这是因为,"敲"可以直接产生"(门)开(分离)了"的结果,而不直接产生"上(接触)"的结果。

　　"趋向补语前可以出现的动词,是可以直接产生该结果的动作行为动词,而且,这个动词和该补语所组成的动趋结构意思应该是清楚的。"这个概括很重要,它给了我们一个原则。在分析趋向补语前的动词时,它也给了我们一个范围。

1　表示趋向意义的趋向补语前可以出现的动词

　　趋向动词的本义是表示方向,所谓趋向补语表示趋向意义,意思是趋向补语可以表示通过动作,使人或物体移动的方向。方向意义也是一种结果意义——在方向方面的结果。比如"他走上楼来",动作是"走",结果是"(他)上(楼)来"。"我把一个球扔出门去了",动作是"扔",结果是"(球)出(门)去了"。趋向补语表示趋向意义时,也可以说动词表示方式,比如在上述例子中,"走、扔"表示"上(楼)来""(球)出(门)去"的方式。

可以出现在表示趋向意义的趋向补语前的动词可以分为三类。

A类动词:是趋向动词"上、下、进、出、回、过、起、到"。如:"你快上来!""他刚下楼去。""请他们进来。""出去!""我马上回去。""你过来!""快起来!""这一天终于到来了。"

B类动词:是表示物体、躯体运动的动词,也可以叫作移动动词。比如"走、跑、扑、飞、飘、坐、躺"等。如:"一只鸟飞上了树枝。""你应该躺下休息。""妹妹跑下楼来。""老师匆匆忙忙走出教室。""白云在空中飘来飘去。"

C类动词:是表示可以使人或物体改变位置的动作行为动词。比如"拿、搬、端、送、请"等。如:"你搬一把椅子来。""他请你们把车开过桥来。""你把这些书给他送过去吧。""我去把他借去的书要回来。""请同学们把画好的画儿举起来。""我把礼物给他们送到家里去。"

表示趋向意义时,趋向补语"来、去"和"到、到……来、到……去"(以下称"到"组,"上、上来、上去"称"上"组,依此类推)与其他趋向补语情况不同。

1.1 "来、去"和"到"组前可以出现的动词

在"来、去"前,A、B、C三类动词都可以出现,其中出现频率最高的是A类动词。在《趋向补语通释》一书所用的语料中(见本文附表二),"来"作补语共出现3193次,出现在A类动词前的有2130次,占66.7%。"去"作补语共出现2323次,出现在A类动词前的有1619次,占69.7%。"来、去"作补语时,前面的动词为B类的分别为27个和25个,分别出现了296次和422次,分别占9.3%和18.2%。C类动词分别出现了121个和67个,分别为767次和282次,占24%和12.1%。"到"组前可出现的动词以B类为多。

1.2 "上""下""进"等组前可以出现的动词

"上""下""进""出""回""过""起""开"等组前只能出现B类和

C类动词。而且,除了"上来、上去"及"回"组以外,B类动词出现的频率均占优势。其中出现频率最高的为"走",其次为"跑"。这两个动词出现的频率与其他动词相差悬殊。由于各个趋向补语的意义不同,前面出现的高频动词也不同。比如"上"组前"跳、爬"一类的动词出现的多些;"下"组前"坐、低、跪、躺、落"出现的多些;"进"组前"钻(zuān)"多些;"出"组前"伸(手)"多些;"过"组表示改变方向意义时,前面出现"回(头)、转、扭"等动词多些;"起"组前"站、立、坐、抬(头)"多些。

2　表示结果意义的趋向补语前可以出现的动词

趋向补语可以表示非方向性的结果,我们称为结果意义。趋向补语的结果意义最为复杂。

大部分的趋向补语有结果意义(见本文附表一)。有的趋向补语只有一个结果意义,有的有几个结果意义。按照我们的分析,一个趋向补语最多的有四个结果意义。为了说明表示结果意义的趋向补语前面可以出现的动词,我们又把趋向补语的主要结果意义分为三大类:基本结果意义、表示"完结、完成"意义、表示"能力"的结果意义。

2.1　表示基本结果意义的趋向补语前可以出现的动词

每个具有结果意义的趋向补语都有基本结果意义,也就是说,如果某个趋向补语只有一个结果意义,那么这个意义就是基本结果意义。基本结果意义都与该趋向补语的趋向意义有密切联系。[①] 比如"上"有一个趋向意义是"趋近前面的一个目标",如"走上前""抢上一步",其基本结果意义是"接触、附着",比如"把这张画儿贴上(往墙上贴)""关上门""在路上遇上了一个老朋友"等,显然与上述趋向意义有联系。再如"下来"有一个趋向意义是"退离面前的目标",如"退下来一步",其基本结果意义是"分离",如"把邮票揭

---

① 参见刘月华(1988)几组意义相关的趋向补语语义分析,《语言研究》第1期。

下来""从本子上撕下来一张纸"等,显然"下来"的这个结果意义与"退离面前的目标"这一趋向意义有联系。

如果两个趋向补语的趋向意义之间有关系,那么其基本结果意义也有相应的语义关系。如:"走上一步""退下一步"与"贴上""揭下";"迎上去""退下来"与"加上去""减下来";"端进去""端出来"与"凹进去""凸出来";"走来""走去"与"醒来""睡去";"走过来""走过去"与"活过来""死过去"。

趋向补语的基本结果意义表示动作之后人或事物所处的状态。比如"信封贴上了邮票",意思是"贴"的动作发生了以后,"邮票"在"信封上"处于"附着"的状态;"揭下邮票",意思是"揭"动作发生以后,"邮票"与"信封"处于分离的状态。

趋向补语的基本结果意义,有时不是一个点,而是一个"域"。比如,"上"的基本结果意义不是只表示"接触"或"附着"。比如:"两根电线的顶端刚刚能碰上,可是接不起来",这里的"(碰)上"表示"接触";"信封已经贴上邮票了",这里的"(贴)上"表示的是由"接触"进而"附着",比"接触"更紧密;"树上拴上了一根绳子"中的"(拴)上","油凝上了"中的"(凝)上",显然表示由"接触"进而"固定"了。因此我们说"上"表示的基本结果在语义上不是一个点,而是一个"义域"——"接触—附着—固定"。义域的一端最具体,距离趋向意义最近;义域的另一端最抽象,距离趋向意义最远,有时接近状态意义。"上、上来、上去""下、下来、下去""起、起来""开"等等的基本结果意义都如此。因此,一个动趋结构中的趋向补语究竟是属于结果意义还是状态意义,有时很难决定。比如:"决定下来了"中的"下来",究竟是表示"分离、固定"这一结果意义,还是属于"由动态进入静态"?《趋向补语通释》根据它可以用可能式,归入结果意义。正是由于有些趋向补语的基本结果意义是一个义域,所以其结合动词的范围很广。

趋向补语表示基本结果意义时,由于每个补语的结果意义不同,前面可以出现的动词也不同。此类趋向补语前可以出现的动词有两类,第一类是动作发生后,自然会产生该结果的动作动词。

比如"上"组的意义是"接触、附着以至固定","关"属于第一类动词,因为"关"这一动作发生后,就会自然产生"接触"这个结果。此外,对"上"来说,"闭、合、接、贴"也属于第一类动词。第二类动词是动作后,可以产生该结果的动作行为动词,比如"黑板写上了一些字""墙上钉上了一个钉子""你快把衣服换上""鞋蹭上了一些灰""房子盖上了""牛奶冻上了一层冰""战士们踏上了征途"中的"写""钉""换""蹭""盖""冻""踏"等。

"下"组表示"分离以至固定","解(下绳子)""撕(下一张纸)""生(下孩子)"等属于第一类动词;"端下锅""敲下一块砖""撕下一张纸""攻下一个城市"中的"端""敲""撕""攻"都属于第二类动词。

"进"组的结果意义是"凹陷",可以结合的动词很少,只有"瘪""陷""凹"等。

"出"组的结果意义是"由无到有,由隐蔽到显露","露出笑容""表现出不高兴的样子""这显示出来你很有实力"中的"露""表现""显示"属于第一类动词,而"造出一些谣言""写出来的文章很漂亮""这是你编出来的故事""你想出办法来了吗"中的"造""写""编""想"则属于第二类动词。

"过"组的基本结果意义是"度过","度过了一个难关"中的"度"属于第一类动词,"总算熬过来了""多少难关都闯过去了"中的"熬""闯"属于第二类动词。

"起"组的基本结果意义是"接合以至固定","接起来""连起来"中的"接""连"属于第一类动词,"把院子围起来""把坑填起来""制度建立起来了"中的"围""填""建立"属于第二类动词。

"开"的结果意义是"分离、分裂","裂开一条缝子""张开嘴""睁开眼睛"中"裂""张""睁"属于第一类动词,"拉开了灯""风把门吹开了""敲开了门"中的"拉""吹""敲"属于第二类动词。

"到"的结果意义是"动作达到目的或有结果","那本书买到了""丢了的东西找到了""我听到了一个消息"中的"买""找""听"都属于第二类动词。

趋向补语表示基本结果意义时,前面可以出现的动词在语义上是一个封闭的类。比如"上"前可以出现的动词受其结果意义"接触、附着以至固定"的制约,在意义上不外表示"闭合、封闭、捆绑、填充、蒙盖、连接、粘贴、添加、穿戴、逢遇、行走、点燃、写刻、制作、比够、看选"等类的意义。《趋向补语通释》按照意义关系的密切程度,并参照结构上的异同,把表示上述意义的动词分为十二大类(这种分类不是绝对的),这十二大类勾勒出"上"的基本结果意义可以结合的动词的范围。在这部书里,所有具有基本结果意义的趋向补语,我们都分类列出可以结合的动词范围。

区分哪个是第一类动词,哪个是第二类动词并不重要。重要的是知道哪些动词可以跟哪个趋向补语的哪一个结果意义一起用。由于趋向补语的结果意义很抽象,对于教中文的人来说,要给学生解释清楚每一个趋向补语的结果意义并让学生掌握其用法,实在不是一件容易的事情。也就是说,教中文的老师不能期望学生学过某一个趋向补语的结果意义以后,就能自动掌握可以与该结果意义结合的全部动词。学生几乎需要一个一个地学,一个一个地记。当然学生还可以查找有关的辞书。这正是我们编写《趋向补语通释》的目的。在这本书里,我们在教学建议中提出,要把包含结果意义的动趋结构当作一个词来学来记。也就是说,在初级教材的生词表里,动趋结构与动结结构都应作为一个生词条目来处理。

一般来说,同一组趋向补语,表示同样的结果意义时,前面可以出现相同的动词,虽然有的补语前可以出现的动词多些(比如"上"比"上来、上去"可结合的动词多);表示不同结果意义的趋向补语前面可以出现的动词一般表示不同的意义;结果意义相近的趋向补语,有时可以出现意义相近的或相同的动词,比如表示基本结果意义的"上"组和"起"组,前面都可以出现"关、捆、蒙、堵"等动词;表示基本结果意义的"下"组和"开"组(表示"分离、分裂")前面都能出现"掰、撕、揭"等动词。但其间还是有细微的差别,或用法不尽相同(如"把行李再捆上一根绳子"与"把行李捆起来","把面包掰下来一块"与"把面包掰开"等)。

2.2 表示"完结、完成"的结果意义的趋向补语前可以出现的动词

有几个趋向补语具有"完结、完成"一类的结果意义,这是一种比基本结果意义虚化得多的意义。具有此类结果意义的有"上""下来""过"。

"上"有一个结果意义是"达到了预期的或希望达到的目的",即属于此类意义。如:"我们家今年好容易才住上了新房子。""妹妹考上大学了。""虽然这个电影票很难买,我还是买上了。"

"下来"有一个结果意义是"完成了一件费时、费力、较难完成的事"。如"这件事情总算应付下来了。""一天的活干下来,我累得腰酸腿疼。""这种药几年观察下来,效果相当不错。"

通常所谓表示"完结"的"过"也属于此类结果意义。① 如"这本书我看过了,不想看了。""他说吃过饭就来。"

"过去"也有"完结"的意思,如"这件事说过去就算了,谁也不放在心上"。但在实际语言中用得很少。

动态助词"了"也表示实现、完成的意思,"上、下来、过"等表示"完结、完成"意思时都有一些附加意义,这一点与"了"很不同。

表示"完成、完结"类结果意义的趋向补语前可以出现的动词非常广,在语义上是一个开放的类。表示此类意义的"上、下来、过"等可以结合的动词非常多。《趋向补语通释》总共收了6200多个可以与趋向补语结合的动词(准确地说是6200个词条,因为一个动词表示几个不同的意思,可以结合的趋向补语也不同,就分成几个词条),其中可以与表示"完结、完成"意义的"上"结合的有214个,与"下来"结合的有1307个,与"过"结合的有1962个。但这几个补语在我们所用的语料中出现的频率并不高。"上"出现在66个动词前,出现了464次;"下来"只出现在17个词(15个动词,1个"几天",1个"一年")前,出现了342次;"过"只出现在44个动词前,出现了107次。为什么会出现这种情况呢?我们想这是因为这

---

① 参见刘月华(1988)动态助词"过$_2$、过$_1$、了$_1$"用法比较,《语文研究》第1期。

三个表示"完结、完成"结果意义的趋向补语都有附加意义,从而对动词、上下文有特殊的要求。比如"上"表示"实现了预期的或希望达到的目的",因此前面的动词不能是贬义的。"下来"表示一种费时费力,因而需要克服一定困难、做出一定努力的工作或事情,对动词、句型及上下文都有一定的要求。"过"要求所涉及的动作行为应该是已知的[①],对上下文也有一定的要求。由于对动词、上下文等等这些要求,这些表示结果意义的趋向补语出现的频率自然就低些。

此外,表示"完成、完结"意义的趋向补语前出现的动词常常不是表示一个单纯动作的动词,很多是表示由不止一个动作构成的行为动词。比如"考、住、干、赶(车)"等。

2.3 表示"能力"一类结果意义的趋向补语前可以出现的动词

有一些趋向补语的结果意义通常用可能式,所以可以说常常表示一种能力。这类补语主要有"来、上、上来、下、过、起、开"。

"来"可以表示"会不会或习惯不习惯做某事",例如:"电脑我用不来。""骗人的事我干不来。"

"上、上来"有一种结果意义是"能否成功地完成",实际上表示的也是一种能力。如:"这道题我答不上来。""那条街的名字很长,我叫不上来。""他究竟什么时候来,我说不上。"

"下"和"开"有一个结果意义是"容纳",是说一个处所或容器是否有足够的空间容纳某(些)物体,虽然与能力不同,但类似,我们也归入这一类。如:"这个房间太小,摆不开一张双人床。""你的书包连三本教科书都放不下,有什么用。"

"过"有一个结果意义是"胜过",也表示一种能力。如:"他力气很大,我打不过他。""他的数学好极了,你比不过他。""赛跑?我可跑不过他。"

"过来"有一个结果意义是"能否尽数地完成",也可以看作一种能力。如:"他连班上有多少学生都数不过来。""他累得喘不过

[①] 参见刘月华(1988)动态助词"过$_2$、过$_1$、了$_1$"用法比较,《语文研究》第1期。

气来了。"

"起"有一个结果意义是"主观上能否承受",也表示一种能力。如:"那种车太贵,我买不起。""你让我教你外语?我时间陪不起。""这么珍贵的东西,弄坏了,我可担待不起。"

此类补语前可出现的动词因补语的意义而异,但总的来说,可用的动词不太多。"装(不下)""放(不下)""盛(不开)""摆(不开)"等意义与"空间、容量"有关,动词一般是"装、盛、摆、放、躺、坐"等,是一个封闭的类。"答(不上)""答(不上来)"中的动词一般限于"答、说、写、喘(气)"等;"数(不过来)""应付(不过来)"表示"能否尽数地完成",所涉及的受事都有一定的数量,动词自然也受限制,常用的如"数、应付、安排、管、干、做"等,也是一个封闭的类。

3 表示状态意义的趋向补语前可以出现的动词和形容词

状态意义可以分为两类:一类是表示进入一种新的状态;一类是表示继续。

3.1 表示进入一种新的状态的趋向补语前可以出现的动词和形容词

表示进入新的状态的趋向补语又可以分为两类:表示由静态进入动态;表示由动态进入静态。

3.1.1 表示由静态进入动态的趋向补语前可以出现的动词形容词

此类趋向补语主要有"上、开、起、起来"。

这些趋向补语都可以表示由静态进入动态。前面可以出现表示动作行为、思维活动以及感情的动词,如"走、跑、吃、喝、哭、笑、讨论、研究、想、爱、恨"等,也可以出现形容词,如"忙、急、热闹、乱"等。如:"他们高兴得唱上了。""我们最近忙上了,连聊天的工夫都没有了。""打起鼓,敲起锣。""他高兴得跳起来了。""六月了,天热起来了。""开学了,校园里的人多起来了。""你们怎么一见面就打开了?""他听了这句话语,心里嘀咕开了。"

这几个补语相比较,"起来"比"起"更常用。"起来"与"上、开"不同的是:(1)"上"用于口语,"起来"既可以用于口语,也可以用于书面语;(2)"上"多与动词组合,"起来"既常常与动词组合,也常常与形容词组合,"上"与形容词组合频率远远低于"起来";(3)虽然"起来"通常表示由静态进入动态或正向的变化(如"天气热起来了""人多起来了"),但当说话人觉得情况反常时,"起来"也可以表示由动态进入静态或负向的变化。如:"他抽了马一鞭子,马不但没有加快速度,反而慢起来了。"①因此,在实际语言中"起来"比"上、起、开"出现的频率高得多,出现在"起来"前的动词和形容词数量也多得多。《趋向补语通释》所用的语料中,表示状态意义的"上"前只出现了 26 个动词,30 次,没有出现形容词;"开"前出现了 31 个动词,45 次,也没有出现形容词,而且这两个补语前面的动词多是行为动词,如"做、干、交(上朋友)、说、议论、猜"等。"起"前共出现了 50 个动词,157 次,没有出现形容词;而"起来"前,不仅出现了动词,还出现了形容词,共 551 个词,1675 次。

3.1.2 表示由动态变为静态的趋向补语前可出现的动词和形容词

表示由动态转为静态的趋向补语主要有"下、下来、下去",前面可用的动词不多,如"站、停、歇、安(心)、放(心)"等。如:"他站下来看看周围,连个人影也没有。""车慢慢地停下了。""你就安下心好好读书吧。""车刚开不远就停下来了。""下来、下去"前面也可以用形容词,如"静、暗、松弛"等。如:"会场忽然静下来了。""天暗下来了。"

可以与"下来"结合的形容词,限于描写声音,光线,速度,人的情绪、态度、语气以及温度的"静、安静、低、沉寂、黑、暗、黯淡、慢、缓慢、平静、镇静、安定、软、缓和、冷、凉"等少数负向形容词②;而

---

① 参见刘月华(1987)表示状态意义的"起来"与"下来"比较,《世界汉语教学》第 1 期。
② 同上。

"起来"可以结合的形容词非常广,既可以与"大、高、热、高昂、硬"等正向形容词结合,也可以和各种负向形容词结合,在意义上几乎不受什么限制。《趋向补语通释》语料中,"下来"前出现了49个形容词,198次;"起来"前出现了155个形容词,367次。

"下来"和"下去"可以结合的动词不同,而且与形容词连用时,"下来"表示一种近距离的变化,"下去"则表示一种远距离的变化。如:"教室里静下来以后,老师才开始上课。""只听隔壁的声音渐渐低下去了,后来完全听不见了。"

动态助词"了"位于句末时也表示一种变化,但那是一种单纯的变化,而趋向补语表示的状态变化有方向性:由静到动、由动到静等。

3.2 表示动作、状态继续的趋向补语前可出现的动词

表示动作状态继续的趋向补语主要是"下去"。前面可以出现的动作行为动词很多,如"说、看、哭、讨论、做、进行、开展、坚持、保持、生活、忍、沉默"等,动词所表示的动作行为必须是可以持续的。如:"说下去!""真是话不投机半句多。他们才谈了几句就谈不下去了。"前面也可以出现形容词,如"孤独、苦、坏、客气、软弱、热闹、安静"等。与形容词一起用时,常常出现在假设句中。如:"你再这么累下去,身体就垮了。"

4 从趋向补语前可出现的动词看趋向补语的表达功能

4.1 趋向补语的表达功能是叙述性的

从表达功能来看,趋向补语是叙述性的,特别是表示趋向意义的趋向补语。《趋向补语通释》一书所选用的语料都是小说,原因就在于此。为了证明上述结论,我们选取了一本小说和一本语法论文集进行比较。选取的小说是陆文夫的《美食家》[①],抽选了该书的第一、第二及第四节,共25页。在这25页中,趋向补语出现了

[①] 陆文夫(1986)美食家,《陆文夫集》,福州:海峡文艺出版社。

132次,除了没有"来、去"以外,其他所有的趋向补语几乎都出现了,而且既有趋向意义、结果意义,也有状态意义,也就是说,趋向补语的类型十分齐全。我们又选取了朱德熙的《语法丛稿》①做比较,先抽取前31页。在这31页中,趋向补语出现了10个,33次:"去(略、除、抽)"3次,"上(配搭、加)"2次,"下来(遗留)"2次,"下去(延续)"1次,"出(看、给、指、推导、超)"8次,"出来(看、派生、发展)"7次,"过(讨论)"1次,"过来(倒)"1次,"起来(概括)"1次,"开(区别、拆、区分、离)"7次。这个数字不仅大大低于《美食家》,而且,出现的趋向补语基本上都表示结果意义(其中的"离开、倒过来"并不真正表示方向)。我们对《语法丛稿》又继续统计了53页,趋向补语又出现9个,50次:"去"2次、"上"6次、"出"9次、"出来"9次、"起"2次、"起来"6次、"开"7次、"到"8次、"到……来"1次。也就是说,在这53页中,趋向补语比前31页出现的频率更低,而且大部分补语甚至动词都与前31页相同,如"略去、看出来、指出"之类。在32—43页这12页中,只出现"省去、变来"两例。由此我们可以得出结论:在论说性的文字中,趋向补语不仅出现的频率低,一般仅限于结果意义,而且前面可以出现的动词也有限。这与叙述文字中趋向补语出现的频率之高,语义类型之多彩多姿相比,有天壤之别。

4.2 从可以结合的动词来看趋向补语的口语性

4.2.1 趋向补语更易于和单音节动词结合

一般来说,如果单音节动词与双音节动词意义用法相同,用趋向补语时口语中多选用单音节动词。趋向补语更易于与单音节动词结合,可以证明其口语性。比如,"考"与"考试"同义,"考"后很多趋向补语可以用,而"考试"后不能用趋向补语。更常见的情况是,单音节动词后可用的趋向补语比相应的双音节动词后要多。比如"住"与"居住","学"与"学习","讲"与"讲解"等。《趋向补语通释》中,"出来"前出现了297个单音节动词,双音节动词只出现94个,而且,单音节动词出现的频率一般比双音节动词高得多。比如,

---

① 朱德熙(1990)《语法丛稿》,上海:上海教育出版社。

"走"出现了213次,"拿"出现了119次,"说"出现了207次,"看"出现了129次。而双音节动词如"转移、释放、脱落、调动"等往往只出现1次。此外在双音节动词中,有些还是口语词,比如"扒拉、鼓捣"等。

4.2.2 趋向补语前不能用书面语色彩浓的词语

"叱咤、彳亍、黜免、穿窬、稽考、寄寓、弃置"等书面语色彩很浓的词不能用在趋向补语前面。

附表一

趋向补语意义总表

趋向补语	趋向意义及前面的动词		结果意义及前面的动词		状态意义及前面的动词	
来	向立足点移动	跑来	1. 实现醒的状态 2. 是否融洽 3. 会不会、习惯不习惯	醒来、合得来、做不来		
去	离开立足点,向另一处所	跑去	1. 除去 2. 实现某一状态	削去、死去		
上	1. 由低处向高处移动 2. 趋近面前的目标	走上楼、走上前	1. 接触、附着以至固定 2. 实现了预期的、希望实现的目的 3. 能否成功地完成	关上门、买上了、说不上	由静态进入动态	唱上了
上来	1. 由低处向高处移动 2. 趋近面前的目标	跑上山来、走上前来	1. 接触、附着以至固定 2. 能否成功地完成	补上来、说不上来	进入新的状态	天黑上来了

续表

趋向补语	趋向意义	及前面的动词	结果意义	及前面的动词	状态意义	及前面的动词
上去	1. 由低处向高处移动 2. 趋近面前的目标	跑上山去、走上前去	接触、附着以至固定	贴上去		
下	1. 由高处向低处移动 2. 退离面前的目标	走下楼、退下一步	1. 脱离、分离 2. 凹陷 3. 容纳	撕下一张纸、瘪下一块、摆不下床	1. 由动态进入静态 2. 状态继续	停下了、看不下书
下来	1. 由高处向低处移动 2. 退离面前的目标	跑下山来、退下来一步	1. 脱离、分离 2. 凹陷 3. 完成某一动作	撕下来一张纸、瘪下来了、应付下来	由动态进入静态	停下来、静下来、暗下来
下去	1. 由高处向低处移动 2. 退离面前的目标	跑下山去、退下去	1. 脱离、分离 2. 凹陷	撕下去一张纸、瘪下去一块	1. 由动态进入静态 2. 动作、状态继续	低下去了、暗下去了、说下去、再浪费下去
进	由外向内移动	走进门	凹陷	瘪进一块		
进来	由外向内移动	走进门来				
进去	由外向内移动	走进门去	凹陷	瘪进去一块		
出	由内向外移动	走出门	由无到有、由隐蔽到显露	露出、鼓出、写出、看出		

续表

趋向补语	趋向意义及前面的动词		结果意义及前面的动词		状态意义及前面的动词	
出来	由内向外移动	走出门来	由无到有、由隐蔽到显露	露出来、鼓出来、写出来、看出来		
出去	由内向外移动	走出门去				
回	向原处所移动	走回家				
回来	向原处所移动	走回家来				
回去	向原处所移动	走回家去				
过	1.经过 2.改变方向	飞过头顶、转过身	1.度过 2.超过 3.胜过 4.完结	熬过冬天、睡过了头、打不过他、看过了		
过来	1.经过 2.改变方向	飞过头顶来、转过身来	1.度过 2.恢复、转变到正常积极的状态 3.能否尽数地完成	熬过来了、醒过来了、明白过来了、数不过来		
过去	1.经过 2.改变方向	飞过头顶去、转过身去	1.度过 2.失去正常状态、进入不正常状态 3.动作状态完结 4.胜过	熬过去了、晕过去了、死过去了、说过去就算了、超过去了		

续表

趋向补语	趋向意义及前面的动词		结果意义及前面的动词		状态意义及前面的动词	
起	由低向高移动	飞起、举起手	1. 接合、固定 2. 突出、隆起 3. 主观上能否承受	捆起行李、鼓起一块、买不起	进入新的状态	唱起歌
起来	由低向高移动	飞起来、举起手来	1. 接合、固定 2. 突出、隆起	把行李捆起来、鼓起来一块	进入新的状态	唱起来了、热闹起来
开	离开某处所	他从我身边走开了	1. 分离、分裂 2. 舒展、分散 3. 能否容纳 4. 清楚、彻悟	裂开了、散开了、摆不开床、说开了、想不开	由静态进入动态	哭开了、骂开了
开来			1. 分离、分裂 2. 舒展、分散	睁开眼来、摊开来		
开去	离开某处所	走开去	分散	传去		
到	移动到某处所	走到学校	达到目的、有结果	买到了、看到了		
到……来	移动到某处所	走到学校来				
到……去	移动到某处所	走到学校去				

附表二

表示趋向意义补语前动词频率表

趋向补语	A类动词			B类动词			C类动词			总频率
	动词数	频率	百分比	动词数	频率	百分比	动词数	频率	百分比	
来	9	2130	66.7%	27	296	9.3%	121	767	24%	3193
去	8	1619	69.7%	25	422	18.2%	67	282	12.1%	2323
上				26	262	83.4%	28	52	16.6%	314
上来				15	44	44%	20	56	56%	100
上去				16	41	33.9%	25	80	66.1%	121
下				47	780	67%	41	384	33%	1164
下来				71	469	85.3%	44	81	14.7%	550
下去				35	213	62.3%	26	129	37.7%	342
进				46	453	63.7%	81	258	36.3%	711
进来				35	280	80.5%	29	68	19.5%	348
进去				27	140	59.6%	47	95	40.4%	235
出				60	762	52.9%	108	678	47.1%	1440
出来				69	667	54.5%	121	557	45.5%	1224
出去				38	308	61.7%	66	191	38.3%	499
回				23	62	40%	43	93	60%	155
回来				21	188	46.8%	68	214	53.2%	402
回去				22	105	38%	55	171	62%	276
过1				42	332	70%	18	142	30%	474
过2				11	96	88.1%	3	13	11.9%	109
过来1				44	300	56.3%	65	233	43.7%	533
过来2				7	283	93.7%	7	19	6.3%	302
过去1				42	299	71.2%	45	121	28.8%	420
过去2				11	99	100%				99
起				54	1332	68%	63	624	32%	1959
起来				31	910	79.4%	45	236	20.6%	1146
开				18	541	78.7%	26	146	21.3%	687

续表

趋向补语	A类动词			B类动词			C类动词			总频率
	动词数	频率	百分比	动词数	频率	百分比	动词数	频率	百分比	
开去				4	5	100%				5
到[①]	5	406	17%		1424	59.5%	125	561	23.5%	2391
到……来	1	3	4.5%		42	63.6%	16	21	31.9%	66
到……去	3	22	14.6%		63	41.7%	55	66	43.7%	151

(原载《第五届国际汉语教学讨论会论文选》,北京大学出版社,1997年,有改动)

[①] "到""到……来""到……去"B类动词的动词数一栏暂缺。

二十一 以"固然""于是"为例谈虚词的用法研究

汉语的虚词从用法的难易程度上可以分为两大类:一类很容易用,比如"不但……而且……""虽然……但是……""因为……所以……""如果……就……"等;另一类不太容易用,有的可以说很难用,比如"固然……可是……""……于是……""简直""连……也……"等。这是因为前一类虚词意义单纯,比如只表示递进、转折、因果、假设等关系,其用法简单,对语境、上下文、语体等没有什么特别的要求,也不表示特别的语气;而后一类虚词,虽然意义可能不太复杂,但是用法特殊,有的对语境、上下文有一定的要求,有的只用于特殊的语体,有的还表达特别的语气。

在对外汉语教学中,虚词教学是非常重要的,特别是在中、高级阶段。对于第一类虚词,我们在教学中没有遇到什么困难,尽管它们是连接句子的成分,属于复句的范畴,似乎比单句复杂,但实际上很容易掌握,在一年级开始的前几课就可以教。而第二类虚词,学生很难掌握,因为他们按照教材的注释去用,一用就错。这是因为现有教材对这些虚词不是只用一个英文词语去翻译,就是只有意义和结构的说明,而没有必要的用法说明,而且这种用法说明在现有的词典工具书中也找不到。因此,对此类虚词的用法研究应该提到日程上来了。

吕叔湘先生主编的《现代汉语八百词》和王还先生主编的《汉英虚词词典》是两本很好的虚词工具书。这两本书释义准确,例句也较多,体例不同,各有千秋。但是在教学中有时也不能解决我们的问题,主要就是因为缺少用法方面的说明。本文以"固然"和"于是"为例,讨论虚词的用法研究问题,并以上述两部著作为出发点。

1 固然

"固然",《现代汉语八百词》的解释是:"表示确认某一事实,转入下文。前后小句意思矛盾,'固然'的用法接近于'虽然',但'固然'多用在主语后,后一小句常用'但是、可是、却'等配合。"①在比较"固然"与"虽然"时,《现代汉语八百词》说:"(1)'固然'侧重于确认某种事实,'虽然'侧重于让步;(2)'虽然'用在主语前后比较自由,'固然'则很少用于主语前。"②《汉英虚词词典》对"固然"的解释是:"表示先承认一定事实,下面接着用'但是''可是''而''却'转入叙述的本义或引出另一个侧面。"③显然这两本书的解释都是语义和结构方面的,而这些解释无法把"固然"和"虽然"这两个意义相近但用法却不同的连词区别开,这里有两个问题。第一,用"固然"和"虽然"的句子,都表示让步转折关系,即"固然"和"虽然"都表示确认(或承认)某一个(或一定)事实。比如"在我看来,花木灿烂的春天固然可爱,然而瓜果遍地的秋色却更加使人欣赏。"(《汉英虚词词典》引自峻青《秋色赋》)如果我们把句中的"固然"改成"虽然":"花木灿烂的春天虽然可爱",在这个句子中,你能说"虽然"的意思不是承认或确认一种事实吗?实际上,所谓"让步"就是先承认或确认一种事实。第二,所谓"转入下文(或叙述的本义)",也只是说明"虽然/固然"表示让步转折关系,不能说明二者的区别,也没有说清楚"固然"的用法。

我们认为这两个词的不同是在用法上:

(1)用"固然"时所承认的事实应该是对方刚刚提出的或很多人公认的一种看法,说话人用"固然"不过是表示暂时承认这个看

---

① 吕叔湘(1980)《现代汉语八百词》,北京:商务印书馆,第206页。
② 同①,第207页。
③ 王还(1992)《汉英虚词辞典》,北京:华语教学出版社,第445页。

法有对的地方,也就是说"固然"后面的句子所表示的看法属于已知信息,可以说这是"固然"在篇章方面的特点。如:

① 我常常想:那时亿万人民都说只想当一样东西——"螺丝钉",还说"拧在哪里就在哪里闪光"。没有一个敢公开说想当发动机、传动轴什么的。试想一下,人人都去当螺丝钉,怎么组装起一部大机器?我们当年的忠诚之心固然可贵,而隐于迷信与盲从之中也不无遗憾。

(《北京铁道报》1998年5月19日)

② 战争力量的优劣本身,固然是决定主动或被动的客观基础,但还不是主动或被动的现实事物。

(毛泽东)

上述两个例句中"固然"所在的句子显然都表示某些人提出的看法或一般人公认的观点,作者用"固然"先承认这种看法有道理。

(2)用"固然"时,"但是/可是/却"等所在的分句都表达作者或说话人的看法,这个看法正是针对前面包含"固然"的分句的,而且不同于那个看法。即:用"固然"的句子是议论性的,用于辩论,而不是叙述性、描写性或说明性的。可以说这是"固然"在语体方面的特点。如例①,作者认为"我们当年……隐于迷信与盲从之中也不无遗憾";例②作者认为"战争力量的优劣本身"并不就是"主动或被动的现实事物"。

有时第二个分句说的可能是一个事实,但那个事实正隐含了说话人的看法。如:

③ A:老张,组里的这个决定我看是错误的。
B:昨天主任征求大家意见的时候,你不是也举手同意了吗?
A:昨天我固然举手了,但在那种气氛下我是不得已的。

A后一句的意思是:"我昨天举手同意那个决定了,这是事实,但那是迫于当时的气氛没有办法,实际上我并不同意。"

"虽然"与"固然"相比,只表示让步转折关系,而在篇章和语体方面没有什么特别的要求。它可以代替"固然",但代替后就看不出暂且承认的那种观点是否已经有人提出,而且也不再有"固然"所具有的那种雄辩的语气。如:

①′……我们当年的忠诚之心虽然可贵,而隐于迷信与盲从之中也不无遗憾。

②′战争力量的优劣本身,虽然是决定主动或被动的客观基础,但还不是主动或被动的现实事物。

从下面的句子中可以看出,用"虽然"的句子,所承认的事实不一定已经有人提出,而且整个句子可能只是说出一种事实,并不一定是表达说话人的一种看法。如:

④ 以前十来年里他虽然常常回来,但都是探亲或是过寒暑假。(张承志)

⑤ 他虽然现在二十七岁,早订过婚,却没有恋爱训练。(钱锺书)

⑥ 他们俩虽然十分亲密,方鸿渐自信对她的情谊到此而止,好比两条平行的直线,无论彼此距离怎么近,拉得怎么长,终合不拢来成为一体。(钱锺书)

从下面两个句子中可以更清楚地看出"虽然"和"固然"的不同。

⑦ 这几天很冷,虽然已经是四月了,可是气温还在十度左右。

这个句子中的"虽然"只引出一个事实,这个事实不一定有人提出,整个句子所说的也是一个事实,而不是一种看法。

⑧ A:我觉得加州的气候最好,四季如春。

B:四季如春固然可以说是一种优点,可是我认为还是四季分明好,天气有变化才有意思,而且对身体也有好处。

在这个句子中,包含"固然"的第一个分句所表达的看法正是上面 A 句中刚刚提出的,而第二个分句则表达说话人的看法。

由于"固然"一般用于议论的语体,表达说话人的一种看法,所以在文学作品中用得很少,在文学作品的叙述描写中用得更少。我们在钱锺书的《围城》、张承志的《北方的河》、张抗抗的《白罂粟》、铁凝的《香雪》等小说中,一个"固然"也没有发现。

(3)"固然"与"虽然"在风格上也不同,"固然"比较"文",比较正式,"虽然"则是中性的。

"固然"与"虽然"在结构上的不同,其他辞书已经说得很清楚,这里不再重复。不过从"固然"很少用于主语后来看,它有别于一般连词,倒有些像语气副词。

这里还要指出,注释虚词时,应该选择最能体现该虚词的语义、结构特点以及用法的例句,而且提供必要的语境、上下文。如上面关于"固然"的例⑧就比较好。过去的教材也好,工具书也好,注释虚词所用的例句一般都较短,不能提供必要的上下文,所以不能很好地为说明虚词的意义、结构,特别是用法服务。这一点也许是我们特别应该注意的。

总之,用"固然"时,说话人总是针对已经存在的一种看法,先用"固然"承认这种看法不无道理,然后说出自己认为有道理的看法,说话人所以用先肯定、后否定的方法,"固然"是因为所针对那种观点不全错,但是,也是为了让听话人听起来不那么反感,从而使之更容易接受自己的看法,取得更好的表达效果。

1998年春天,美国的中文教师曾经在网上讨论学生学"固然"时出现的病句。当时一位老师提出这样几个病句:

⑨ *他固然很有钱,但从来不乱花。
⑩ *他固然拥有很多特权,但是从来不乱用。
⑪ *他固然很聪明,但经常做坏事。
⑫ *那个店固然卖很多东西,但是都很贵。
⑬ *老王固然很富有,但是还不高兴。

这几个句子所以听起来别扭,就是因为没有满足使用"固然"的语体、语境条件,如果补足这些条件,这些句子就变得可以接受了。

⑨' A:他很有钱,我去敲他的竹杠,叫他请我们去国外旅行!

B：他固然很有钱，但从来不乱花，我看你的目的是达不到的。

⑩' A：他有很多特权，那个人是不是他派人杀的？

　　B：他固然拥有很多特权，但是从来不乱用，杀人的事他绝对不会干。

⑪' A：这个人很聪明，你叫他当你的助手，一定很得力。

　　B：他固然很聪明，但经常做坏事，我怎么能叫这种人当助手呢？

⑫' A：那个店东西很多，我们应该去那儿买。

　　B：那个店（卖的）东西固然很多，但是都很贵，不能到那儿去买。

⑬' A：老王现在比以前富有多了，一定高兴了吧？

　　B：老王固然比以前富有了，但是他的婚姻出现了很大的问题，所以还是不高兴。

2　于是

　　"于是"也是一个不太容易用的连词。《现代汉语八百词》的解释是："表示后一事承接前一事，后一事往往是由前一事引起的。"[①]《汉英虚词词典》的解释是："连接分句或句子，可用于主语后；表示后一事是前一事的自然结果；后面可有停顿。"[②] 上述两本书的解释大同小异，可以说都没有错。可是什么是"自然结果"？解释太笼统。如果说"于是"表示"后一事情往往是由前一事引起的"，那么与"所以"又有什么不同？我们认为要讲清"于是"，也有两个关键的问题：

　　（1）"于是"所在的句子一般是叙述性的，或者可以补出具体的时间词语，而且句中的第一个分句常常叙述一种情况，正是这个情

[①] 吕叔湘(1980)《现代汉语八百词》，北京：商务印书馆，第563页。
[②] 王还(1992)《汉英虚词词典》，北京：华语教学出版社，第510页。

况引起了"于是"后边的分句所表示的结果。如:

⑭ 孙小姐的大手电雪亮地光射丈余,从黑暗的心脏里挖出一条隧道。于是辛楣下车向孙小姐要了手电,叫鸿渐也下车,两人一左一右参差照着,那八辆车送出殡似的跟了田岸上的电光走。(钱锺书)

⑮ 他挖空心思想打败老头,于是亮宝似的把自己串联去过的地方一个个说出来。(张承志)

⑯ 他想那孩子可能就住在附近哪一个门里,于是他站在道边的树旁等候着。(冯骥才)

⑰ 这笨驴子以为走前一步,萝卜就能到嘴,于是一步再一步继续向前,嘴愈要咬,脚愈会赶,不知不觉中又走了一站。(钱锺书)

上述各个句子都是叙述性的,都可以补出具体的时间,如例⑭可以补出"这时",例⑮也可以补出"这时",例⑯可以补出"当时",例⑰可以补出"那个时候"。用"于是"的句子,第一分句所叙述的可以是一种情况,如例⑭,可以是某人正在想什么,如例⑮—⑰,也可能是一个动作行为。正是这些情况,引起了后边分句所表示的结果。"所以"则不同。如:

⑱ 鸿渐初回国,家里房子大,阿丑有奶妈领着,所以还不甚碍眼讨厌。(钱锺书)

⑲ 这里气候凉爽,风景优美,所以夏天游人很多。(吕叔湘)

⑳ 你会不会有了孩子,所以身体这样不舒服?(钱锺书)

上述几个句子都不是在叙述动作行为的进行,而是在说明一种事实,所以补不出表示动作进行时间的时间词语。

(2)"于是"引导的分句通常表示由于第一个分句所叙述的情况而引起的另一个动作行为或变化,如例⑭—⑰表示动作行为,下面的句子表示变化:

㉑ 这股风把社员的家庭副业扫光了,把国家农副产品扫得所剩无几了。于是乎,商店本来是群众随吃随买、任意挑选的

肉、禽、蛋,变成了限量供应。(刘亚舟)

而用"所以"时,第二个分句不一定表示动作行为或变化,如例⑱—⑳。但是"所以"也可以是叙述性的,第二个分句也可以表示动作行为或变化。例如:

㉒ 可是这时候四点钟已过,肚子有点饿,所以想到晚饭,嘴里一阵潮湿。(钱锺书)

例㉒是叙述的,"所以"后的句子表示动作行为,因此"所以"可以用"于是"替换。

(3) 由于用"于是"的句子是叙述性的,所以通常很少出现在对话中,在钱锺书的《围城》、张承志的《北方的河》、铁凝的《香雪》、张抗抗的《白罂粟》等小说中,没有一例"于是"是出现在对话中的。

与此相联系的,"于是"后的句子都表示已然的动作行为,否则只能用"所以"。如:

㉓ 可是方鸿渐像鱼吞了饵,一钓就上,急接口说:"高先生电报上招我来当教授,可是没说明白什么系的教授,所以我想问一问。"(钱锺书)

通过上面对"固然"和"于是"的分析,可以看出,在研究某些虚词时,不能只限于语义和结构,而应拓宽思路,考虑篇章、语体、语气等方面的特点和要求。本文所涉及的连词是这样,其他虚词,如某些副词,特别是语气副词、介词等等也是这样。

(原载《汉语学习》,1999年第2期,有改动)

第二章 教学研究

二十二　汉语的称数法

称数，就是数(shǔ)数(shù)。小孩子学话不久，大人就教他数数。到了一定的年龄，掌握本族语言的称数法，一般都没有什么困难。很少有人觉得用本族语言数数是件伤脑筋的事。但学习第二语言，数数往往是很令人头疼的。这是因为数词属于语言的基本词汇，不同的语言，数目进制不尽相同；即使进制相同，称数法也不大一样。例如汉语和英语的称数法就相距很远。

汉语用来称数的基本词（表示数值的词）分系数和位数两种。系数是"零、一、二、三、四、五、六、七、八、九、十"以及"两、半"。位数词是"个、十、百、千、万、亿"等。汉语是十进位制，十个"十"为"百"，十个"百"为"千"，十个"千"为"万"。"十"以下的数目只用系数词称数。如"8"读作八，"5"读作五。"十"以上的数目，要把系数和位数结合起来称数。系数词在位数词之前，各位数之间不用任何连接词语。如：

万千百十个
3 5 1 6 2　读作三万五千一百六十二

位数与前面的系数是相乘关系，不同位数（连同前面的系数）的数值是相加的关系，即：

万千百十个	表示的数值	读作
1 3	$1×10+3$	十三
2 2	$2×10+2$	二十二
3 6 4	$3×100+6×10+4$	三百六十四

万千百十个	表示的数值	读作
7 2 1 2	7×1000＋2×100＋ 1×10＋2	七千二百一十二
8 3 6 5 1	8×10000＋3×1000＋ 6×100＋5×10＋1	八万三千六百五十一

数目在万以上，以"万"为单位，"万"位照读，"万"以上的位数和"万"以下的位数一样，为"十、百、千"。"万万"为"亿"。"亿"以上的数目以"亿"为单位，其称数法与"万"以上的称数法一样。如："68721"读作六万八千七百二十一，"35165329"读作三千五百一十六万五千三百二十九，"351872456785"读作三千五百一十八亿七千二百四十五万六千七百八十五。应该说，汉语的称数法是很有规律，很容易学的。但是，以下几点值得注意：

（1）个位数只读系数，位数"个"略去不说。

（2）十位数的位数为"一"，前面没有更高的位数时，位数词"一"略去不说，如"18"读作十八，"11"读作十一。如果前面有更高的位数，"一"可以读出，也可以不读出，如"318"可读作三百一十八，也可以读作三百十八。

（3）一个数列中间如果有空位（即位数词前的系数为零），如果空位是连续的，不管空几位，都只读一个零，如"3003"读作三千零三，"30030"读作三万零三十。如果空位是不连续的，只读本位零，如"480603"读作四十八万零六百零三。

（4）空位在最后，不管空几位，空位部分略去不说，甚至空位前的位数词也可以略去不说，如"5800"可以读作五千八百，也可以读作五千八。但空位前有"万、亿"时，位数词不能略去，如"1800000"读作一百八十万，"2900000000"读作二十九亿。

称数万以下的数目比较简单。但称数很大的数目，就有一个给长数列定位的问题。这对说汉语的人来说，也不是张口就来的事。一般的办法是从个位开始向前数位数，一直数到开头的位数。这样定了位之后再开始称数。比如"387963420"，最高位是亿，这个数就读作三亿八千七百九十六万三千四百二十。这是比较麻烦的。有没有简单一点儿的办法呢？有，这就是用点点儿的办法，把一个长数列分为几段来定位。比较通行的办法是每隔三位点一个点儿，如 100,000,000。这种办法对称数英语类型的数目比较方便，因为它们的数目是三位一段，所以每个定位的点儿前，一般有一个新的数词。如：

1	one
10	ten
100	one hundred
1,000	one thousand
10,000	ten thousand
100,000	one hundred thousand
1,000,000	one million

当然，高位数目，英国英语系统与美国英语系统是不完全一样的。如：

	英国英语系统	美国英语系统
1×10^9	one thousand million	one billion
1×10^{12}	one billion	one trillion
1×10^{15}	one thousand billion	one quadrillion
1×10^{18}	one trillion	one quintillion
1×10^{24}	one quadrillion	one septillion
1×10^{30}	one quintillion	one nonillion[①]

这样，隔三位点点儿定位，与称数法是一致的。

但是，这种办法用于汉语并不方便，因为它跟汉语的称数规律不一致，汉语称数不是以千、百万、十亿、万亿……分段的。汉语的

---

① 参见 Quirk, R., Greenbaum, S., Leech G. & Svartvik, J. 1972. *A Grammar of Contemporary English*. London: Longman. pp. 226－227.

习惯是四位一段①:

  1,0000   一万

  1,0000,0000   一亿

  1,0000,0000,0000   一万亿(古代也称"兆")

  在每一段内,又以"个(万、亿)、十、百、千"为位数。因此,每隔四位点点儿很方便,称数也容易。例如:"18,7039,4857"读作十八亿七千零三十九万四千八百五十七,"3587,6876,4263"读作三千五百八十七亿六千八百七十六万四千二百六十三。每隔四位点点儿定位,对于母语与汉语数目进制不一致的人学习汉语,熟悉汉语的称数习惯是很有帮助的,就是母语与汉语数目进制一致的人学习汉语,也会从中得到许多方便。

(原载《汉语学习》,1982年第4期,有改动)

---

  ① 赵元任《汉语口语语法》第259页:"复合数目(100以外) 四段一段。九千一百二十三(9123×1),五千六百七十八万(5678×10^4),一千二百三十四亿(1234×10^8)。"(北京:商务印书馆,1979年)

二十三 关于汉语作为外语教学中的语法研究和语法教学问题

到20世纪80年代,国内出版的汉语语法著作几乎都是为母语是汉语的人编写的。我们在教外国人汉语的过程中,普遍感到这些语法书不能满足教学的需要。有些在语法书中花费不少篇幅讲的,甚至是长期以来争论不休的问题,在我们的语法教学中并不是困难的所在。例如语素、词、词组的划分问题,单句和复句的划界问题,词的分类以至采用哪种语法体系的问题等。而我们教学中常常遇到的、迫切需要解决的许多具体问题,在这些书里却往往找不到或很难找到满意的解释。我们的语法研究应该怎样进行?本文提出个人的一些不成熟的看法。同时附带谈谈有关语法教学方面的一些想法。

1 对语法现象应做尽可能科学、详细的描写

学习一种语言,总的来说不外要掌握两种技能:(1)从外到内——理解所学的语言,也就是通常所谓听和读的能力;(2)从内向外——表达自己的思想感情,也就是通常所谓说和写的能力。在汉语作为外语的教学中,在研究汉语语法时,也要有意识地注意上述两个方面,这样才能在指导学生实践方面收到较好的效果。

无论是"从外到内"还是"从内向外"都需要对语法现象的意义和形式有所了解,这样就要求我们对语法现象进行描写。我们认为描写语法现象应做到科学、细致,并照顾到语法结构的整体性以

及句子和言语片段间的联系。

1.1 语法意义的描写要科学

为任何对象、任何目的进行的语法描写都应该是科学的。不过,在把汉语作为外语的教学研究中,这个问题尤为突出。过去,由于一般语法书的对象是说汉语的人,所以对不少语法现象的描写往往比较简单、笼统。有些描写长期沿用早期的语法著作,似乎已成定论。对说汉语的人来说,这种描写究竟是否科学一般也不大理会。因为他们并不是按照语法书上的描写去说话。但是我们在教学当中有时发现,某些已成定论的东西,拿来教外国人会遇到问题。比如可能补语究竟表示什么意思,过去的语法书一直认为是表示"可能"或"能"的。有的语法书这样解释:"动补结构表示可能性的更常见的格式是在中间加'得、不'……'放得下'是说'能放下','说不完'是说'不能说完'……"①也就是说"动词+得/不+补语"与"能/不能+动词+补语"表示的意思是一样的。但留学生按这种解释写出的句子却是病句,例如"*生词太多了,我不能记住。""*有意思的事很多,我不能说完。"这说明简单地把可能补语解释作表示"可能"或"能"是不准确的。实际上可能补语的意思并不与"能"的全部意思相当。能愿动词"能"主要有以下几个意思:(1)表示具有某种能力,或主观条件容许实现(某一动作),如"他能说三种外语。""我能举一百斤东西。"(2)表示具备某种客观条件,或客观条件容许实现(某一动作或变化),如"今天气温很低,水能结成冰。""只要控制饮食,你能瘦下来。"(3)表示有可能,如"都十点多了,他还能来吗?"(4)表示准许,如"没有我的命令,你不能动!"(5)表示情理上许可,如"里面正在开重要会议,你不能进去。"可能补语的意思大体上只与(1)(2)(3)相当。它主要表示"主、客观条件是否容许实现某种动作的结果或趋向"。而且,当表示否定的意思时,一般应该用可能补语。例如前面引用的两个病句应改为"生词太多了,我记不住。""有意思的事很多,我说不完。"这是因

---

① 丁声树等(1961)《现代汉语语法讲话》,北京:商务印书馆,第60页。

为"不能＋动词＋结果补语"中的"不能"往往表示(4)(5)义,有时"不能＋动词＋结果补语/趋向补语"甚至不成话。试比较:

① 饭盛得太多了,我吃不完。

 ＊饭盛得太多了,我不能吃完。

② 门锁上了,他出不去。

 ＊门锁上了,他不能出去。

③ 今天晚上你不能出去,老张找你有事。

又如趋向补语"开"和"去",有的书对二者的解释差不多:

开:表示人或事物随动作离开。

④ 要坚守工作岗位,不能随便走开。①

去:表示人或事物随动作离开说话人所在地。

⑤ 一群孩子向河边跑去。②

可是这两个词往往不能互相替换:

④'＊要坚守工作岗位,不能随便走去。

⑤'＊一群孩子向河边跑开。

上面所引的解释都着眼于"开""去"表示人或事物随动作离开某处这一共同点,而忽略了二者的区别:"开"只表示人或事物随动作离开原来的处所;"去"除了表示人或事物随动作离开原来的处所外(而且不限于"说话人所在地"),还表示(或主要表示)人或事物向另一确定的目标趋近。如例⑤中所显示的:"孩子们向河边跑去。"表示这个目标的词也可以出现在动词后,如:"孩子们进教室去!"也就是说,当要表示人或事物随动作离开原处趋近另一确定的目标时,应该用"去",这时句子一般要有表示该目标的词语(状语或补语);而只表示人或事物随动作离开原处,没有或不打算说

---

① 吕叔湘(1980)《现代汉语八百词》,北京:商务印书馆,第293页。
② 同上,第401页。

明另外还有一个趋近的目标时,就用"开",这时句子自然不出现表示目标的词语。因此,"开"和"去"可以这样解释:

开:表示人或事物随动作离开原来的处所。

去:表示人或事物随动作趋近另一确定的处所。

"开"和"去"的这一区别还反映在另一些趋向补语上。比如"上去"——人或事物随动作由低处到高处某一确定的处所,表示该处所的词语在一定的语言环境中可省略;"起来"——人或事物随动作由低处升到高处,没有另一确定的目标。如:

⑥ 气球升上(天)去了。

　小明跑上(楼)去了。

⑦ 气球升起来了。

　小明站起来了。

⑧ *气球升起天去了。

　*小明跑起楼去了。

这种区别很细致,如果我们不讲出来,学生运用时就容易混淆。

1.2　语法意义、语法规则的描写要详细

如果一个外国人学习汉语的目的只在于理解(听、读),那么只要概括地描写语法现象的语法意义就可以了。但是如果他还想用汉语表达自己的思想感情,那么就要求我们对语法现象的描写尽可能地细致、周延。不仅要描写一种语法现象可以表示哪种或哪几种意义,而且要求说明在什么情况下表示这种意义,在什么情况下表示那种意义,说明这种语法现象可能有哪些形式以及在结构方面的限制,等等。比如带"得"的补语[①](如"我高兴得跳了起来"),有人叫结果补语,有人叫程度补语,还有人叫情态补语。为什么一种语法现象会有这么多名称?这与这种补语本身的复杂性有关系。在带"得"的补语中,由程度副词充任的,如"小红高兴得

---

① 参见李临定(1963)带"得"字的补语句,《中国语文》第5期。

很",补语只表示程度。有些由形容词(短语)充任的补语,如"他起得早,睡得晚""小明跑得很快",补语描写动作("早"描写"起","晚"描写"睡","很快"描写"跑"),并不包含程度和结果意义。有些由形容词(短语)、动词(短语)充任的补语,如"芳芳的小脸冻得通红""我高兴得跳了起来",可以说补语"通红""跳了起来"表示"冻"和"高兴"的程度,也可以说补语表示一种结果——"冻"的结果"(脸)通红","高兴"的结果"(我)跳了起来",而认为"通红"和"跳了起来"表示"冻"和"高兴"的样子,即表示一种情态,也许是对这类补语的一种更为形象、贴切的描写。因此在描写这种补语时,只笼统地说明它表示程度就很不全面了。

又如,多项定语和多项状语的排列顺序对说汉语的人来说虽然也存在一些问题,但不如外国人突出。是"大红花"还是"红大花",是"长筒高腰牛皮鞋"还是"牛皮高腰长筒鞋",中国人可以脱口而出,但没接触过这种语言现象的外国人就会茫然不知所措。关于多项状语的顺序过去的语法书很少涉及,因为这个问题比较复杂,又有相当的灵活性。但我们在教学中回避不了,因为即使口语中的句子,也常常带两项甚至三项状语。比如"昨天小张给我来了一封信""小马明天和小李一块坐飞机去上海"。因此我们必须设法解决这个问题。

有的语法现象表示不止一种意思。有些语法书在描写此类语法现象时往往爱说"有时表示……,有时表示……",这样写作者固然是省事了,但却给我们的教学带来了麻烦,学生迟早会问什么时候表示什么意思。如果我们的教材出这类语法点,科学的态度是把这种语法现象的多种语法意义或表达功能,按照主次或出现频率的多少依次加以介绍。比如动词重叠是一种重要的语法现象,其语法意义我们的教材是这样解释的:"有一部分动词可以重叠,动词重叠表示动作经历的时间短、动作反复多次、轻松或尝试意义等。"有的文章还指出动词重叠有缓和语气的作用。但都没有说明动词重叠什么时候表示动作经历的时间短,什么时候表示轻松,什么时候表示尝试意义,什么时候有缓和语气的作用。当学生遇到动词重叠这种语法现象时,他怎么能判断出到底表示哪种意义呢?我想我们至少可以告诉学生,表示已然动作时,动词重叠主要表示动作持续的时间短或进行的次数少;表示未然动作时,其主要作用是缓和语气,是汉语中常用的委婉地表达命令或请求的方式之一。已然和未然的用法中都可能包含尝试意义。这是动词重叠的基本表达功能,可在初级汉语阶段教给学生。至于在什么情况下包含轻松的意味以及其他一些表达功能可留待中、高级阶段再教。总之,只要某种语法现象在表示不同的语法意义时是有条件的,就应该尽可能把条件讲清楚。

有的老师认为教初级汉语,只粗略地给学生一些语法概念就行,语法描写越简单越好,有人甚至认为不必教语法。他们认为语法讲多了,是纸上谈兵,不仅无助于学生掌握汉语,还占去了宝贵的课堂教学时间。这种看法不无一点儿道理,但是把不同的问题混淆在一起了。我们虽然主张语法描写要细,但并不主张在初级汉语阶段在课堂上或者在教材里大讲语法。我们只是主张在研究语法时描写要细,我们的教师对语法现象的掌握要深要透。只有这样,才能把最常用的语法现象,把某些语法现象中最常见的、最基本的用法安排在基础阶段去讲,才能把各种语法现象由易而难、由浅而深、循序渐进地安排进教材里。而且,一种语法现象,只要讲就应该尽可能讲得准确、透彻,使学生真正理解。当然,这里所谓"讲"不完全是或主要不是指对语法现象的"讲解",它包括引入、形象的演示、学生实践、扩展、教师指导、纠正错误等。科学的汉语教学应该通过各种方式最终使学生掌握汉语语法规律。

我们所以主张语法描写要细,这是语法本身的复杂性决定的。但语法毕竟是比词更高一级的抽象的语言现象。我们总结出的语法规律应该具有尽可能大的概括性。有时某一语法规律的适应面不广或概括性不强,可能是研究还不够深入的结果。我们并不认为语法描写只要细就好。细要细得科学。比如研究某一个程度副词,如果把一般的或大多数程度副词都能出现的位置当作该程度副词可以出现的位置来描写,甚至不厌其详地列出它可以出现在哪些形容词及动词前,那就不够概括、不够科学了。那样做还有可能把本来属于语法研究的问题降低到对一个一个词进行研究的危险,会把已经解决了的问题当作新的问题来研究。在语法研究中,列举往往是不得已而为之。

1.3 注意从语言结构的整体和言语片段之间的联系方面来研究各种语法现象

语言单位组合成句子或句子与句子组合成更大的言语片段,都会对句子所包含的各种语法现象有这样那样的影响,也就是说,各种语法现象进入句子或更大的言语片段之后,相互之间可能有一定的制约性。比如包含可能补语的句子,谓语动词前一般不能有描写性的状语。如不能说:"＊你快一点儿把桌子擦得干净吗?"只能说:"你能快一点儿把桌子擦干净吗?"即当句子中要出现描写性的状语时,不能用可能补语,而要用"能＋动词＋结果补语/趋向补语"这种结构。包含带"得"的补语的句子,谓语动词或形容词前也不能用描写性状语。如不能说"＊他高高兴兴地跑得满头大汗。"因为这类补语在句子中是谓语的主要表意部分,是句子中主要承担新的信息的语言成分,它不容许再出现一个会增加新的同类信息的语言成分——描写性状语。正因为如此,这种句式的谓语动词前所包括的成分一般都很简单。又如包含介词"把"字的句子,包含有受事主语的句子,都对谓语部分及谓语动词有一定的要求。比如谓语动词一般是及物的,谓语部分除了动词之外,往往还包含表示结果意义的语言成分等等。再如,汉语的句子有一个比较普遍的倾向:主语多是已知的、确定的,宾语多是未知的、不确定的。[①] 当一个短语或句子进入一个大的言语片段后,就要适应这一特点。"＊3月21日我乘飞机到达北京。我们听说过北京有很多人,但怎么会有那么多人,我一点儿也没想到。"这段话第二句中的宾语是一个主谓短语"北京有很多人","很多人"在这个短语中又是宾语,而表达的却是一个已知的确定的信息,不符合汉语句子的

[①] 参见赵元任(1979)《汉语口语语法》,北京:商务印书馆,第46页。

一般倾向。如果使它处于主语地位,把句子改成"3月21日我乘飞机到达北京。我从前听说过北京人很多,但怎么也没想到会有那么多。"就顺畅多了。可以说我们语法教学中存在的不少老大难问题,如"了"、"把"字句等,在孤立的句子当中是很难圆满解决的。

当然,对语法意义进行细致的描写,加上说明结构方面的限制与联系,这样做的结果是有时一个语法现象下面会有很多"条条",别说学语法的人,就是教语法的甚而至于写语法的人也很难一一记清。但这没有关系。我们并不主张学语法的人死记硬背语法书上的条条,而主张让学生在学习、实践的过程中理解并逐步掌握所学的语法现象。当他遇到困难时,可以从语法书上找出自己的问题所在以及正确的答案。对他们来说,这种语法书具有工具书的性质。对教师来说,这种语法书可以帮助他们在教学当中做到有重点的讲解,在改正学生的语法错误时有所依据,做到不仅会改,而且知道为什么要这样改,在学生面前就可以少出现一些"这是汉语的习惯"之类的解答。

2 研究各种语法现象的交际功能

在外语学习中,学语法不是目的,理解语法现象并学会运用语法规律去交际才是目的。因此,在语法研究中,不仅要描写各种语法现象的意义、形式、结构特点,而且应该尽可能地说明其交际功能,即说明语法现象在什么情况下运用以及可收到的交际效果。

比如"人家"这个代词可以代第三人称也可以代第一人称,但代第一人称是有条件的。如果一位政府部长对某一有争论的问题发表自己的意见时说,"人家(即我)不同意这个意见。"大家听了一定会觉得很可笑。如果一个棒小伙子在接受一项任务以后说:"人家(即我)保证完成任务还不行?"听话人会觉得他"女里女气"。为什么?这是因为第一,"人家"代第一人称限于口语;第二,"人家"用作第一人称代词多出自一些年轻女性之口,有娇嗔的意味,而且往往是在坚持要做某事或表示不同意做某事时用。如"人家愿意嘛,你管不着!""人家都累死了,你还让跑!"又如多项(复杂)定语,特别是较长的多项定语,是叙述、描写性语言中所特有的,所以在对话中很难听到这样的句子:"何必单买这一辆,这辆不吉祥的车,这辆以女儿换来,而因打死老婆才出手的车!"(老舍《骆驼祥子》)"我们提倡发扬中华民族古代仁人志士那种不为威武所屈,不为利禄所诱,不为富贵所淫,不为贫贱所移,卓然自立于世界之林的美德。"(《光明日报》1982年2月)因此在以口语为主的初级汉语教材中,不宜出现长定语,也不必详细、全面讲解多项定语的排列顺序。又如可能补语,从我们统计的材料来看,主要用否定形式,如"吃不饱""长不高""听不下去"等等。肯定形式限于疑问句、与否定形式相对的肯定句、包含否定意思的句子等等。在饭桌上,吃饭的人可以说:"饭太多了,我吃不下了。""我今天不饿,连一碗饭都吃不下。"这些是很自然的句子。但是如果没有什么人问他饭多不多,或吃得下吃不下,他忽然说:"饭不多,我吃得下。""我今天很饿,连三碗饭都吃得下。"听话的人一定会觉得莫名其妙。因此在教可能补语时,应该先教、重点教否定形式,并创造适宜的语言环境引入。如:

⑨ 阿里才学了一个月汉语,看不懂中文书。
⑩ 坐在我前面的人很高,挡着我,我看不见黑板上的字。
⑪ 这个教室很小,坐不下二十个人。
⑫ 甲:你能听清楚我的话吗?
　　乙:听不清楚。

肯定形式的可能补语要用不同的方式引入。如:

⑬ 甲:你听得懂汉语广播吗?
　　乙:听得懂。
⑭ 甲:你看不懂中文报纸吧?
　　乙:不,我看得懂。
⑮ 老师的话我听不懂,谢力听得懂。

此外,"把"字句、动词重叠、某些主谓谓语句、名词谓语句以至独词句、无主句等都有其特殊的表达功能。我们甚至可以说,每种句式、每种语法现象都有特定的表达功能,都在一定的语言环境中出现,在语法研究中应当尽量加以揭示,在教材中应使之得到较好的体现。

3 突出外国人学汉语的特点

我们的语法研究从根本上来说与一般面向说汉语的人的语法研究是一致的,但又有其特殊性。为说汉语的人编写的语法,很多口语中常见的语法现象,如"了""着""过"等动态助词,各种补语、量词,名词谓语句,主谓谓语句,紧缩句,语气助词,甚至"把"字句、存现句等,都不必进行十分细致地描写,因为他们这方面的错误较少。但这些恰恰是外国人学汉语的难点,也应该是我们教学和研究的重点。近年来国内许多语法学者开始关心我们教学中提出来的一些语法问题。因为从某种意义来说,我们提出来的一些问题可以促使汉语语法研究进一步深化。可以促使更深入地揭示汉语语法的特点。

我们的教学对象又要求我们在教汉语语法时,必须立足于汉语,必须十分注意突出汉语的特点。例如教汉语的称数法,北京语言学院教材沿用国际上通用的三位分段定位法。即在一个长的数字序列中,每隔三位数点一个点来定位,如 100,000,000,000(一千亿)。但这种定位法是来自某些印欧语,用它来教汉语的称数法十分不便。汉语的数字称数法的内部规律是四位一级,即"个十百千,万十万百万千万,亿十亿百亿千亿……"第一个四位数为"个"级,第二个四位数为"万"级,第三个四位数为"亿"级……每一级中位数为"个(或万、亿)十百千"。因此用四位分段定位法来称数汉语的数字要方便得多,如 1000,0000,0000(一千亿)。国内小学数学课为适应国际通用的数字分段定位法,重点教三位分段。我们教的是汉语,当然应该按汉语称数法内部的规律来教,应该教四位分段定位法。又如存现句,有的老师觉得把存现句中的处所词作为状语来分析易为学生理解和接受。因为在外语的句子中,在类似的情况下处所词是状语。但汉语的存现句是一种特殊的句式,它不同于一般的"动作者—处所—动作"这类动词谓语句。试比较:

⑯ 屋子里摆着很多家具。
⑰ 小明在屋子里写作业。

　　第一,存现句中的处所词不用介词,而一般动词谓语句中的处所状语往往是用介词的;第二,存现句中的处所词是句子的话题,是全句的描写对象,因而分析为主语比较合适,而一般动词谓语句的处所状语表示动作的处所,不是全句的话题或描写对象。我们把存现句的处所词分析为主语,让学生了解存现句的表达功能——具有描写处所的作用,这样有助于学生掌握运用这种句式。如果分析为状语,就不能体现这类句式的特点,学生亦易于把它混同于一般的动词谓语句,结果不是在句首加上介词,就是根本不会独立运用这种句式。

　　语法教学中很难避免分析句子。现在国内一般采用两种析句法,一种叫句子成分分析法,一种叫层次分析法。我们采用哪种方法好呢?这里我们不可能详细讨论这两种分析句子的方法,因为问题十分复杂。而且对这两种析句法不同的人有不同的理解,运用起来也不尽相同。我只想根据我们的教学特点谈一下个人目前的想法。

　　第一,我认为分析句子也不是语法教学的目的,而是一种手段。分析句子的目的主要是为了使学生理解所遇到的句子。因此只有在有必要时才进行分析。如果一个句子的意思学生已经懂了,一般就不必分析了。

　　第二,分析句子主要应该分析结构复杂的长句,特别是书面语中的句子。口语中的短句一般不必进行分析。因为口语中大部分短句不分析学生也能懂。有些口语中的短句,很难分析,学生理解起来也可能有困难,但这样的句子即使进行分析,对学生理解也未必有帮助。例如吕叔湘先生在《汉语语法分析问题》末尾提出的一些"不那么'循规蹈矩'"的句子:"看书写文章,他都在晚上。""你真行,一讲就是三个钟点。""'巴扎'是维语,汉语是集市的意思。"①分析这些句子,如果用层次分析法,这些句子是不难分析的,但分析完了之后,恐怕学生对句子的理解仍然停留在分析前的状态。我们想,讲解这类句子,比较可行的办法是补出在一般"循规蹈矩"的句子中可能出现的词语,使学生易于理解这些句子的意思。比如"看书写文章(这类事),他都在晚上(做)。""'巴扎'是(一个)维语(词),(在)汉语(里)是集市的意思。"此外,最好能讲出在什么情况下可以这样"省略"。(比较:"*打球游泳他都在明天。""*洗衣服聊天,他都在中午。")当然,搞语法研究的人还是应该研究如何分析这些句子的。

现在我们再来谈谈在我们的教学中采用哪种析句法比较好。如上所述,我们主要应该分析书面语中的长句。这些句子所以长,结构所以复杂,主要原因是修饰语多而复杂,特别是定语长,或连用几个状语。对这种句子,我们基本上采用句子成分分析法,因为正如吕叔湘先生所说:"这种分析方法有提纲挈领的好处。"②长句往往是动词谓语句,所以我们以动词谓语句为例。分析句子时,首先把句子划分为主语部分与谓语部分,然后在主语部分划分出主语与定语,在谓语部分中划分出谓语(动词或形容词)、状语、补语与宾语。宾语前如果有定语,最后也划分出来。状语和定语有几项就划分出几项,如"(一个)(大)(红)苹果",有三项定语。所划分出的句子成分可能是一个词,也可能是一个词组,即使是一个词组也不再分析了。必要时,在句外另行分析。这样分析完了之后,句子的主干——主语和谓语(动词或形容词)就突出了,学生很容易抓住整个句子的基本意思。在分析句子时,应特别注意避免传统

---

① 吕叔湘(1979)《汉语语法分析问题》,北京:商务印书馆,第90—91页。
② 同上,第60页。

的句子成分分析的某些弊病。总之,我们认为教外国人汉语时,分析句子的步骤应尽可能少,分析的结果应尽可能突出句子的主干,这是由我们的教学对象与有限的课堂教学时间决定的。当然,这种分析句子的方法目前尚不完善,外国学生独立掌握运用需要一个过程。但如果教师能适当地、正确地运用它,在教学中还是很必要的、很有效的。

分析短语的内部结构,我们采取层次分析法,因为"分析结构层次,对于词语的理解有帮助。"[①]

汉语作为外语教学当中的语法问题很复杂。我个人教学经验不多,语法研究方面水平也不高,上面谈了一些粗浅的体会,与同学们一起讨论,并请老师们指正。

(原载《对外汉语教学论文选》,北京语言学院出版社,1983年,有改动)

---

① 吕叔湘(1979)《汉语语法分析问题》,北京:商务印书馆,第56页。

二十四　中美常用教材语法比较
——兼论初级汉语教材的语法编写原则

在外语教学中,语法教学总是处于一个中心的地位,尤其是初级阶段,因为要掌握一种语言就必须掌握其语法规则。但如何教语法,在教材中如何把语法规则安排进去,如何解释语法规则,我们认为是当前汉语教学中应该引起重视的问题之一。我曾听不止一位汉语教师说,学一种语言用不着学语法,还说国外就不教语法。我想他们的本意并不是主张取消语法教学,而是不同意现行教材处理语法的方式。还有不少教师,包括我本人在内,并不反对教语法,但对现行教材的语法部分有一些看法,并且不赞成现行的某些有关语法知识的考试。

1983年我们与美国汉语教师代表团商定合作完成与汉语教学有关的十三个项目。我与北京大学的卫德泉老师、中央民族学院的杨甲荣老师和美国维廉学院的马盛静恒老师共同承担"中美常用汉语教材句型统计"。在工作过程中,我将美国汉语教材的语法部分(包括注释)与中国教材进行了比较,又引起我探索汉语教材语法编写问题的兴趣,并逐渐形成了一些想法。

我们所比较的汉语教材是:
基础汉语课本　北京语言学院编,北京:外文出版社,1980年。
实用汉语课本　北京语言学院编,北京:商务印书馆,1981年。

初级汉语课本　　鲁健骥主编,香港神州录影出品,1985年。
汉语教科书　　　北京大学外国留学生汉语教材编写组,1973年。
Beginning Chinese　　John DeFrancis. New Haven：Yale University Press, 1963.
Speak Chinese　　M. Gardner Tewksbury. New Haven：Yale University Press, 1968.
Speak Mandarin　　Henry C. Fenn & M. Gardner Tewksbury. New Haven：Yale University Press, 1967.

此外我还翻阅了北京语言学院的《现代汉语教程》和美国耶鲁大学编写的 *Standard Chinese* (Parker Po-fei Huang, Hugh M. Stimson)。

上述教材都是比较有影响、使用范围较广的。中国方面的是北京语言学院和与之有密切关系的北京大学留学生汉语教研室编写的,所以语法体系、语法注释大同小异。美国的教材都是耶鲁大学出版的,也比较接近。当然,每本教材出版的时间不同,目的对象不同,指导思想不同,在语法方面各有特点。进一步比较分析,也是一件有意义的工作。但限于篇幅,本文只能把中、美各作为一方进行宏观的比较。

1.1　语法点数目比较

各教材出现的语法点数目如下[①]：

基础汉语课本　　161
实用汉语课本　　117
初级汉语课本　　175
汉语教科书　　　209
Beginning Chinese　103
Speak Chinese　91
Speak Mandarin　96

[①]《实用汉语课本》语法点的数目是当时中央民族学院杨甲荣老师统计的,《汉语教科书》是北京大学卫德泉老师统计的,《基础汉语课本》《初级汉语课本》是笔者统计的,美方教材是马盛静恒老师统计的。统计的依据是各教材的句型和语法注释,尽量做到尊重原作者的意图。

造成各种教材语法点数目不同的原因有两个。一是初级阶段所涉及的语法现象多寡不同。比如《汉语教科书》把很多连接分句的关联词语放在初级阶段,《初级汉语课本》把"问体重、身高、年龄"等作为语法点处理,这样就比其他教材多出了一些语法点。二是有的教材语法点分得很细,比如一种语法现象的肯定形式与否定形式算两个语法点,在用"比"进行比较的句子中,把各种谓语结构的不同也作为不同的语法点处理,结果就增加了语法点的数目。总的来看,中国教材所涉及的语法现象多些,语法点分得细些,语法点的数目也就多些。

1.2 语法点异同比较

七部教材都出现的语法点有以下 18 个:

(1) 表示存在的"有"(或称"有"字句)
(2) "是……的"结构(或称"是……的"句)
(3) 动词"在"
(4) 形容词作谓语(中国教材多称"形容词谓语句")
(5) "把"字句(美国教材多称"把"结构)
(6) 正反疑问句(美国教材称"Choice type of question")
(7) 简单趋向补语"来/去"
(8) 时量补语(有的称"动作持续的时间")
(9) 介词"在"(美国教材称"Coverb 在")
(10) 能愿动词
(11) 用"比"表示比较
(12) 用"跟……一样"表示比较
(13) 表示动作完成(或称词尾)的"了"
(14) 表示变化(或称"出现新情况")的"了"
(15) 称数法
(16) 数量词作定语
(17) 动词短语或主谓短语作定语
(18) 动词作谓语主要成分(或称动词谓语句)

有六种教材出现了下列句型（括号中的数字，前面的表示中国教材数，后面的表示美国教材数）：

(1)"是"字句(4,2)

(2)双宾语句（或可带双宾语的动词）(4,2)

(3)"去……＋动词"的连动句（或称"表示目的"）(3,3)

(4)用"吗"的疑问句(4,2)

(5)特指疑问句（或称"用疑问词的疑问句"）(4,2)

(6)选择疑问句(4,2)

(7)复合趋向补语(4,2)

(8)可能补语（美国教材称"复合结果动词"）(4,2)

(9)程度补语（美国教材称"动作或情况的方式和程度"）(4,2)

(10)时间词作状语(4,2)

(11)"快/要/快要……了"(4,2)

(12)介词"从"(4,2)

(13)"一……就……"(3,3)

(14)用"没有"表示比较(4,2)

(15)表示动作持续的动态助词（或词尾）"着"(4,2)

(16)表示有过某种经验的动态助词（或词尾）"过"(4,2)

(17)表示动作进行（或称"持续"）的"在/正在/呢/正在……呢"(4,2)

从以上统计可以看出，汉语语法中的大部分基本语法现象各教材都注意到了。中美教材所出的语法点有些不同，值得提出的有以下几种：

(1)关于主谓谓语句与名词谓语句。中国教材都有主谓谓语句与名词谓语句，美国教材都没有这两种句型。他们把主谓谓语句看作偏正词组作主语，把名词谓语句看作省略了"是"。

(2)表示"领有"义的"有"以及"存在"义的"是"，中国教材都作为语法点处理，美国教材把"有"作为生词处理，不提或不认为有一个表示存在意义的"是"。

(3)中国教材都有存现句，美国教材不作为语法点处理。

（4）中国教材都把"的"字结构作为语法点，美国教材不作语法点处理。

（5）美国有的教材引进"话题"的概念，并作为语法点，中国教材没有一家引进这一概念。

（6）美国教材都把祈使句作为一个句型提出来，中国教材只有一本如此处理。

（7）美国教材口语性强，在语法点上也有反映。如在被动句中只出了用"叫""让"的句子，没有出现"被"。

总的来看，中国教材的语法点分得较细。比如一个大语法点下，肯定的、否定的、带宾语的、不带宾语的、宾语位置在前的、宾语位置在后的等，统统作新的语法点处理。美国教材的语法点一般比较概括。

1.3 语法术语比较

中国教材的语法术语一般比较多，我们粗略地统计了一下，术语不算最多的《基础汉语课本》共出现 80 多个。美国教材语法术语一般比较少，术语不算最少的 *Speak Mandarin* 共出现 50 个左右。

中国教材很多语法点有相应的术语，如"有"字句，"是"字句，动量词、动量补语，简单趋向补语、复合趋向补语，单宾语动词谓语句、双宾语动词谓语句，谓语主要成分、谓语中心语、主要动词等。有一本教材，动词出现了八个态：①变化态，②完成态，③完成变化态，④进行态，⑤持续态，⑥持续进行态，⑦经历态，⑧经历变化态。术语多，反映了编者追求语法的系统性。美国教材相反，似乎尽可能少用术语。如出现"有"这个语法点时，就标动词"有"。出现"去……＋动词""动词……＋去""坐……＋动词""用……＋动词"时都采用解释每种句式所表示的意义的办法，如目的、位移、交通手段、工具等，而不是冠以"连动句（一）""连动句（二）""连动句（三）""连动句（四）"等。

中国教材由于注重语法点的系统性，所以喜欢把小语法点归成大类，如补语包括六七种，连动句包括三四种，比较句包括三四种。上面提到的那本教材,疑问句列到十四,强调的方式列到九,主语按结构列到六,按类型又分施动主语、受动主语、关涉主语。而且中国教材往往隔几课便有一个语法小结。美国教材喜欢零散地出语法点,不归大类,也很少进行语法小结。

1.4 语法注释比较

无论是中国教材还是美国教材,每课都有语法方面的说明或注释。中国教材的语法说明内容多比较单纯,限于从结构、意义方面说明语法现象。近年来有的教材增加了注释,注释一些词的用法或较次要的语法现象,有的教材还增加了文化背景知识方面的介绍。美国教材有的把语法解释放在注释或语法说明里,有的放在"pattern"的后边。与中国教材不同的是,美国教材注释涉及的方面比较广。除语法解释外,还有与语法有关的语音、语调的说明,有较多的文化背景知识介绍,有某些汉语语法现象,以及词语的英译法,特别是有大量的汉英对比说明。

在注释方式上中美教材也有明显的不同。中国教材大体用三种方式。第一种是下定义的方式。如"谓语主要成分是形容词的句子就是形容词谓语句。""谓语中连用两个以上的动词(或动词结构)说明一个主语的句子,叫连动句。"第二种方式是解释语法点的意义。如"语气助词'了'可以表示几种不同的语气。这里讲的'了'是表示某件事或某个情况肯定已经发生。""对一个已经发生了的动作,要强调说明已经发生的时间、地点或动作的方式等,就用'是……的'这个格式。"第三种方式是用一个词去解释一种语法现象。如"量词重叠有'每'的意思,但它不能修饰宾语,只能修饰主语或前置宾语。"

美国教材很少用给术语下定义的办法。他们常用的也有三种方式。第一种从形式、结构方面进行说明。给某些较难从语义上概括的词类下定义时,就用这种方法。如"副词是只能出现在动词或另一副词前面的词。"采用的是说明分布的办法。在注释是非问句时说:"一个陈述句常常在词序上用不着任何变化就转化为是非问句(可以用'是'或'不是'回答),在句末加一个疑问语气词——

最通用的是'吗'。"第二种方式是用英语的一个词解释汉语的一种语法现象,如"量词有时重叠,……意思是'every'"。第三种方式是解释语法现象的语法意义。如"向一个预期目的的移动用 Coverb '到'与'来'或'去'表示。""当'来'和'去'后面直接跟另一动词时,表示目的。""汉语表示一个动作进行的方式是把助词'得'加到动词上。"

在美国教材中往往还有些对近似的语法现象的比较。比如 DeFrancis 的教材 *Beginning Chinese* 比较了时间词语(表示时间点与时间段)在动词前与动词后的四种不同情况。

1.5　句型与语法点配合方面比较

无论是中国教材还是美国教材,每课除课文之外,往往还有一些句型(包括短语),每课最后有语法说明或注释。中国教材一般供集中学一年汉语的学生使用,每周二十个学时左右,所以课数多(如《基础汉语课本》不算续编就有七十三课),但每课的句型、语法点数目少,句型与语法注释配合得较好。这样教师用起来比较方便,不必花很大力气编写补充教材,也便于组织教学。美国教材多作为公共外语教材,每周三五学时(极少数学校十学时)不等,但又要在一年里学完基本语法,所以课数少,一般二十课左右,每课的句型有限,但每课注释中出现的语法点较多,而且零零碎碎。句型与语法注释的配合也往往不太理想,教师常常需要自己编写大量补充教材,组织教学要花很大的力气。

总的来看,中国教材的语法比较追求科学性,但考虑实用性与可接受性不足;美国教材注重实用性与可接受性,但有时系统性差,不够严密。

2

我国对外汉语教学已有几十年的历史,取得了很大成绩。我们的教材不仅在国内使用,培养出成千上万的外国留学生,而且在世界上也有一定的影响。经过长期的教学实践,我们的教材不断改进、提高,有很多优点。但大家也感到还不够理想。国外有些汉语教师很想采用我们的教材,但最后只好作罢,问其原因,除了分量、课文内容不合适之外,语法方面存在的不足也是一个原因。有一位美国汉语教师说,北京语言学院编了很多教材,但一看语法就知道是北京语言学院编的。国内在使用这些教材时,学生常常反映语法注释不好懂,教师对语法注释也不太满意。在基础汉语阶段怎样编好语法部分?我想谈一些不成熟的想法。

2.1 应该注意理论语法、教学语法与语言教材语法的区别

王力先生说过:"专家语法,就是赵元任先生所谓描写性的语法。什么叫描写性语法?它按语言的实际来描写,不说这个对,那个不对,这就是专家语法。学校语法就是赵元任先生所谓规范性的语法,它要规定,你说话,这个说法是对的,那个说法是不对的。"①专家语法也叫理论语法,学校语法也叫教学语法。王力先生所说的学校语法,主要是指教学对象为说母语的学生的语法。教学对象为说非母语的学生的教学语法,主要有两种:一种是高年级学生的语法课教材,一种是参考语法。参考语法讲述语法规则非常详细,可供教师备课参考,也可供高年级学生查阅。我们的《实用现代汉语语法》就属于参考语法。理论语法与教学语法虽然有区别,但内容都是讲述语法规则,目的是给人以语法方面的理论或知识。

外语教材的语法虽然也是教学语法,但与上面所说的教学语法不是一回事。它是整个语言教材的一个有机部分。它的任务不是讲授语法知识,而是要使学生通过掌握语法规则去掌握所学的语言。我们常说,外语教学,要教学生的是说某种语言的技能,而不是关于这种语言的知识。从语法方面来说,也就是要教给学生语法规则,而不是语法知识。这是编写教材语法的基本出发点。

---

① 全国语法和语法教学讨论会业务组(1982)《教学语法论集——全国语法和语法教学讨论会论文汇编》,北京:人民教育出版社,第19—20页。

2.2 初级阶段的语法要求

初级汉语阶段,一般只有一年的时间,只能要求学生掌握基本的语法现象、句子的基本格局。语法规则讲得太细了,他们很难记住。即使记住了某些细节,也可能以枝叶掩主干,影响掌握完整的句子。如果在初级阶段教上三四十种句型(包括短语),二三十个语法点,学生都很好地掌握了,能脱口而出,那么即使在枝节问题上有些小毛病,比如宾语与趋向补语、"了"的位置摆得不对,"的"字用得不当,也无关大局,可以忽略不计,将来到高年级再纠正提高。这总比有些学生语法考试分数不低,但一张口说话不知句子从哪里开始,语序颠倒、结构混乱好。现在有的教材在第一册第十八课(基础阶段共四册七十二课)就出现多项定语的顺序,未免强学生所难。

此外口语课与阅读课应有所不同。初级阶段的口语课可以不出现存现句、形容词重叠、数量词重叠、多项定语以及某些关联词语等,也不必分析句子。在阅读课中,可以出现书面语中常见的某些句式和语法现象,为了帮助学生理解较长的句子,也可以进行句子分析。

2.3 基础汉语教材应该尽量简化语法系统,减少语法术语

应该尽可能做到不露痕迹地教语法。比如基础阶段,助词不必再分类,讲清楚"了""着""过""的""吧"等词的基本意义、基本用法就可以了。补语也可以简化,比如不一定出现时间补语、动量补语、介词短语补语等术语,只讲时间词(表示时间段的)用在动词后表示动作持续的时间,动量词用在动词后表示动作的量就可以了。语法点应尽量以其语法意义命名。比如连动句的各种类型可以分散出,讲清每个类型所表示的意思,不必给"连动句"这一总的名称,因为这一术语对学生掌握此类句子没有什么帮助,有时反而会分散学生的注意力。这样做还可以避免语法体系上的某些纠缠。比如连动句与主谓短语作宾语、双宾语的界限在哪里,连动句与紧缩句的界限等。为了使对语法感兴趣的学生和有必要掌握系统语法知识的学生了解汉语语法体系,可在书末附一语法纲要,交代必

要的语法术语及体系,简明地加以解释。但不要求教师在课堂上讲,更不必要求学生掌握。

简化语法系统,做到语法点少而精,并不是一件容易的事。要进行分析研究以致调查才能确定哪些句型、语法点是基本的,这些句型、语法点应该怎样安排等。

2.4 语法点以不同的方式出现

现有的教材,虽然有的搞句型教学法,目的是使学生以掌握若干句型的方式掌握语法法则,但实际上真正做到句型教学的不多。大多数还是教语法点。语法说明及注释反映了这一点。我们认为外语教学中一律以句型方式教语法,不一定可取。应该根据各种语法现象的特点及其在语法结构中所处的地位,以不同的方式进行处理。

(1) 有些语法现象是涉及或者影响全句的,以句型的方式出现比较好。学生掌握了该句型,不仅掌握了其中的语法点,而且能把整个句子正确地说出来,这是只出语法点所难以达到的。比如各种比较的方式、情态(程度)补语、"把"字句等属于此类。

在国内现有的教材中,虽然有的也讲词序,但讲解方式对学生掌握汉语句子的格局帮助不大。要想解决这一问题,就要对汉语的句型从结构与语用两个方面进行综合的研究。目前已有一定的研究结果。比如,引进了"话题"的概念,提出汉语的句子是按动作发生的时间或观察事物的先后顺序安排的等。汉语句型的研究已引起广大语法学者的重视。随着研究的深入,会为我们的教材编写提供更加科学的依据。

(2) 有些语法点是属于短语(词组)内部的,不牵涉短语以外的成分,可以以短语的方式出现。比如"(指示代词+)数词+量词+名词"短语、各种名词性偏正关系短语等。

(3) 有些语法现象,不涉及句子与短语,可以单独出现,如称数法、各种能愿动词所表示的意义等。

(4) 有些过去作为语法点处理的具有较强熟语性的短语,可以作为固定短语处理,以生词的方式出现。如表示结果意义的动趋、动结短语。因为在此类短语中,动词与趋向补语或结果补语之间具有较强的选择性,是概括的语法解释所解决不了的,需要特殊的工具书。在生词中出现一定数量的某种动趋或动结短语后,可以适当总结一下,使学生体会该补语的结果意义。不过这种总结类似某些词根语素的总结,不能期望解决很多问题。

有些虚词,比如副词、连词、某些助词,看起来是一个词的问题,实际上可能涉及整个句子,如何处理,应具体分析。

(5) 一种语法现象可能有几种形式、几个用法,一般不要一次出全,而要选择覆盖面大,常用的先出,其余的后出,或初级阶段不出。比如复合趋向补语与宾语的位置是学生的难点。我们认为应先出"动+'上'类字+宾+'来/去'"这种句式,因为这种句式覆盖面大——宾语为处所词、具体事物名词(祈使句、未然动作句)、存现宾语名词或结合较紧的动宾短语中的宾语,都可用或必用此种句式。在此种句式巩固后,再出"动+趋+宾"的句式,后一种句式只有当动作为已然的,而宾语为表示事物的名词时才要求用。至于"动+宾+趋"的句式用得很少,可以不出。

2.5 语法注释应注意实用性与可接受性

语法注释是教材的重要组成部分。注释做得好,老师好教,学生好懂。注释的方式不应千篇一律。我们认为应注意以下几个原则:

(1) 语法注释要简明、易懂,尽量不采取下定义的方式。

(2) 学习一种语言包括学习理解与学习表达两个方面。从理解方面说,语法注释应准确说明语法现象所表示的语法意义。从表达方面来说,要说明语法现象的结构和用法,特别是用法。后一个问题是语法研究中比较薄弱的,在教材中几乎没有反映。而这可能是外语教学中最重要的。比如"把"字句、表示完成的"了"、"着"、"过"、可能补语等,都是汉语教学中的难点。过去侧重结构分析,后来接触了语义分析,但学生仍然用不好或干脆回避用。为什么?就因为我们没有讲清用法,没讲清什么时候用,特别是什么情况下非用不可。现在,语法研究也已引起语法学者的重视。从语用方面进行研究,还可能使某些老大难问题迎刃而解。

（3）人类语言有很多相通的东西。有些虚词或语法现象,用汉语来解释非常困难,但用学生母语中相应的词或语法现象解释,一下子就解决了。此类现象就可以对译。当然,我们的学生母语很多,教材不可能译成那么多种文字。此外,对译要求作者有相当高的外语水平,完全可对译的现象也不是很多,所以在用这种方式时要十分谨慎。

（4）要选择足够数量的、典型性强的例句。例句选择得好,有时不用注释学生就可能准确地悟出其中语法点的意义及用法。选例句时,不能过分简短,要尽可能反映出语境。这样不仅能帮助学生理解意义,而且有助于他们了解用法。

（5）要不断吸收语法研究的新成果。当前国内外语法研究进展很快。我国近年来的语法研究取得了令人注目的成果。而且大多数语法论著都注重语言事实的研究,注重语义的细致描写,注重结构与语义关系的分析。很多成果我们可以直接拿来运用。有些论著理论性较强,可以改变一下表述方式。当然吸收别人的成果要有所选择,要选择成熟的,为大家公认的,经过语言事实检验的。教材语法比教学语法要求更大的稳定性。

教材语法不宜标新立异,特别不宜在语法体系与术语方面标新立异。否则,即使你是正确的,也会脱离广大教师的实际,失去了可接受性。为什么教师们多次指出要制定一个要求大家共同遵循的语法大纲,我想原因正在这里。

教材语法编写不是一件容易事。它要求编者有较高的水平与造诣。只有这样才能正确地取舍,注释才能深入浅出。如果只能按语法书写注释,不然就没有把握,那就很难写好注释。应该由必然王国进入自由王国。我们常说要给学生一杯水,教师自己得有一桶水,那么编教材者就应该有一缸水。

任何一个稍有经验的语言教师,在课堂教学中都不会简单地按教材的语法解释去教语法。因为教材毕竟不是剧本。再好的教材,教师也不能照本宣科。在语法教学中,如何用已学的语法点引进新的语法点,如何通过大量例句让学生理解语法点的意义,如何通过创造一定的语境使学生正确体会语法点的用法等,反映一个教师的教学水平。但教材毕竟是教学的重要依据,是学生预习复习的重要材料。编得好,教师用起来得心应手,对学生可以真正起到教科书的作用,至少不会给他们增添无端的烦恼。

(原载《第二届国际汉语教学讨论会论文选》,北京语言学院出版社,1988年,有改动)

二十五　关于叙述体的篇章教学
——怎样教学生把句子连成段落

在汉语语法教学中,过去一般是教到句子为止。这可能跟过去的语法研究也是到句子为止有关。但从事对外教学的教师在几十年以前就注意到,在汉语教学中,句子并不是语法教学的终点,当时提出,在语法阶段以后,有"短文阶段",培养"成段表达"能力这一教学环节。所谓培养"成段表达"能力,就是培养学生把句子连成段落的能力,这正是本文所要讨论的篇章教学的内容。但是怎样提高学生的成段表达能力,在理论和方法上似乎都不明确。

篇章语言学研究为我们的教学提供了理论基础。本文在学习、研究篇章语言学理论的基础上,探索在对外汉语教学中,叙述体篇章教学的理论与方法。

我们认为研究句法应该区别不同的语体,因为不同的语体所涉及的语法现象不完全相同。这一点笔者在过去的语法研究中曾多次提及。在研究篇章时,我们认为更要区别语体,因为在不同的语体中,句子连成段落或段落连成篇章的连接成分与连接方式等等都有所不同。比如对话体与非对话体不同,在非对话体中,叙述体、描写体、说明体、议论体等也有所不同。[①] 本文只选取叙述体作为研究对象。

---

① 廖秋忠在《现代汉语中动词的支配成分的省略》一文中曾提到"叙述体(或描述体)、劝说体、论说体"等。参见廖秋忠(1992)《廖秋忠文集》,北京:北京语言学院出版社,第20—24页。

所谓叙述体,我们是指在时间的推移中,叙述动作行为、事件发生发展的句子。如:

① 早晨我刚起床,就看见我们家那条大狗从门外慢慢地走进来,到了床边,又慢慢地躺下了。

有时间性,是叙述句的必要条件。连串的叙述句会使听者或读者像看电影一样,看到动作行为的进行,看到故事情节的发展。但是事实上很难找到从头到尾都是叙述句的文字,叙述体的句子中间常常会穿插一些描写、说明性的句子。这时好像电影的故事停了下来,出现了画外音。

1 叙述体篇章的连接方式

所谓叙述体篇章的连接方式,我们是指在叙述体中,句子和句子连成段落、篇章的手段。去掉这些手段,句子与句子就成为相互无关各自独立的句子,有了这些连接手段,句子便连成段落、篇章。

叙述体有以下几种连接手段:

(1) 用连接成分;

(2) 省去某些成分;

(3) 句子中词序的调整。

1.1 叙述体篇章的连接成分

1.1.1 叙述体篇章中连接成分的确定

怎样确定一个成分是不是起篇章连接作用的成分呢?篇章的连接成分有什么特点?关于这个问题,廖秋忠在《现代汉语篇章中的连接成分》一文中有一个清楚的说明:"本文所列举的连接成分是根据下面的两个特点来定的:一、功能;二、位置。以功能为主,位置为辅。从功能上来看,连接成分是用来明确表达语言片段(以下简称语段)之间在语意上的种种转承关系。从位置上来说,篇章中绝大多数连接成分位于句首,在主语之前,只有少数位于句中,在谓语之前。"①这两个标准无疑是正确的。不过作者并未论证为什么"位于句首"是确定是否篇章连接成分的标准之一。而且,作者说"篇章中绝大多数连接成分位于句首,在主语之前,只有少数位于句中,在谓语之前。"②似乎也可以再考虑。我们检查了该文所有 42 个例句 53 个连接成分,只有两例不是位于句首:

② ……一九一六年一月十日,俄军首先以一个军的兵力向奥尔图进攻,接着主力向埃尔祖鲁姆推进。……

我们想应该把句子与句子之间的连接成分和一个句子当中分句与分句之间的连接成分区分开来。上述例子中的"首先"和"接着"的作用显然是连接句子中的两个分句,并不是连接两个句子。而作者在该文中所论述的篇章连接成分显然是连接句子而不是分句,文中的其他例句也可以证明。所以上述例句不能证明叙述体的篇章连接成分可以不位于句首。文中的另一例句不属叙述体,不在本文讨论范围之内。因此,我们可以说,位于句首应该是叙述体的篇章连接成分的特点。这一点可以从一个成分位于主语前和位于主语后的连接作用不同看出来。如:

③ 从这一天起他们的关系改变了。过去,他是她的上级,而现在,他是她的丈夫了。

在这一段话中,"过去"的作用显然是连接前后两个句子。再看下边的句子:

④ A:你知道他们两个人的关系吗?
B:知道。他过去是她的上级,现在是她的丈夫。

在这个句子中,"过去"显然没有连接两个句子的作用。

下面是谌容《太子村的秘密》中的一段文字,每一段开头都用时间词语,正是这些时间词语把这几个段落连接了起来:

---

① 廖秋忠(1992)《廖秋忠文集》,北京:北京语言学院出版社,第 62 页。
② 同上。

⑤ 今天一早,我就闹了一个笑话。或者说,犯了一个错误。

　　天蒙蒙亮,我就走出院子,想到地里去走走,呼吸一点农村田野的新鲜空气。刚走到村西头,就见一个老太太正往家挑水。……

　　当时我真吃了一惊,不由回头四下张望。还好,……

如果把时间词语移到主语"我"后,几个段落就好像互不相连了:

⑤' 我今天一早就闹了一个笑话。……

　　我天蒙蒙亮,就走出院子,……

　　我当时真吃了一惊,……

　　明确叙述体句子中的篇章连接成分位于句首,既有理论意义,对语言实践也有指导作用。

　　本文着眼于教学,在教学中,不仅有把句子连接成段落的问题,也有把分句连接成复句的问题。当连接成分的作用是连接分句时,也要位于第二个分句的句首。在本文第 2 节"叙述体的篇章教学"部分,我们讨论的范围将不仅仅限于句子之间的连接。

　　以下我们将分类讨论叙述体篇章中的连接成分。

　　1.1.2　时间词语

　　廖秋忠把起连接作用的时间词语分为:序列的时间连接成分(又分为表示起始时间的连接成分,如"最先、最初、首先、开始的时候"等;表示中间时间的连接成分,如"然后、后来";以及表示结尾时间的连接成分,如"最后")和先后时间连接成分(又分为以前时间连接成分,如"原来、本来、过去、从前"等;以后时间连接成分,如"然后、后来、此后、随后、接着"等;共时连接成分,如"同时、一方面"等)两类。我们认为在叙述体中,除了上述两类时间连接成分以外,还有时间词(如"今天、昨天,1997 年"等),而且时间词是比上述两类时间连接成分更常用的句子连接手段。

　　我们所以把一般的时间词语也算作篇章连接手段,是因为:第一,从功能上讲,它与其他时间连接成分一样,能表达句子或篇章之间在语意上的时间关系。比如,用"1995 年"与"1997 年"或"第三年"时,"1995 年"就可以表示起始时间或以前的时间,"1997 年"或"第三年"就可以表示结尾的时间或以后的时间。如果加上"1996 年",那么"1996 年"就可以表示中间的时间,也可以表示以后的时间。与其他时间连接成分不同的是,这些时间词语是用一个一个具体的时间,来表示时间关系。第二,从位置上讲,这些时间词语在起篇章连接作用时,总是位于句首。

在廖文中还有这样一段话:"首先,篇章中的连接成分,特别是篇章连接成分,通常支配着后面的整个句子,孤立地看,有时像是句子的状语。在句法研究中,应考虑句子在篇章中所处的位置,以便于更好地考虑某些词语到底是连接成分或(还?——笔者)是状语。另外篇章中的连接成分并不是句子的组成部分,在句法研究中应将它们排除在外。"①

关于时间词语作篇章连接成分时,是不是仍然是状语,我们想有两种处理办法。一是像廖秋忠那样,把它排除在句法之外,就如同"突然""立刻"一样,算作既能在句子中作状语,又能在句首作篇章连接成分的兼类现象。如果这样处理,作为话题的词语,也不能在句子里充任任何句子成分。另一个办法是,承认时间词语既可以在篇章中作连接成分,又同时在句子中作状语,即,它们在篇章的层面上,是起连接作用的,而在句子的层面上,它们又充任状语。我们想,这也没有什么矛盾。

1.1.3 处所词语

在廖文中篇章连接成分不包括处所词语。但我们认为处所词和时间词一样也可以起篇章连接作用。如:

⑥ 昨天是我朋友的生日,我们在他家开了一个生日晚会。晚会上,我们遇见了几个老朋友,也认识了几个新朋友。

⑦ 去年春天我跟朋友们去泰国旅行。一路上,我看到了不少新鲜事。

---

① 廖秋忠(1992)《廖秋忠文集》,北京:北京语言学院出版社,第 88—89 页。

我们所以认为处所词在篇章中也是连接成分,第一,从功能上来看,它起着把前后两个句子连接起来的作用,在上述两段话中,如果没有处所词"晚会上"和"一路上",这两段话就连不起来。我们可以说,处所词表示在动作行为、事件的进行发展中处所变化这样一种语义关系,从而起到连接句子的作用。也就是说,在叙述体的文章中,既可以用时间的推移把故事连接起来,也可以用处所的变换把故事连接起来;第二,从位置上来讲,起连接作用的处所词都位于句首,而不宜把它放在主语后。

1.1.4 逻辑关系连接成分

叙述体由于是叙述动作行为事件的进行和发展的,所以逻辑关系连接成分用得不多。常用的如"而且、终于、结果、于是"等等。

1.1.5 可以带小句宾语的谓语动词

廖秋忠在《现代汉语篇章中的连接成分》一文中并未把可带小句宾语的谓语动词归入篇章连接成分。但他在另外一篇文章《篇章中的管界问题》中说:"管界这里指的是某个管领词语如动词、各种修饰语等所支配、修饰或统领的范围。当管界跨越句子边界时,这里称它们为篇章管界。"[1]他说篇章管领词语有三类:谓语动词、状语、连接成分。所谓连接成分就是我们前面说的篇章连接成分。所谓状语包括时间词语、处所词语以及某些介词短语。笔者也有一篇类似的文章《超越分句的语言成分》[2],所谓超越分句的语言成分包括谓语动词、状语等,大体与廖文的篇章管领词语相当。我们所以把可带小句宾语的动词也归入篇章连接成分,主要是从教学考虑,因为学生不容易掌握。虽然在功能与位置上,这类动词与一般的篇章连接成分不同。但是由于这类动词后边的宾语可以是一个小句、几个小句,有时甚至是一个段落甚至篇章,所以归入篇章连接成分也不能说毫无道理。但我们得承认,它们是与一般的篇

---

[1] 廖秋忠(1992)《廖秋忠文集》,北京:北京语言学院出版社,第88—89页。
[2] 刘月华(1986)超越分句的语言成分,南开大学对外汉语教学中心《汉语研究》(第一辑),天津:南开大学出版社。

章连接成分不同的,因为此类谓语动词的功能确实是表现一个实在的动作。

在叙述体中可带小句宾语的动词主要有:表述动词(如"说"),感知动词(如"看见、听见"),存在动词(如"有")。

1.2 句子连接起来以后某些句子成分的替代删减

这里所说的句子连接,主要指分句与分句连接成复句,也包括紧邻的两个句子的连接。中文的句子,并不是每一个句子,特别是每一个分句都出现主语。在一个复句中,主语不变时,通常第一个分句出现主语,后面的分句或不用主语,或用指代词。这一点有很多文章讨论过。外国人,比如说英语的外国人,学中文时,总是喜欢在每一个分句,特别是每一个句子中都用上主语,使得各个分句都像是一个独立的句子,使紧密相连的句子好像没有什么关系,也就是说,分句与分句,或句子与句子连不起来。如:

⑧ 我就是读这本书一百遍,我也不懂。①

第二个分句的"我"应该删去。确指的"这本书"应该移到句首。句子应该改为:

⑧' 这本书我就是读一百遍,也不懂。

⑨ 从前有个人名叫王生。因为王生家里很有钱,所以他一天到晚很空闲,他什么事都不必做。他有个很想当神仙的愿望。有一天,他听说崂山上有很多仙人,他就赶紧收拾东西到山上去找仙人。

这个句子有很多"他"可以删去,改为:

⑨' 从前有个人名叫王生,因为(他)家里很有钱,所以一天到晚很空闲,什么事都不必做。他有个很想当神仙的愿望。有一天,听说崂山上有很多仙人,他就赶紧收拾东西到山上去找仙人。

---

① 例⑧、⑨是学生论文中的句子。

1.3 句子连接后词序的调整——按照汉语的信息结构排列词序

通常我们说汉语的基本词序是"主语—动词—宾语",这是当这个句子处于一个自然的状态,是一个孤立的,没有上下文,没有预设等情况的时候。比如两个人在街上相遇,互相问候交谈:

⑩ A:小李,你去哪儿?
B:我去学校。

这两个句子的词序都是"主语—动词—宾语"。但是在连续的语流中,句子的词序就要受汉语的信息结构——已知信息在前,新信息在后的制约,还要受"先发生发现的先说,后发生发现的后说"这样一个认知规律的制约等。关于这些规律,以往也已经进行了很多研究。

2 叙述体的篇章教学

2.1 篇章连接的"病文"

如前所述,在汉语教学中,我们在教语法时,句子总是作为重点,这在开始阶段是必然的。但只要学生说一段话或写一篇短文,句子连接的问题就会出现。有时学生说出或写出的段落,孤立地看一个一个句子,语法错误并不明显。但这些句子好像一些散落的珠子,连不成串。我几年前在暑期班教过一个二年级的学生,下面是他的一篇作文,我们称为篇章连接的"病文":

⑪ 有一天,一个小和尚走路。两只鸟在他的周围飞来飞去。路上有一个乌龟。小和尚摔倒了。小和尚爬山到一个庙。他给菩萨磕头了。水缸里没有水。他拿起两个水桶,一条扁担,去到湖边儿挑水。他把水倒在水桶和花瓶。花瓶里花儿开了。他每天去挑水,念经,工作很好。

这样的作文可能每一位中文老师都改过很多。本节试图用上一节所讨论的叙述体篇章的连接手段,来说明怎样改这种"病文",怎样教学生把句子连成段落、篇章。

2.2 使学生主动了解篇章的连接方式

老师改作文,在学生没有连接的地方加上连接成分固然是必要的,但重要的是怎样使学生真正了解并掌握句子的连接方式,在说话和写作时自觉地把句子连接起来。为了加深学生的印象,我们采取让学生归纳规则的办法。为此,第一步我们把一篇短文中起连接作用的词语完全删去,发给学生,然后再让学生填上删去的词语。例如下面这篇文章:

⑫ 郑人买履

古时候,郑国有个人想买一双鞋。他先在家里拿一根绳子比着自己的脚量好了尺寸,就高高兴兴地到集市上去了。

在集市上他找到了卖鞋的地方,他挑选了一双,想比比合适不合适。他往身上一摸,才发现忘了把量好的尺寸带来了。他很着急,心想:"自己真是太粗心了,白跑了一趟。"

于是他急急忙忙跑回家去拿。可是等回到集市来的时候,天已经很晚,卖鞋的早就走了。他的鞋没有买成。

别人知道了这件事以后,就问他:"你给自己买鞋,在脚上试试不就可以了吗?怎么还要跑回去拿尺寸呢?"他回答说:"我只相信量好的尺寸,不相信自己的脚。"

在发给学生之前,第一删去连接成分,第二为了让学生掌握句子的连接方式,还要加上句子连接后应该删去的名词、代词之类。结果如下:

( ),郑国有个人想买一双鞋。他( )在家里拿一根绳子比着自己的脚量好了尺寸,他( )高高兴兴地到集市上去了。

( )他找到了卖鞋的地方,他挑选了一双,他( )比比合适不合适。他往身上一摸,他( )发现忘了把量好的尺寸带来了。他很着急,他( ):"自己真是太粗心了,白跑了一趟。"

（　　）他急急忙忙跑回家去拿。（　　）等他回到集市来的（　　），天已经很晚，卖鞋的早就走了。他的鞋没有买成。

别人知道了这件事［　］①，（　　）问他："你给你自己买鞋，你在脚上试试不就可以了吗？你怎么还要跑回去拿尺寸呢？"他回答说："我只相信量好的尺寸，我不相信自己的脚。"

学生可能能够填出来一部分或大部分连接成分。然后我们跟学生一起总结。从上面这篇文章来看，我们至少可以让学生知道以下一些连接句子的成分：

(1) 时间词语（古时候、先、……时候、……以后）
(2) 处所词语（在集市上）
(3) 关联词语（就、才、于是、可是）
(4) 可以带小句宾语的动词（想、心想）

第二步，让学生删去多余的名词或代词。

第三步，给学生讲解在语流中，汉语的词序需要调整。比如，"尺寸"第一次出现时，在宾语的位置上："量好了尺寸"，第二次出现时，它已经是已知信息，所以要用在"把"字后："把量好的尺寸"；再如，"鞋"第一次出现时，也是在宾语的位置上："想买一双鞋"，第二次则出现在动词前作为话题："他的鞋没有买成"，因为它已经是已知信息了。那么为什么同样是已知信息的"这件事"却出现在宾语的位置上呢？这是因为作为施事者的"别人"也是已知信息，而且又处于另一段的开头，所以可以出现在主语的位置上。这样用时，这一段话换了叙述的角度，那么这个句子也可以改为"这件事别的人知道了，……"。

这种练习做几次以后，可以让学生改他们自己写的文章。

现在让我们来改一下在本节开头提到的那篇"病文"，作为篇

---

① ［　］表示可以加连接成分，也可以不加。

章连接的一个综合练习：

⑬ 有一天，一个小和尚在路上走着，㈠忽然(看见)有两只鸟在他的周围飞来飞去，㈡路上还有一个乌龟(或：还看见了一个乌龟)。㈢走了一会儿，小和尚摔倒了。㈣最后小和尚爬过一座山来到了一座庙前。㈤他走进庙里以后，先给菩萨磕了一个头，㈥发现水缸里没有水，㈦于是就拿起两个水桶、一条扁担，㈧去(到)湖边儿挑水。㈨水挑回来以后，他把水倒在水缸里，然后往花瓶里倒了一些，㈩花瓶里的花儿开了。就这样他每天去挑水，念经，工作很好。㈩㈠

㈠ 中文的动词好像没有时态变化，但实际上动词还是要求有一定的语法形式的。这个句子是从小和尚已经在路上走开始，而且还在继续走，所以应该改为上面用"着"的句子，而且应该用逗号，因为中文不是有了主语和谓语就算一个句子，就用句号，这是学生经常出现的问题。

㈡ 这里应该用时间词来连接，可以用"忽然"，也可以用"这时候"等；由于"两只鸟"第一次出现，是新信息，所以应该放在宾语的位置上，前面用动词"有"；因为正在叙述的是小和尚，所以如果作者的视点不变，就要把"小和尚"与"鸟"接起来，得用"看见"。

㈢ 这里用"还"，是因为除了有鸟，或小和尚除了看见鸟以外，还有，或还看见了乌龟，实际上，"还"也有连接作用。

㈣ 这里可以用很多办法来连接，一般来说都需要有时间词语。

㈤ 动词"爬"后应该有表示结果状态的补语；"到"作谓语动词时，动作已经实现了，应该用"了"，也可以像我们现在这样，让它作补语，因为动作已经实现，所以最好也用一个"了"。

㈥ 用表示时间的"走进……以后"把这个句子与前边的句子连接起来，再用"先"把这个句子与后面的句子连接起来。

㈦ 用"发现"把这个句子与前面的句子连接起来。

㈧ 用"就"把这个句子与前面的句子连接起来。

㈨ "V到"一般表示已经完成的动作。

⑪ "和"不能连接两个句子。
⑫ 用"就这样"把这个句子与前面的句子连接起来。

除了改"病文"以外,还可以把文章的连接成分删去,让学生填上连接成分;也可以写一些独立的句子,让学生连成段落;也可以让学生写一篇叙述文,特别提醒学生注意句子的连接等。在学生做了句子连接的练习以后,他们会有意识地把句子连接起来,效果会比较明显。当然,有的学生会矫枉过正,把不该加连接成分的地方,加上了时间词语、处所词语等,或过多地用关联词语(我们知道,汉语口语中的关联词语用得很少,用多了会不自然),这是语言教学中不可避免的阶段,只要我们及时纠正,讲清楚,多练习,学生会逐渐地掌握的。

3. 语法研究与语法教学

语法研究与语法教学有着密切的关系,前者会对后者起指导作用,这是无可怀疑的。但如何把汉语语法研究的成果运用于汉语作为外语的教学中,如何把汉语语法研究的成果变成汉语教师,特别是学习汉语的学生容易理解、真正能掌握的东西,还需要做进一步的研究。这就是把汉语作为外语来研究的语法学家以及广大汉语教师的任务。如果没有这样的进一步研究,一般语法学家的研究成果就很难进入课堂。而且,把汉语作为外语的语法研究,并不是简单照搬一般语法研究的成果,在经过我们的进一步研究之后,不但会检验一般语法研究的结论是否正确,往往还会对其进行补充和发展。在这方面,我们从事对外汉语教学和研究的人,可以说任重而道远。

(原载《世界汉语教学》,1998年第1期,有改动)

二十六　关于中文教材语法的编写*

关于对外汉语教材语法体系问题,近年来国内进行过不少讨论。教材语法要不要改？回答应该是肯定的,要改。应当怎样改呢？我在1988年写过一篇文章《中美常用教材语法比较——兼论初级汉语教材的语法编写原则》①,该文是在比较当时中、美七种常用教材的语法体系及语法注释的基础上写成的。在那篇文章里我提出应该简化教材语法系统,注释应具有科学性、实用性与可接受性。这个看法我今天仍然不变。我并不主张对现有的语法体系、术语进行较大的改动,但应该减少一些不必要的语法项目,增加一些必要的项目,使之更符合对外汉语教学的需要。英语教学比汉语教学时间长得多,但是,英语教学语法体系多年来并没有很大的变化。

我一直希望自己能直接参与编写一套汉语教材,因为只有这样,自己的一些设想才能变成现实,设想也才能在现实中得到检验。换言之,对外汉语教学语法的研究成果只有在教材中得到体现,才能直接与学习者见面,也才有实际意义。1993年暑假,这个机会终于来了。当时我们七个在印第安纳大学暑期班任教的老师决定编写一套初、中级中文教材,取名《中文听说读写》(*Integrated*

---

* 此文曾在1997年台湾第五届世界华语文教学研讨会上宣读,此次发表略有改动。

① 刘月华(1988)中美常用教材语法比较——兼论初级汉语教材的语法编写原则,第二届国际汉语教学讨论会《第二届国际汉语教学讨论会论文选》,北京:北京语言学院出版社。

Chinese)①。这套教材一年就编成了,经过三年美国二十来所大学试用和修改,1997年8月正式出版。本文以这套教材的语法编写为例,谈谈本人对对外汉语教材语法编写的一些看法。

1 教材语法应突出外国人学习汉语语法的重点、难点

注重科学性与实用性。教材语法主要是写给学生看的,预期学生在学了教材的语法注释、例句以及做了练习之后,能掌握汉语语法的基本规则。当然,要学生完全通过自学来达到上述目的是很难的,教师的课堂讲解演示以及指导学生做练习是起决定作用的教学环节,这正是语言课需要有教师的原因。但教材中的语法注释可以起到使学生准确地理解以及帮助他们复习巩固的作用。为了达到这个目的,我们认为教材语法应该突出外国人学习汉语语法的重点、难点,并注重科学性、实用性与可接受性。

1.1 注意使学生从整体上掌握句子

汉语语法与印欧语语法不同,缺乏严格意义上的形态变化,学生学起来总好像零零碎碎的。而汉语的动态助词、补语等的类别、意义、用法又很复杂,教师和学生很容易陷入一个个具体的语法现象中去,结果只见树木不见森林。有些学生很努力,考试时语法也考得不错,但就是说不出完整的句子,这种现象并不少见。这就是因为没有注意突出句子整体结构的教学。怎样使学生从整体上掌握句子呢?(1)让学生在脑子中牢牢地记住汉语句子的基本词序、基本结构。《中文听说读写》在一年级第四课语法注释中就出现了中文的基本词序,并安排了有关练习。我们特别强调修饰语位于中心语之前,即定语在名词前,状语在动词前,因为说英语的学生在初学阶段这方面特别容易出错。(2)介绍新的语法现象时,尽可

---

① Yuehua Liu, Tao-Chung Yao, Yaohua Shi & Nyan-ping Yao. 1997.《中文听说读写》(*Integrated Chinese*). Boston: Cheng & Tusi Company, Inc.

能以句子的形式出现,适当用公式的方式,这样使学生既可以明确所学的语法现象的结构特点,又能从句子的整体上掌握该语法现象。(3)语法注释中的例句尽量给完整的句子。(4)整套教材的语法练习都要有目的地为掌握基本句子结构、基本词序服务。在这方面英译汉的练习是十分有效的。"重组"是一种常用的练习形式,它适合于词序练习,对练习"把"字句、比较句、趋向补语、动作持续的时间等都是一种有效的练习方式。但做这种练习时,不宜将所有的语言成分"打碎"成词。例如:姐姐新买的衣服,把,妹妹,穿走,了→妹妹把姐姐新买的衣服穿走了。如把这个句子分解成词"姐姐,妹妹,新,买,的,把,衣服,走,穿,了",会给学生造成很大困扰,对学生掌握"把"字句并无帮助。再如替换作为一种练习方式,一般来说过于简单机械,不如句式变换练习好。总之在初、中级阶段,过于简单机械的练习,不如句式变换练习好,应该经常地、有意识地进行巩固句子的基本结构、词序方面的练习。除了基本词序以外,汉语的词序还受其他因素影响,在成段的话语中又有一些制约词序的规则,这些也属于词序教学的内容。在《中文听说读写》中,我们共安排了9次有关词序的教学:一年级第四课是"Word Order in Chinese":主语＋(状语＋)动词＋宾语;第十一课是"Topic-Comment Sentence":话题位于句首;二年级第二课是"Word Order in Chinese(I)":(定语＋)主语＋(状语＋)动词(＋补语)＋(定语＋)宾语;第三课是"About'Topic'":已知信息位于话题的位置;第四课是"the Position of Time Phrases":时间词语(时间点与时间段)在句中的位置;第六课是"Chinese Numeric Series":汉语数字由大到小排列;第九课是"Word Order in Chinese(II)":句子内容按时间先后顺序排列;第十四课是"Topic(II)",讲的是应该说"只是有时候中文课的功课多一点",而不应该说"＊只是有时候中文有比较多的功课"(参见本文第 2 节);第十五课是"Word Order in Chinese (III)":对汉语词序的一个总结。

1.2　突出外国人学习汉语语法的难点

外语学习中,需要学的东西很多,如果平均使用精力和时间,可能什么也学不好,因此应该突出难点。我们认为外国人学习汉语语法的难点主要集中在动词以及与动词有关的语法现象上。通常说汉语的动词没有严格意义上的形态变化,但不等于说汉语的动词进入句子后永远是光杆的,是很自由的。事实上,一进入句子,对汉语的动词在结构上就有所要求。在表示动作尚未发生以及没有结果时,似乎不需要动态助词、补语,结构上没有什么要求。但汉语的不少动词永远不能单独使用,即使表示动作尚未发生或尚无结果,形式上也有要求。如"歇、躺"等要加"一下"或用重叠形式,"托(盘子)、捧、记、跪"等要用"着"、补语等,"藏、关、骑"等可以用趋向补语或结果补语,"决定、领导、解决、发行"等要与主语同现,"禁止、逼、加入"等要与宾语同现,"道歉、赔罪"等要与引进协同者的介词(如"向、给")同现等。①

如果表示动作已经发生了,就要求用所谓动态助词表示动作进行的阶段,如"了""着""过""在""呢"等。这些小小的虚词,每一个都不是那么容易讲清楚,当然学生也不那么容易掌握。对这些虚词进行解释时,首先要讲清其语法意义是一种很概括、很抽象的意义。释义应该准确,否则会误导学生,因为学生是根据释义来理解、运用的。比如"了"解释为"动作行为的实现或完成"比"完成"要准确,解释为"发生"也许更容易理解;"着"表示动作、状态的持续;"过"表示"过去曾经有这样的事情"或"已有的经验"②;"在"和"呢"表示动作的进行。当然我们还要说明包括上述动态助词的句子在结构方面的特点。比如用"了"的句子通常有一个表示确定时间的时间词语,"了"后宾语前的数量词问题;用"过"的句子通常没有表示确定时间的时间词语;可以用"着"和"在……""……呢"的动词的特点等。但作为教材语法,说明语法现象的用法可能更重要。吕叔湘先生说,对于语言教学工作者,用法研究显然比理论研

---

① 刘月华(1985)从《雷雨》《日出》《北京人》看汉语的祈使句,中国语文杂志社《语法研究和探索》(三),北京:北京大学出版社。

② 吕叔湘(1980)《现代汉语八百词》,北京:商务印书馆,第216—217页。

究更重要。① 就"了"来说,我们认为应该说明:(1)"了"是叙述性的,主要用于叙述性的文字,在叙述文里,"了"最常用,也最难用。(2)要讲清虽然有时动作已经发生,但有不用"了"和不能用"了"的情况。比如当表示接连发生的动作或事件时,只在最后一个动词(短语)或分句后用"了";如果句中已有结果补语或趋向补语时,只要从上下文或语境中可以知道动作、事情已经发生了,就可以不用"了"。(3)用"了"时,句中通常有表示确定时间的词语。也就是说,当句中有一个表示具体时间的词语,而且动作行为已经发生时,就应该用"了",这是包含动态助词"了"的句子的结构特点,在解释"了"的用法时也应该特别强调。在英语教材中,讲动词的各种时态时常说明某一时态常与什么样的时间词语一起用,比如现在完成时通常和"all this year, all my life, so far, during the 20th century, recently, lately, since, for"等表示到现在为止的一段时间的时间词语连用。② 我们的汉语教材就缺乏这种说明。为什么需要这种说明呢?因为像英语的时态、汉语的动态助词之类的语法现象,其语法意义是相当抽象概括的,希望讲清意义学生就能掌握,那是不可能的。如果能说明伴随使用的时间词语,学生就有了容易抓住的形式标志,掌握起来就容易多了。当然这种标志要找到、找准,还需要研究。什么时候用"过"呢?(1)"过"是说明性的,不用在叙述动作行为正在进行的句子里,而且,虽然"过"前的动词所表示的动作发生在过去,但是该动作与现在总有某种联系,即动作发生在过去,但是与现在还有某种联系,"说话人用'过'时,总是为了说明、解释(当前的)什么。"比如说:"你是知识分子,喝过墨水,起出名字来一定好听。"③这里说话人所以说"你是知识分子,喝过墨水",是为了让"你(现在)"给自己的孩子起个好听的名字。(2)

---

① 吕叔湘(1992)理论研究和用法研究,中国语文杂志社《语法研究和探索》(六),北京:语文出版社。

② Michael Swan(1982)《英语用法指南》,《英语学习》编辑部编译,北京:外语教学研究出版社。

③ 刘月华(1988)动态助词"过$_2$、过$_1$、了$_1$"用法比较,《语文研究》第1期。

用"过"时,句子里通常不用表示具体时间的词语,如果用,常常是"以前""从前"等。而"着"是描写性的,主要用于存在句、表示伴随动作的句子等,通常不出现时间词语,如出现,常常是所描写的事物存在的时间。用"着"的句子常常用表示现在的时间词语,有时也可以用表示过去的时间词语,但一般不会用表示将来的时间词语。"在……"与"……呢"一般用于叙述句,与之伴随的时间词语可以是"……的时候",或不用,表示的是正在叙述的时间。

外国学生难掌握的另一个语法难点是表示动作结果状态的各种所谓补语。很多人认为汉语的补语是一个大杂烩,对"补语"这个术语也不满意。我们认为,术语固然应该选用最科学、最合适的。但第一,教学语法应考虑连续性,语法术语以至语法体系不宜轻易改动;第二,在找不出更理想的术语之前,最好沿用既有的、大家已熟悉的术语。我们认为问题的关键是怎样把补语讲清楚,以利学生掌握。如果把补语的范围定在趋向补语、结果补语、带"得"的情态补语和可能补语的话,那么可以说补语是表示动词的结果状态的。在用汉语的动词时,如果动作引起动作的受事、施事等的状态变化,一般要求说话人说出已发生或将要发生的动作有什么结果,引起了什么样的状态变化。比如"切",你可以说"切了一个西瓜",但对说汉语的人来说,在很多情况下总觉得只说"切(了)"不能完整地表达自己的意思,常常要说出"切"的结果以及引起的状态变化:"切开、切碎"(西瓜状态的变化),"切下来一块"(西瓜状态的变化),"切出瘾来了"(施事者状态的变化),补语还可以对动作进行说明,如"切完""切好了"等。我们可以这样叙述一天晚饭后发生的一连串动作:"晚饭后,主人从冰箱里拿出来一个西瓜放在菜板上,用刀切开一看,西瓜不错,他先把西瓜切下来一小半,然后切成一块一块的,请客人吃。"在叙述性的文字里,补语出现的频率相当高,意义也十分丰富。上面一段话如果不用补语,将很不自然:"晚饭后,主人从冰箱里拿了一个西瓜(这句话的意思似乎是主人把西瓜拿走了),……用刀切了一看,……他先把西瓜切了一小半,又把西瓜切了很多块……"因此补语不是可有可无的,它在汉语语法中占有十分重要的地位。我们说补语是外国人学语法的一个难点,其所以难,第一是他们根本不知道什么时候动词后必须用补语,第二是不知道该用哪个词作补语。为了解决第一个问题,可以有意识地让学生了解什么时候必须用补语,使学生习惯动补结构这个对他们来说很陌生的语法现象,而不是只说补语是补充说明动作的就完事。为了解决第二个问题,可以把动词与结果补语和趋向补语当成一个固定短语来学,在初级阶段的生词表中作为一个单位出现。我们在《中文听说读写》的第一册中就是这样处理的。因为结果补语或趋向补语与前边的动词具有选择性,比如"累",可以说"走累了""打球打累了""说累了""洗累了"等,但说"有时当系主任当累了,就请别人当"就有些别扭。这是因为"累"作补语对前面的动词有所要求。有些补语,如"住、掉、好、着"以及"上、下来、出来、起"等的结果意义十分抽象,很难通过释义让学生掌握。即使像"懂、清楚、干净"这样的词作补语时,可以用在哪些动词后,对初学者也是不容易掌握的。也就是说,"我们不能期望学生在学了一些动词和一些补语以后,就能自动掌握动结短语和动趋短语"。① 正如一个学英文的人,不能期望他学了一些动词和一些介词以后,就能自动掌握所有由动词和介词构成的短语一样。

　　汉语语法的难点当然不止于此,我们认为动态助词与补语可能是最重要的,其他如"把"字句等也是难点,这里就不一一列举了。

1.3　注重实用性与可接受性

　　为了做到实用性与可接受性,"基础汉语教材应尽量简化语法系统,减少语法术语"②。《中文听说读写》在这方面做了一些努力。该书一年级共出现了120个语法点,其中"了"、补语、词序等都出现了不止一次,所以实际上这本书共出现108个语法点。在这些语法

---

① 刘月华(1998)《趋向补语通释》,北京:北京语言文化大学出版社。
② 刘月华(1988)中美常用教材语法比较——兼论初级汉语教材的语法编写原则,第二届国际汉语教学讨论会《第二届国际汉语教学讨论会论文选》,北京:北京语言学院出版社。

点中,我们没有出现中文术语,只有一些用英文翻译的术语。不少语法点只用释义的方式。比如"表示实现、完成的'了'""表示经验的'过'""表示动作状态持续的'着'";有时用一个代表性短语,如"三天没上课了""看书看了一个小时""你吃什么,我就吃什么""到教室去上课""我请你吃饭"等做语法点的标题。因此这本教材没有动词的态、时量补语、动量补语、连动式、兼语式等术语,也没有动词谓语句、形容词谓语句、名词谓语句、主谓谓语句等概念,也没有出现"复句"这一术语。注释一种语法现象时,文字应简明易懂。我们不采取"说明动作结果的补语叫结果补语"这种下定义的方式,因为这种方式对学生毫无意义。比如我们这样解释"动词重叠":"汉语的动词可以重叠使用,重叠的动词通常读轻声。在祈使句中动词重叠形式可以缓和语气,使说话更客气。""关于动作、状态的持续"我们是这样注释的:"汉语表示时间的方法可以分两类:时间点(time-when)和时间段(time-duration),时间点指明动作发生的时间,时间段表示动作状态持续的时间,时间点要放在动词前,时间段要放在动词后。"[①]

1.4 关于语法注释的例句

在解释语法现象时,所用例句尽量有一定的语境、上下文。我们不主张用这一类例句:"我去过北京。""他买了一本书。""既然你不去,我也不去。"例句应反映语法现象的典型语义、结构特点以及用法。上述几个例句最好改为:

① A:北京有好玩的地方吗?
　 B:我没去过北京,不知道。
② 他昨天在学校的书店买了一本书,那本书很有意思。
③ A:明天的电影我不能去看了。
　 B:既然你不去,我也不去了,一个人看电影没有意思。

---

① Yuehua Liu, Tao-Chung Yao, Yaohua Shi & Nyan-ping Yao. 1997.《中文听说读写》(第二册)(*Integrated Chinese*)(*Level 2*). Boston: Cheng & Tusi Company, Inc. pp. 64—65.

2 增加篇章教学的内容

现有教材,有的有篇章方面的内容,比如话题(Topic),有的完全没有。关于篇章的教学,在我们的教材中有有关"话题"的,还有关于句子连接的。过去北京语言文化大学的初级汉语教学分语音、语法、短文三个阶段,短文阶段主要以词汇教学为主,同时也提出要训练学生成段表达的能力。所谓成段表达,就是要把句子连成段落。但是怎样把句子连成段落,在理论和方法上似乎并不明确。我一直注意语法现象与语体的关系,所谓语体指对话体与非对话体,如叙述体、描写体、说明体与议论体等。在篇章语法中,不同语体的差异也许比句法更明显,因此我们要分开来教。《中文听说读写》是在第二册教句子的连接的,而且只教叙述体句子的连接。这是因为在美国中文教学的初级和中级阶段,描写、说明、议论等文体学得还不多。我们在教材中,还有一条有关篇章的语法注释:"在一个句子里,如果主语表示的是已知信息,而对它进行描写的形容词表示的是新信息时,应该把名词放在形容词前,即话题的位置上,而把形容词放在名词的后边作谓词。这是中文和英文很不同的一点,应特别加以注意。"[①]比如应该说"有的时候中文课的功课多一点儿",而不应该说"*有的时候中文课有多一点儿的功课";应该说"他的个子很高",而不应该说"*他有很高的个子"。这是说英语的学生最常见的问题,也是学"Topic-Comment"(话题—说明)最实用的例子之一。此外在讲解其他语法现象,如"把"字句、"了"、"是……的"以及某些连词时,我们也注意从篇章方面加以解释。很多语法现象不从篇章方面加以解释,是说不清楚的。

---

① Yuehua Liu, Tao-Chung Yao, Yaohua Shi & Nyan-ping Yao. 1997.《中文听说读写》(第二册)(*Integrated Chinese*)(*Level 2*). Boston: Cheng & Tusi Company, Inc. pp. 261—262.

3　关于语言教学的几个循环

本节主要谈在中文教学的不同阶段,语法教学的安排问题。

以往的汉语教材,一般只在初级阶段讲一遍基本语法,此后,似乎语法教学的任务已完成,不再有较为系统的语法教学了。有些中级教材,虽然有一些语法项目的练习,但一般没有语法注释,而且语法点的选择也有较大的随意性。到了高级阶段,就更没有语法方面的内容了,最多讲一点儿书面语虚词的用法。

我们认为汉语语法教学应该是循环式的,像过去那样只在初级阶段把所有的语法点讲完是不可取的。这是因为:第一,在美国一个学年很短,不可能把汉语语法完全学一遍。即使在国内初级班的语音、语法阶段,五六个月的时间也不充裕。第二,学生受词汇量的限制,要在初级阶段较好地掌握汉语语法也是不可能的,我们在初级阶段不是常常苦于学生因为词汇量小而不好做语法练习吗?第三,语言教学中的语法教学教的不是语法知识,而是语法规则,对这些规则的认识和掌握要有一个逐渐地不断加深的过程,企图一次完成是不现实的。

吕文华在她1994年出版的《对外汉语教学语法探索》一书中提出:"汉语专业的语法教学应贯穿在初级、中级、高级(这里指的是中国中文教学的分级,初级大体相当于美国的初级和中级,中级大体相当于美国高级——笔者)三个阶段的全过程中,各个阶段应互相衔接,学习内容应逐步加深和扩展。"①她的想法与我们有类似之处,但具体做法与我们不太一样。

我们认为在初级阶段应教汉语语法的基本语法点和某些语法点的基本用法,中级阶段仍需系统讲述汉语语法,但内容应加深、加广,并进行类似语法现象的比较。《中文听说读写》一年级出现了120个语法点,二年级出现了104个语法点,其中有40个是重复的。但由于某些语法点在一册书里不止出现一次,比如二年级词

---

①　吕文华(1994)《对外汉语教学语法探索》,北京:语文出版社。

序出现了 7 次,所以实际上一、二年级重复出现的语法点只有 30 个左右。也就是说一年级四分之三的语法点二年级不再出现,比如动词"是""有"和几种疑问方式等。重复出现的语法点多是较难掌握的。我们采取了以下几种处理办法:

(1) 内容加深,结构特点与用法说明更详细。比如存现句、词序、"了"、趋向补语(系统讲三种意义)、话题、"把"字句、定语、状语、带"得"的描写性补语、比较的方式等。

(2) 对近似的语法点进行比较。如"了"与"是……的"比较,"了"与"过"比较,"再、又、还"比较,时间点与时间段用法比较等。

(3) 重复学生最容易出错的语法点,比如"才"与"就"比较,表示感叹的"真","又……又……""先……再……"与"先……才"比较,"除了……都……"与"除了……还……"比较,表示原因的连词"再说"等。解释这些语法点也不是完全重复一遍,二年级比一年级要详细一些,练习也比一年级复杂。

美国所谓高级汉语指的是三、四年级的中文课,一般都选用原著。有报刊文章、小说,也有杂文、论文等。报刊文章的语法比较简单,我们认为重点应放在虚词,特别是文言虚词上,开始学习报刊文章时,还可以分析一些长句,让学生弄清句子的主干,弄清修饰语与中心语的关系,弄清各分句之间的逻辑关系。选文学作品做教材,还应有语法教学方面的内容。可以采取以下几种方式:

(1) 高级阶段不必系统讲语法,语法点的选择可以是随机性的,所选的课文如出现了初、中级阶段没有学过的语法点或某些语法点的比较难的用法,就应加以解释。特别是文学作品中某些难从字面上理解的口语性句子。

(2) 在练习中复习某些学生在初、中级阶段不容易掌握的语法难点,如"了"、"把"字句、补语以及较难用的连词等。

(3) 从学生的作文、练习中选取、归纳出一些典型的病句,让学生改正,然后教师进行分析,根据我们的经验,这个方法是很有效的。

(原载《美国中文教师学会会刊》,1998 年第 3 期,有改动)

二十七　谈对外汉语教学语法

本文试图从外延上讨论对外汉语教学语法,确定其范围。

对外汉语教学语法指的是对外汉语教学中有关语法的部分。对外汉语教学语法大体上有以下几种表现形式:教材中的语法注释、练习,教学参考语法,主要为学生自学复习用的语法书或教材(包括练习),课堂语法教学,教学语法理论等。

对外汉语教学历史不算长,对外汉语教学语法研究也不够成熟,特别是在理论研究方面。在对外汉语教学语法中最成熟的要算是教材中的语法注释及练习,它差不多与对外汉语教学的历史一样久;教学参考语法方面虽然出版了几本书,但很多问题还有待研究解决;学生语法方面也出版了一些书,但也不能说已足以满足学生的需要。至于对外汉语教学语法理论研究,可以说是最薄弱的。

本文提出的只是对外汉语教学语法的一个框架,有的问题谈得略为详细,有的很简单,只提出了一些问题。

1　教材语法

自从有对外汉语教学以来,就有对外汉语教材。迄今为止,我们所见到的汉语教材一般都有语法注释和语法练习。也有的教材,想走纯"功能"的路子,完全没有语法注释,但似乎并不成功。吕文华的《对外汉语教学语法探索》是第一本研究对外汉语教材语法的专著,她分析总结了20世纪50年代至80年代国内对外汉语教材语法的发展变化,并提出了一些有价值的看法。本文在讨论教材语法问题时,将主要以《中文听说读写》为例,来说明我们的一些看法①。

1.1 语法条目的确定

在对外汉语教材中选择哪些语法条目来进行注释、讲解和练习,到目前为止,各种教材可以说大同小异。吕文华在《对外汉语教学语法探索》的"对外汉语教学语法体系研究"部分,详细地比较分析了国内20世纪50年代至80年代出版的有代表性的七部教材的语法系统,结论是:"在《汉语教科书》基础上创建的对外汉语教学语法体系至今已经历了三分之一世纪的历程,教材发生了一代又一代的变迁,但教材中语法教学的内容却没有根本的变化。"② "中美常用汉语教材句型统计"③比较分析了中美常用的七种教材的语法点,其中有几本美国教材。这些教材的语法项目虽然侧重点与国内不完全相同,但大多数语法条目,还是相同的。

通常把汉语教学分为初级、中级和高级三个阶段。在美国,初级汉语课本通常供一年级使用。过去国内初级汉语课本大概从学生入学开始用三四个月。初级汉语课本的语法项目通常有一百多个。我们比较了一下,各种课本语法条目之所以不同,第一,是因为划分的粗细不同,比如,有的把"把"字句分得更细,"把"字句的补语算一项,宾语算一项等;第二,有些教材算作语法点的,其他教材不算,比如问体重、问年龄等。"中美常用汉语教材句型统计"列出了545个语法点,其中不同的动词作结果补语,不同动词的否定

---

① 《中文听说读写》是在美国出版的一部中文教材,刘月华、姚道中等人编写,主要供美国大学一、二年级中文教学用。该书1993年开始编写,1994年暑假在印第安纳大学中文暑期班试用,1994年秋开始在美国二十几所大学试用。几经修改,于1997年在波士顿剑桥出版社正式出版。

② 吕文华(1994)《对外汉语教学语法探索》,北京:语文出版社,第78页。

③ "中美常用汉语教材句型统计"是1983年确定的中美汉语教师合作项目之一。参加者美方为马盛静恒老师(当时在威廉学院),中方为刘月华老师(当时在北京语言学院)、卫德泉老师(当时在北京大学)、杨甲荣老师(当时在中央民族学院)。该书比较分析了中美常用的7种教材的语法点。

形式等都分别计算。归并一下,也就是 150 条左右。

《中文听说读写》一年级共有 120 个语法点。

总之,到目前为止,关于语法条目或语法点,各种初级汉语教材有大致的共识,但这些共识主要来自经验,还没有从理论上加以研究。我们认为应该从理论上说明,确定语法点的原则是什么?在对外汉语教学语法中,哪些语法点是必需的,为什么是必需的?哪些项目虽然不是语法点,但是在教学中是必不可少的,是应该在基础阶段作为重点来教的。还有,对讲不同母语的学生来说,语法点是否应该是相同的?为什么?

1.2 关于语法点的顺序和在不同阶段的安排问题

在基础阶段,语法点的出现是否应有一定的顺序?从现有各种教材语法点出现的顺序并不相同来看,可以说,就全部语法点来说,不存在一个绝对不变的排列顺序。

但是有些语法点还是有先后顺序的,在这方面也有一些共识,比如在学"把"字句前应先学补语,在学"是……的"句前应先学"了"。前者是由"把"字句的语义功能引起的结构上的联系决定的,"把"字句的主要动词后通常要有表示结果变化的成分,其中最常用的是补语,不先学补语,就很难学好或练习"把"字句;后者主要是因为语义功能上有联系,因为只有动作发生了,才能把时间、地点等作为焦点。在《中文听说读写》中,"趋向补语"在第 6 课出现,情态补语在第 7 课出现,结果补语在第 12 课出现,"把"字句在第 13 课出现,"了"在第 5 课出现,"是……的"在第 15 课出现。《中文听说读写》在编写时,基本上是先有课文,然后从课文中确定语法点。但我们在编写过程中,为了适时地出现某一语法点或更好地练习某一语法点,曾多次修改课文。有时语法点已经确定了,但因为考虑到语法点的内在联系,我们就把某一语法点从后边移到前边,或相反,从前边移到后边。还有,有些语法点的练习,需要学生掌握一定的词汇量,不宜出现得太早,因此要调到后边。这种调整,本身既说明语法点的出现没有绝对的先后顺序,又说明某些语法点之间因存在着内在联系或由于其他因素而又有一定的顺序。

有些语法点,比如动词"是"、动词"有"、疑问形式、数词、量词等,一般教材都出现得较早,这是由于日常交际急需,所以通常在最初几课出现。

有的教材以语法为中心,课文等其他部分都服从语法,这种教材是比较注重语法点出现的顺序的。但是在我们见到过的几本此类教材中,由于课文主要目的是配合该课的语法点,很难做到有独立性,所以内容往往无趣,有时甚至前言不搭后语,学生不喜欢。而课文应该是范文,应作为背诵的材料,对学习者很重要。因此,我们认为先确定语法点,后编写课文的做法不一定可取。

汉语的语法点有的容易学,有的较难掌握。一般认为较难掌握的语法点不能太早出现。比如,有人认为属于复句范畴的连词比较难学,所以不能很早出现。但我们发现,实际上很多连词并不难学,因为各种语言都有,比如"因为……所以……"(《中文听说读写》在第3课出现[①]),"虽然……但是……"(第9课),"不但……而且……"(第10课)等。当然应该在出现连词时加一个注释,说明汉语中可以成对使用的连词,第一个可以省去,第二个通常是不能省去的。

与此类似的,还有人提出语法点出现应该遵循先易后难的原则,比如"了""把"等不能早教;但有的人看法相反,认为难的语法点不妨早教,多接触、多练习,学生才能掌握得更好。我们的看法是,语法的难易不是排序的绝对原则。有些语法点虽然难学,但在早期不能不教,比如"了"。因为不教"了",课文很难出现比较自然的句子。"把"字句也不宜太晚出现,因为在一定的语境中,不用"把"字句,说话会很不自然。

总之,关于语法点在基础汉语阶段排列顺序的问题,虽然已有丰富的实践经验,也有过一些讨论,但是尚缺乏从理论上加以全面的总结研究。

1.3 在汉语教学不同阶段的语法教学问题

在汉语教学的不同阶段应该怎样安排语法教学?这个问题已

[①] 下面再提到的课数,均为《中文听说读写》的课数。

经引起注意。吕文华提出"递进式"编排法。她说:"递进式编排法是在语法点内部等级切分的基础上,按不同的学习阶段将语法学习划分为若干个周期,以螺旋式递进的方式由浅入深,由简及繁地组织学习。"①

《关于中文教材语法的编写》一文是编写《中文听说读写》语法的总结,文中提出"汉语语法教学应该是循环式的,像过去那样只在初级阶段把所有的语法点讲完是不可取的。这是因为:第一,在美国一个学年很短,不可能把汉语语法完全学一遍。即使在国内初级班的语音、语法阶段,五六个月的时间也不充裕。第二,学生受词汇量的限制,要在初级阶段较好地掌握汉语语法也是不可能的,我们在初级阶段不是常常苦于学生因为词汇量小而不好做语法练习吗?第三,语言教学中的语法教学教的不是语法知识,而是语法规则,对这些规则的认识和掌握要有一个逐渐地不断加深的过程,企图一次完成是不现实的。"②这一看法与吕文华的看法有相似之处,但出发点与做法并不完全相同。我在那篇文章中还说,我们认为在初级阶段应教汉语语法的基本语法点和某些语法点的基本用法,中级阶段仍需系统讲述汉语语法,但是内容应加深、加广,并进行类似语法现象的比较。《中文听说读写》一年级出现了 120 个语法点,二年级出现了 104 个语法点,其中有 40 个是重复的。但由于某些语法点在一册书里不止出现一次,比如词序在二年级出现了 7 次,所以实际上一、二年级重复出现的语法点只有 30 个左右。也就是说一年级四分之三的语法点在二年级不再出现,比如动词"是""有"和几种疑问方式等。重复出现的语法点多是较难掌握的。对重复的语法点,我们在二年级的课本中采取了以下几种处理办法:

(1) 内容加深,结构特点与用法说明更详细。这类语法点有存现句、词序、"了"、趋向补语(二年级系统讲 3 种意义)、话题、"把"字

---

① 吕文华(1994)《对外汉语教学语法探索》,北京:语文出版社,78 页。
② 刘月华(1998)关于中文教材语法的编写问题,《美国中文教师学会会刊》第 3 期。

句、定语、状语、带"得"的描写性补语、比较的方式等。

由于汉语没有严格意义上的形态变化,词序在语法中起非常重要的作用。而且表面上非常灵活的词序,在一定的语言环境中,由于结构、篇章等因素的影响,实际上没有多少灵活性可言。这也就带来了汉语词序复杂性的一个方面。在《中文听说读写》中,我们共安排了9次有关词序的教学:一年级第四课是"Word Order in Chinese":主语＋(状语＋)动词＋宾语;第十一课是"Topic-Comment Sentence":话题位于句首;二年级第二课是"Word Order in Chinese(I)":(定语＋)主语＋(状语＋)动词(＋补语)＋(定语＋)宾语;第三课是"About 'Topic'":已知信息位于话题的位置;第四课是"the Position of Time Phrases":时间词语(时间点与时间段)在句中的位置;第六课是"Chinese Numeric Series":汉语数字由大到小排列;第九课是"Word Order in Chinese(II)":句子内容按时间先后顺序排列;第十四课是"Topic(II)",讲的是应该说"只是有时候中文课的功课多一点",而不应该说"＊只是有时候中文有比较多的功课";第十五课是"Word Order in Chinese (III)":对汉语词序的一个总结。

(2) 对近似的语法点进行比较。如"了"与"是……的"比较,"了"与"过"比较,"再、又、还"比较,时点与时段用法比较等。

(3) 重复学生最容易出错的语法点,必要时与近似的或易混淆的语法点进行比较,比如"才"与"就"比较,表示感叹的"真""太"与"很"比较,"又……又……""先……再……"与"先……才"比较,"除了……都……"与"除了……还……"比较,"而且"与表示原因有关的连词"再说"比较等。解释这些语法点也不是完全重复一遍,二年级比一年级要详细一些,练习也比一年级复杂。[①]

美国所谓高级汉语指的是三、四年级的中文课,课文一般是从改写过渡到选用原著,有报刊文章、小说,也有杂文、论文等。这一阶段,仍然应该有语法方面的内容,特别是对提高学生表达能力有

---

① 刘月华(1998)关于中文教材语法的编写问题,《美国中文教师学会会刊》第3期。

帮助的语法。比如应该突出句子连接的方式等篇章方面的内容；很多虚词不可能一次学完全部意义和用法，高级阶段可以加深讲解，并进行比较、总结，特别是书面语的虚词，更应该作为重点；学习某些较复杂的语法点，像多项定语与多项状语的顺序；分析趋向补语各种意义之间的关系（这样可以使学生知道汉语语法不都是一些只能死记硬背的条条，而是有道理可讲的）；在课后的练习中还可以有一些复习初级及中级阶段学过的语法难点，比如"了"、"把"字句、各种补语等。高级阶段还可以集中分析学生典型的语法病句，这样做有助于他们更牢固地掌握语法。

关于不同阶段的语法教学问题，我们认为可以从两个方面进行进一步的研究，一是从汉语语法本身，二是对现有的教材进行调查分析。

1.4 语法注释

首先我们谈谈关于语法术语的问题。

教材中使用语法术语的目的是帮助学生掌握语法规则，而语法术语本身对学生来说是很难的。因此，如果可以不用术语时就应尽可能不用术语。在中国以外使用的初级汉语课本可以完全不出现中文术语，比如《中文听说读写》的一年级课本就完全没有出现中文术语。如果出现中文术语，我们认为应该以学生易学易记为原则。有的语法点如果可以用描述的方式，就不出现术语，这是因为很多术语都不能准确地反映语法点的意义，而且汉语语法术语大多来自印欧语语法，学生甚至老师可能套用学生母语语法中相应的术语，结果误导学习。《中文听说读写》一年级出现的120个语法点（"了"、补语、词序等都出现了不止一次，所以实际上这本书共出现108个语法点）中，不少只用释义的方式。比如"'起来'表示动作开始""'下去'表示动作状态继续"。这本教材没有"时量补语""动量补语""连动式"等术语，也没有"动词谓语句""形容词谓语句""名词谓语句""主谓谓语句"等概念，更没有出现"复句"这一术语。

注释一种语法现象时，文字宜简明、有针对性。不能照抄理论语法,也不能照抄教学参考语法书。我们不采取"时量补语是表示时间长度的补语"这种下定义的方式,是因为这种解释对学生帮助不大。"关于动作、状态的持续",《中文听说读写》是这样注释的:"汉语表示时间的方法可以分两类:时间点(time-when)和时间段(time-duration),时间点指明动作发生的时间,时间段表示动作状态持续的时间,时间点要放在动词前,时间段要放在动词后。"① 关于动词重叠,我们这样注释:"汉语的动词可以重叠使用,重叠的动词通常读轻声。在祈使句中动词重叠形式可以缓和语气,使说话更客气。"②

初级和中级课本的语法解释应该有母语翻译,翻译的语言学生要能看懂才行,否则就没有意义。初级阶段的语法解释,可以只用学生的母语,因为用中文学生看不懂,有的学生有时为了看懂中文解释而浪费很多时间。高年级也许有必要用中文解释,这样同时就提高了他们阅读汉语语法书的能力。但比较难懂的注释,最好有母语翻译,因为学生的中文阅读水平可能还达不到,或者可能理解得不够准确。

1.5 语法练习

语法练习是教材语法的重要组成部分。练习方式应因语法点不同而多少有些不同,练习的目的是帮助学生掌握语法点。练习的量大一些比较好,这样教师可以根据自己学生的情况进行选择。不应该有那种学生不动脑筋也可以做出来的、无用的、机械性的练习。"重组"对于涉及整个句子的语法点是一种有用的方式,如双宾语句,"把"字句、"被"字句,连动句、兼语句等。"完成句子"则适于某些具有连接作用的虚词。造句不是一种理想的练习方式,可以说它很难,因为学生没有任何依托,也可以说它最容易,因为学生可以"偷懒",高年级的学生也可以用很简单的句子来应付。语

---

① Yuehua Liu, Tao-Chung Yao, Yaohua Shi & Nyan-ping Yao. 1997.《中文听说读写》(第二册)(*Integrated Chinese*)(*Level 2*). Boston: Cheng & Tusi Company, Inc. pp. 64-65.

② 引用出处信息暂缺。

法练习最好有控制、有要求,即给一些条件、一些限制。编出好的练习并不容易,这方面很多老师很有经验,但是还没有很好的总结,也缺乏从理论上进行研究。

1.6　关于语法注释的例句

在解释很多语法现象时,所用例句应该有一定的语境、上下文。我们不主张用这一类例句:"我去过北京。""他买了一本书。""既然你不去,我也不去。"例句应反映语法现象的典型语义、结构特点以及用法。上述几个例句最好改为:

① A:北京有好玩的地方吗?

　　B:我没去过北京,不知道。

② 他昨天在学校的书店买了一本书,那本书很有意思。

③ A:明天的电影我不能去看了。

　　B:既然你不去,我也不去了,一个人看电影没有意思。

1.7　增加篇章教学的内容

现有教材,有的有篇章方面的内容,比如话题(Topic),多数完全没有,所以我们特别要提出来。关于篇章的教学,《中文听说读写》有"话题"和句子连接的内容。过去北京语言大学的初级汉语教学分语音、语法、短文三个阶段,短文阶段主要以词汇教学为主,同时也提出要训练学生成段表达的能力。所谓成段表达,就是要把句子连成段落。但是怎样把句子连成段落,在理论和方法上似乎并不明确。关于连接,不同的语体方式有所不同。所谓语体,我们是指对话体与非对话体;非对话体又分叙述体、描写体、说明体与议论体等。不同语体在连接方面的差异也许比句法更明显,因此我们要分开来教。《中文听说读写》在二年级教句子的连接,而且只教叙述体句子的连接,因为美国中文教学的初级和中级阶段,描写、说明、议论等文体学得还不多。在《中文听说读写》中,除了话题和句子的连接以外,还有一条有关篇章的语法注释:"在一个句子里,如果主语表示的是已知信息,而对它进行描写的形容词表示的是新信息时,应该把名词放在形容词前,即话题的位置上,而把形容词放在名词的后边作谓词。这是中文和英文很不同的一点,应特别加以注意。"①比如应该说"*有的时候中文课的功课多了一点儿",或"有的时候中文的功课有点儿多",而不应该说"*有的时候中文课有多一点儿的功课";应该说"他的个子很高",而不应该说"*他有很高的个子"。这是说英语的学生最常见的问题,也是学"Topic-Comment"最实用的例子之一。此外在讲解其他语法现象,如"把"字句、"了"、"是……的"以及某些连词时,我们也应注意从篇章方面加以解释。可以说很多语法现象不从篇章方面加以解释,是说不清楚的。

篇章教学在对外汉语教学中还是一个薄弱环节。而汉语句子结构受篇章的影响和制约很大。研究篇章语法教学,我们认为应该从听读(由外向内)和说写(由内向外)两个方面进行。

2 教学参考语法

教学参考语法的主要对象是从事对外汉语教学的教师。供教师备课、改作业、编写教材时参考,某些高年级学生也可以用。刘月华、潘文娱、故韡等著的《实用现代汉语语法》是一本教学参考语法,是"为从事汉语作为第二语言教学的教师以及具备了一定的汉语基础的外国学生和学者编写的"②。李英哲等编写的《实用汉语参考语法》是一本"既适用于老师又适用于学生的全面参考工具书"③。

目的决定了教学参考语法的特点。教学语法主要教的是语法规则和用法,教学参考语法也应该主要描写语法规则和用法。教学参考语法是一种学校语法,是规定性的,因此可以不必说明理论界对某种语法现象有什么分歧意见,也不必进行理论方面的讨论。

---

① Yuehua Liu, Tao-Chung Yao, Yaohua Shi & Nyan-ping Yao. 1997.《中文听说读写》(第二册)(*Integrated Chinese*)(*Level 2*). Boston: Cheng & Tusi Company, Inc. pp. 261-262.

② 刘月华、潘文娱、故韡(2001)《实用现代汉语语法》(增订本),北京:商务印书馆,前言第1页。

③ 李英哲、郑良伟、Larry Foster、贺上贤、侯炎尧、Moira Yip(1990)《实用汉语参考语法》,熊文华译,北京:北京语言学院出版社,序第2页。

教学参考语法,或者说教学语法,一般来说吸收传统语法的东西比较多,理论性不那么强,但是它能满足教师和学生的需要。

教学参考语法不能照抄理论语法。但是理论语法是教学语法的来源和依据。教学语法一般来说不可能另搞一套,它是依据该语言语法研究的成果。但是在体系上,以教学为准。教学语法吸收传统语法的研究成果比较多,这是因为传统语法,比如传统的拉丁语法、英语语法,本来就是为教学目的产生的。传统语法比较偏重意义,而教学语法首先就要求对语法点的意义有一个清楚、科学的解释。但是传统语法不能满足教学语法的需要,教学语法必须吸收其他语法研究。可以说一切科学的、能描写语法规则、说明语法现象用法以及对语法现象进行解释的语法研究,对对外汉语语法教学都是有用的,比如篇章语法、功能语法、认知语法等。教学语法正是在不断吸收各种语法研究成果中逐步发展完善的。一般来说,过分偏重结构、形式的语法研究,在教学语法中的作用似乎小些。解释性的语法研究,在高级阶段可以适当引入。

教学参考语法不能太笼统,因为那不能解决教学中出现的问题。汉语语法缺乏严格意义上的形态变化,语法规则不仅受句子结构的制约,更受篇章、语境、上下文等的制约,结果规则就比较琐细。教学语法还需要讲清楚用法及条件,因此应该是很具体很详细的。比如"把"字句,既要讲清楚"把"字句结构上的要求、限制,又要讲清"把"字宾语、谓语动词的宾语、谓语动词后的词语等的特点,还要讲明"把"字句的使用条件,这就要涉及篇章以及"把"字句本身的特殊功能。教学参考语法应该能解决教师在备课、改作业、改病句时遇到的问题,教学参考语法书如果不细致不具体,就不能达到预期的目的。

但是我们说规则要细,并不是说越细越好。有些规则虽然有用,比如一个动词能和哪几类名词结合,一个动词能用哪些补语等,但这是词典的任务,而不是语法书的任务。实际上如果能解决问题,语法规则应该尽可能概括,细是不得已的。

我们不能把理论语法原封不动地搬到教学参考语法中。如所谓汉语动词、名词、形容词"有界""无界"的问题，虽然可以解释汉语语法中的很多现象，但是因为太抽象，学生很难理解和运用，所以我们没有写进教学参考语法中，动词的分类对讲清"了""着"等的用法很重要，我们就写进了教学参考语法中，必要时老师可以给学生讲一点儿，但是没有都写进教材，因为对学生也许太难掌握和应用。

"给＋名词"在句子中可以在动词前，也可以在动词后。朱德熙先生有一篇文章讲得很清楚，但是如果原封不动地搬到教学参考语法或教材中，就太复杂了。我们在教学参考语法中简化并改变了表述方式，使老师和学生容易理解。

汉语教师不是语言学家，学生更不是。把理论语法应用到教学中时，改变表述方式是必然的。但是教学参考语法也是一种科学的语法，表述方式至少要遵循传统语法。

一个人要学好一种语言，不都是老师教的。语言中很多东西，学习者要自己留心，自己体会，有时要死记硬背，用时方能脱口而出。学习语言的过程很复杂，我们应该从教与学两个方面进行研究，研究哪些语法点是教材中必须出现的，是老师必须教的，以便从教的方面做到最好。当然我们也需要从学的方面进行研究。

对外汉语教学中可以从学生那里发现很多问题，不少问题在理论语法中是找不到现成的答案的。因此教学语法研究的很多成果，可以进入理论语法。当然要运用理论语法研究的方法。

3 学生语法

以学生为对象的对外汉语教学语法书比较少。比如美国出版的 Teng Shou-hsin（邓守信）的 *A Basic Course in Chinese Grammar：A Graded Approach through Conversational Chinese*[①]。这本135页的语法书，大致涵盖了90％初级汉语课本的语法点。

[①] Teng Shou-hsin. 1997. *A Basic Course in Chinese Grammar：A Graded Approach through Conversational Chinese*. San Francisco：Chinese Materials Center, Inc.

作者说本书主要供教师课堂解释语法用,也供学生课外参考。还有一本是 Helen T. Lin(戴祝)写的 *Essential Grammar for Modern Chinese*[①]。作者说主要是为学了一年中文的学生编写的语法书,新从事中文教学的教师也可以参考。这两本书都没有练习。

中国出版的卢福波编写的《对外汉语教学实用语法》[②]是为汉语学习一年以上(汉语水平已达四级或四级以上)的外国学生编写的汉语语法教材及参考书,也可作为对外汉语教师的参考用书。每课后有四五个替换、完成句子、造句、判断、改病句等练习。该书是用中文写的,即使高年级的学生使用起来也不见得没有困难。

英语作为外语教学,有很多供学生用的、以学习语法为主的课本或参考书,对象是有一定英文基础的学生,都是用英文写的。有些书可供课堂使用,目的是提高语法和口语会话能力,同时也可以供此类学生自学用。比如有一本叫 *Beginning Interactive Grammar*[③] 的书,目录上分两栏,一边是"Grammar"(语法),一边是"Communicative Function"(交际功能)。所列的语法不限于纯粹的语法条目。比如有口头拼写,数字,代词,动词,国家和国籍,疑问词,人名,职业,名和姓,时间,序数,月和日,季节和节日,名词的复数,介词,命令,衣服和首饰,领属和颜色,描写人物,形容词,"there is/there are",领属代词,"to be"的过去时,问候语,简单现在时,食品,动作进行,家庭,谈气候,副词和频率,自我介绍,开始一个谈话,动词不定式,请求,不规则动词表,道歉,将来时,"can/may""to be able to""could"表示能力、要求允许、建议等,过去进行时和比较等。作者在前言中说,这本书的对象为成年初学者,供教师和学生在课堂使用。书中还有一些课堂活动。关于交际功能,该书只在一些语法点的目录中说明"已知信息""表达观点""给建议""表

---

① Helen T. Lin. 1981. *Essential Grammar for Modern Chinese*, Boston: Cheng & Tsui Company, Inc.
② 卢福波(1996)《对外汉语教学实用语法》,北京:北京语言文化大学出版社。
③ Irene S. McKay. 1993. *Beginning Interactive Grammar*. Boston: Heinle & Heinle Publishers.

示歉意""得体回应"等。在语法解释中,关于功能方面解释很少,很多语法点甚至没有。每一个语法点都安排了很多"传统的练习"。

再如 Betty Schrampfer Azar 编写的一套语法书。该书包括三卷,适用于不同的程度。有一卷是 *Basic English Grammar*[①],有一卷是 *Understanding and Using English Grammar*[②]。每卷又包括课本和学生练习本。课本主要供课堂使用。学生练习本供学生课后练习用。*Basic English Grammar* 有五章。第一章是动词"be"和"have"的用法,第二章、第三章是现在时的各种表达方式。第四章逐个讲解名词和代词。第五章讲过去时的表达方式,涉及动词和时间词。*Understanding and Using English Grammar* 有十章。第一章是动词的时(tenses)。第二章主要讲情态动词在表达不同语气方面(如礼貌等)的用法。第三章讲被动式。第四章讲动名词和动词不定式。第五章讲单数和复数。第六章讲形容词子句。第七章讲名词子句。第八章、第九章讲各种观念间关系的表达,包括平行关系、修饰关系、因果关系、条件关系等。第十章是条件句。该书课本部分有简单的讲解,主要是大量的练习,包括口头和书面练习、错误分析,还有一些表解。有单句练习,也有成段的对话练习。练习的方式有填空、完成句子、变换(肯定—否定、时态、单数—复数、答句—问句、主动—被动)、问答、选词填空、用所给的词成段描写或叙述、造句、看图填空、提问、对比(如 is/are, this/that)、改错、多项选择,还有一些综合性复习。学生练习本中的练习有两类,一类是比较"死"的,书后有答案;一类是比较开放的,学生可以有发挥的余地。高级阶段的讲解和练习都特别突出用法,有很多成段的练习,提供了充分的使用语境和条件。

上述这类给有一定英语基础的外国学生用的语法课本或语法

[①] Betty Schrampfer Azar. 1984. *Basic English Grammar*. New Jersey: Prentice-Hall, Inc.

[②] Betty Schrampfer Azar. 1981. *Understanding and Using English Grammar*. New Jersey: Prentice-Hall, Inc.

书很多。有的还配有整套的录像带,比如 $Side\ by\ Side$①,该书语法注释讲解清楚,课文内容生动活泼,很适合学生自学用。

总之,这类直接面向学生的对外英语语法方面的书,基本上是以语法实践为主的课本,而不是以解释语法为主的语法参考书。它们不追求语法的系统性,而是力求突出外国人学英语的难点,因此每本书的针对性都较强,针对低年级的和针对高年级的,在内容、练习方式等方面都有所不同。

由以上分析可以看出,对象为学生的对外汉语语法书数量远远比不上英语语法书,种类也没有那么多,而且都以系统解释语法现象为主,练习量比较小,用法说明及练习也不够充分。究其原因,我想可能有以下两个。第一,可能是发展中的问题。汉语作为外语教学,无论从时间、从学习的人数上都无法与英语相比,对这种以学生为对象的语法书或语法课本的需要可能尚未提到日程上来,或虽有需要,但呼声还没有那么高。第二,也可能因为汉语词法比较简单,而句法方面的学习很难脱离语境、上下文,因此沿着过去的路走,编出来的书可能效果不那么理想,大家也就望而却步。也就是说,要编出适合学生的语法书,需要开辟一条新路。随着对外汉语教学事业的发展,随着学中文的外国学生越来越多,为有一定基础的学生编写对外汉语语法书的需要可能将越来越迫切。

国内外还出版了不少病句分析方面的书。比如佟慧君的《外国人学习汉语病句分析》②,作者说主要是供教师备课和研究参考;程美珍的《汉语病句辨析九百例》③,有英文翻译,作者说明是面向学生的;李大忠的《外国人学汉语语法偏误分析》④,是为学汉语的外国学生所开的一门课的教材等,这里不一一列举。

总的来说,在对外汉语教学中,面向学生的课外辅助材料都比

---

① Steven J. Molinsky & Bill Bliss. 1989. $Side\ by\ Side$. New Jersey: Prentice Hall Regents.
② 佟慧君(1986)《外国人学习汉语病句分析》,北京:北京语言学院出版社。
③ 程美珍(1997)《汉语病句辨析九百例》,北京:华语教学出版社。
④ 李大忠(1996)《外国人学汉语语法偏误分析》,北京:北京语言文化大学出版社。

较少。比如经典著作的简写本,有的只是缩写,而语言的难度有增无减。有趣的课外读物也很难找到。在这方面恐怕也需要做一些理论上的研究和实际的努力。

4 课堂语法教学

相对地说,讨论课堂语法教学的文章要多一些,课堂语法教学,几十年来也取得了很大进步。

毋庸讳言,不少学生最不喜欢学语法。从对外汉语教学的角度谈,在学生学习汉语的最初阶段,语法似乎不那么重要,他们会觉得汉语语法比声调容易得多。这是因为汉语几乎没有形态变化,学生学了几课以后,就会说不少话。但是,他们学的越多,"犯"的"语法错误"就越多。也可以说"汉语语法越学越难",语法是不能不学的。

我们需要研究的问题是如何把教材语法转化为课堂教学语法,教师显然不能把教材的语法解释原封不动地搬到课堂教学中去。如何使学生又快又准确地掌握语法规则,如何使学生把语法规则自然地运用到交际实际中去,也是我们要解决的问题。

如前所述,我们教的是语法规则,而不是语法知识,所以我们反对上课大讲语法。相反我们认为应该淡化语法教学,最好不露痕迹地教语法,让学生在不知不觉中掌握语法规则。

5 对外汉语教学语法理论

对外汉语教学语法理论研究更加薄弱。据我们所知,已经有些学者开始这方面的研究。我们认为应该研究以下一些问题:

(1) 对外汉语教学语法和理论语法的关系。
(2) 对外汉语教学语法的基本内容和特点。
(3) 对外汉语教学语法体系问题。
(4) 语法在对外汉语教学中的地位,语法教学与语音教学和词汇教学的关系。

（5）对外汉语语法教学的原则方法。

（6）对外汉语语法教学的语法的研究方法。

我们相信,随着对外汉语教学事业的蓬勃发展,随着学习汉语的人越来越多,对对外汉语教学语法的要求将越来越多,越来越高。我们任重而道远。

（原载《对外汉语教学语法探索》,中国社会科学出版社,2003年,有改动）

二十八　关于中文教材课文的一些思考

课文可以说是课本的灵魂。虽然在语言学习的不同阶段，课文的重要性有所不同，但它都在相当程度上决定一部教材是否成功。本文将就课文的内容、语言、中国文化以及文体等几个方面的问题进行讨论，涉及初级、中级以及高级中文课本课文的编写或选材。

1　课文内容

1.1　初级阶段

初级阶段指美国的一年级。从语言方面说，这个阶段一般要学 800－1000 生词，600－800 汉字，并完成基本语法的学习。

初级汉语教学的任务是提高学生日常口语能力，课文都是笔者自己编写的。

初级汉语课文的内容应贴近学生的生活。这是因为如果学生对课文内容熟悉，练习说话时，就有话可说，而无需在考虑说什么上花时间和精力，只考虑怎么说就可以了。比如朋友或师生见面时的问候，介绍自己的家庭，谈上中文课，谈爱好，谈天气，买日用品，买衣服，去饭馆，旅行，去银行、邮局，打电话，问路，看朋友，租房子（或谈宿舍）以及上网、发电子邮件等等。有的课本，内容都是关于中国的学校生活和北京的情况，对在外国学习中文的学生来说很陌生，他们很难把学到的课文与自己联系起来，也就很难进入角色用中文说话。

初级汉语课本的课文,最好每一课围绕一个话题,而且最好是一个完整的对话或短文,这样便于学生练习或背诵。课文还应该力求生动有趣。比如《中文听说读写》第一册(初级课本)第二十课是"运动",课文是这样写的:

老李:你看,我的肚子越来越大了。
小林:你平常吃得那么多,又不运动,当然越来越胖了。
老李:那怎么办呢?
小林:如果怕胖,你一个星期运动两三次,每次半个小时,肚子就会小了。
老李:我两年没运动了,做什么运动呢?
小林:最简单的运动是跑步。
老李:冬天那么冷,夏天那么热,跑步多难受啊。
小林:你打网球吧。
老李:那我得买网球拍、网球鞋,太贵了。
小林:找几个人打篮球吧。买个篮球很便宜。
老李:那每次都得打电话找人,麻烦死了。
小林:那去游泳吧。不用找人,也不用花很多钱,什么时候都可以去。
老李:游泳?多危险哪,淹死了怎么办?
小林:我也没办法了。你不愿意运动,那就胖下去吧。

这篇课文紧紧围绕运动、健身,介绍了几种常见的运动,没有一句扯到别的事情上去,两个学生如果要练习或表演,很容易记住。

有的课本的课文,编写时是为了配合语法点,连课的名字都来自语法点,比如"我学了两年中文了"。这种教材,课文一般没有独立性,常常会很不自然,也很难有一个中心内容,因为有时是为了迁就语法点而拼凑起来的,所以很难避免前言不搭后语的情况出现,学生当然很难记住。这种课文也较难做到有趣。

1.2 中级阶段

中级阶段指美国的二年级。

中级汉语继续以提高学生日常口语能力为主,并开始训练学生用正式口语叙事和表达自己看法的能力,还要兼顾培养学生的阅读能力。课文也是笔者写的。

中级汉语的课文与初级汉语一样,内容也应该贴近学生的生活,也应该是学生熟悉的。由于从中级阶段开始应该培养学生表达自己看法的能力,所以应该选择一些学生感兴趣的话题,使学生有表达的愿望。《中文听说读写》第二册(中级课本)的话题是:开学、宿舍、饭馆、买东西、选专业、租房子、男朋友、电影和电视的影响、旅行、在邮局、一封信(内容是在南京旅游)、中国的节日、谈体育、家庭、男女平等、健康与保险、教育、枪支与犯罪、动物与人、环境保护。前六课的内容主要还是与学生的日常学习生活有关,是为了复习并与初级汉语课本衔接,但有关内容比初级阶段加深了,而且每一课都有些讨论或辩论。比如"宿舍"一课,讨论在学校宿舍住好还是自己在外面租房子住好;"饭馆"一课讨论了中国菜对健康是否有益的问题;"买东西"一课辩论衣服是买名牌的好,还是买物美价廉的好;"选专业"讨论了个人兴趣与将来找工作的关系等。其余大部分主要是讨论或辩论大家普遍关心的社会问题,比如异国(或不同族裔)婚姻,电视、电影对青少年的影响,体育运动,家庭和男女平等问题,美国以及加拿大不同的健康保险制度的比较,中美不同教育制度、教育观念的比较,美国的犯罪与枪支管理问题,动物保护、环境保护问题等。"在邮局""一封信""中国的节日"等主要与中国社会生活有关,涉及中国文化,但不是中国文化知识的介绍,而是通过课文中的人物到中国旅行,让学生了解中国的节日、风俗等。由于上述内容大部分都是美国学生熟悉的,所以上课时老师很容易引导学生说话,学生也喜欢主动表达自己的看法。

1.3 高级阶段

又可以分为两个阶段:美国的三年级(我们称为"上")和四年级(称为"下")。

1.3.1 高级(上)

高级(上)的目标是在继续提高用正式口语表达能力的同时，着重提高学生的阅读能力。课文由笔者自己编写、改写，逐渐过渡到选用原著。

我们认为这一阶段的课文内容应以学生感兴趣的中国社会生活为主，但不排除学生关心的自己国家社会生活方面的一些问题。比较好的课文应该是：内容有趣味性，并可以引起思考、讨论。比如有一本教材，有一课是《我该怎么办》①，是一个中学生写给编辑的信。内容是妈妈平时总教育他要诚实，可是在现实生活中，妈妈、爸爸却不诚实。比如妈妈检查他的作业时，老师扣分扣错了，妈妈就让他找老师，把分给加上。可是如果老师少扣了分，妈妈就不叫他找老师把分数减掉，而说"只有这样，你才能超过别人"。孩子的爸爸当了副局长以后，告诉家里人"有人来电话就说我不在"。这让孩子很困惑。这个问题可以引起学生讨论：家长的言行是否应该一致；怎样做算诚实，做哪些事不算不诚实等。这本教材里还有"你喜欢什么颜色""情绪智商""我看见了飞碟""好人难当"等等，都有一定的知识性、趣味性，而且可以让学生联系自己和周围的人进行讨论。

我们认为编选课文时应该注意：

(1) 不要"宣传"，特别不要用那些过分赞扬中国政治、文化、历史的言辞。实事求是的叙述、描写更容易为人接受。也应注意不要在贬低外国人的同时赞扬中国人。比如一个外国人和一个中国人讨论中国计划生育的问题，如果让外国人提一些简单得不值一驳的问题，然后中国人把他批得哑口无言，而且言辞犀利，外带一点儿讽刺挖苦，中国人读了很过瘾，但是外国学生看了以后会觉得很不舒服，甚至反感。如果学生对课文反感，自然会影响他们的学习兴趣和积极性。

---

① 杨寄洲(1999)《汉语教程》(第三册上)，北京：北京语言文化大学出版社，第129－130页。

(2) 注意文化方面、价值观方面的差异。

有些课文过分颂扬公而忘私,比如一个人为了工作,妻子生孩子快死了也不回家,外国学生很难接受。

我们选了一篇课文是《妻子的心》,讲的是妻子得了白血病,她临死前在病床上写了十七封信,安排丈夫和一岁的女儿以后的生活。第一封信是告诉孩子自己出国学习,嘱咐孩子听爸爸的话,并告诉丈夫在哪儿换煤气,什么时候领粮票,注意按季节给孩子换衣服,根据孩子的发育增加营养等。到了第九封信,她说丈夫应该考虑为孩子找一个新妈妈。这时丈夫正好认识了他的第二个妻子。一年零三个月以后的最后一封信中说:"妈妈的学习已经结束了,就要回国了。我又可以见到爸爸和我的宝贝女儿了。你高兴吗?这么长时间了,雯雯都让妈妈认不出来了吧?你还能认出妈妈吗?"不久,新妻子来到孩子面前,孩子果然认为这就是她的妈妈。学过这篇课文以后,我问学生是否喜欢。白人学生,都说故事有点儿奇怪,不喜欢。我问为什么,他们的意见:第一,这是在骗孩子,应该告诉孩子真实情况;第二,丈夫对第二个妻子没有爱情,因为他说他喜欢第二个妻子是因为她的相貌和气质都像第一个妻子,而且她的天真活泼的性格可以冲淡第一个妻子死后蒙在自己心头的阴影;第三,他们问孩子是否参加了妈妈的葬礼,那个丈夫怎样对第一个妻子的父母交代?难道让孩子永远不知道自己的亲妈是谁?难道永远不叫孩子知道自己的外公外婆?这不公平。可是亚裔学生,包括日裔和韩裔学生,都说读了以后很感动。他们说,这让他们想起自己的妈妈,她们为孩子什么都可以牺牲。他们还说这个故事表明,东方人认为父母跟子女的关系,比夫妻之间的关系更近。有的东方学生还说大家意见不同,反映了东西方文化的差异。从这个讨论可以看出,东西方文化、价值观念的差异反映在各个方面。像《妻子的心》这类课文不是不能选,但是一个课本不宜千篇一律都选这类课文。学过之后还应该进行讨论,使学生了解东西方文化价值观等方面的种种差异。

(3) 西方学生不喜欢太刺激、太悲伤的课文。

《汉语教程》中有一课是《抓阄儿》[①],讲的是一只船因风浪太大在黄河口失控,三个人只有一件救生衣,谁都不肯穿,最后抓阄儿,"我"是一个实习大学生,另外两个人为了照顾"我",做了三个阄儿都写的是"不",他们两个先抓,抓完后就把阄儿扔到水里,自然救生衣就穿在"我"的身上了。结果"我"度过了危险,而另外两个人中的一个永远没有回来。这篇课文写得不错,但是学生读完之后,大部分人说太受刺激,他们说不喜欢太悲伤的课文。

(4) 要注意课文是否有年龄、性别、种族等方面的歧视,要顾及学生的感受。《中文听说读写》第二册(是中级汉语课本,但是问题对高年级也适用),有两个贯穿始终的人物:张天明和丽莎。张天明是华裔男孩,丽莎是美国白人女孩,他们常常会讨论一些问题。我们无意中写的张天明的意见往往是正确的,而丽莎常常显得不那么聪明,结果有的女生就提出为什么课文里的男孩子总比女孩子聪明。这是我们完全没有预料到的。当然课本里这种重男轻女和扬中贬洋的倾向并不明显,提出问题的也只是个别比较敏感的女生,但是这方面的问题还是应该引起注意的。

(5) 课文所反映的中国社会生活问题最好没有太强的时间性。由于近年来中国社会的各个方面变化很快,有些话题很容易过时,所以应该选择那些时间性不太强的话题,比如妇女、婚姻家庭、教育、环境保护等。

1.3.2 高级(下)

这个阶段包括的学生范围很广。比如美国大学的中文课,有的到三年级就完了,有的有四年级,有的还有五年级,我们所说的高级(下)包括四、五年级。近年来,中文在美国很热,不仅不少学校增设中文课,低年级的学生增加了,而且已经学中文的学生坚持下来的也越来越多,形成高年级学生逐年增加的趋势。这样对高

[①] 杨寄洲(1999)《汉语教程》(第三册上),北京:北京语言文化大学出版社,第222-223页。

年级的课本就有更多的需求。而且,学生学习目的不同,对课本的要求也不同。我们认为针对不同的学生和不同的学习目的,最好有不同的课本。总的来说,高级(下)仍然应该以提高阅读为主。提高或巩固口语,应另外设课或寻求其他方式。因为在这个阶段,同一篇课文,很难兼顾说话和阅读。这里仅以我们编写的《全方位高级中文读本》为例,谈本人的一点儿看法。

在哈佛大学,有的学生学中文是他们专业的需要,比如东亚系的学生;有的学生是为了从事与中国有关的经济贸易等方面的工作,这种学生越来越多;还有的是华裔子弟,他们的家长或他们本人觉得中国人的后代不懂中文是不应该、也是不光彩的,特别是随着中国国力的增强,中国国际地位的提高,这一点尤为突出。为了满足不同学生的需要,我们的课文选取了以下几方面的内容:

(1) 从报刊上选有关社会问题的文章(有国际性的、中国的、美国的)

比如婚姻和家庭(两人世界—丁克族、父亲在家庭中的重要性、贞操观念的回归),妇女问题(妇女参与社会的意义、男女平等),教育问题(中美教育的比较、家庭教育问题、美国中小学教育的问题),艾滋病,中国经济,枪支和犯罪等。所选的文章内容都没有很强的时间性,也都是大家平时关注的,而且观点不落俗套,可以引起学生的思考和辩论,课文虽然主要选自报刊,但是学生并不觉得枯燥。学报刊文章的好处是词汇语法有用,对提高学生的阅读能力帮助很大。我们选的文章文言虚词较多,开始学生觉得很难,那些家庭有中文背景的学生尤其感到困难,一点儿优势也没有了。但是学了两课,学了四五篇文章以后,他们就觉得阅读速度明显提高了。

这一类文章可以面向所有的学生,也就是说对所有的学生都有用。

(2) 小说散文(主要是当代的)

关于文学作品是否适合作语言教材的问题,二十几年以前就进行过讨论。我们认为选名家名著,目的主要是为了学生欣赏,而不是为了学习语言。在名家名著中,大家常选鲁迅以及20世纪二三十年代的作家的,这些作品的语言与现在有相当大的距离,学生学了就用,一定会闹笑话。但是,这些作品寓意深刻,耐人寻味,学生很喜欢,也可以引起讨论。

(3) 哲学、思想史方面的论文

选这方面的文章,主要是为了满足研究中国历史、经济文化等问题的学生的需要。实际上,关于中国文化的文章,特别是关于中西文化比较、中西文化关系的,很多学生感兴趣。从我们的经验来看,二三十年代的论文,从语言上来说,与大部分小说相比,对学生并不是很难。

2 语 言

2.1 初级阶段

初级汉语课本课文应该是规范的口语,不宜出现太土的北京口语。课文读起来应该上口,因为课文应是可以供学生背诵的范文。

初级汉语的任务是为学生学习汉语打基础。我们主张教外国人普通话,教至少是受过高中教育的人在一般场合说的话。有些很土或俚语性的东西,初级课本不宜出现。

初级汉语课本应该尽量选常用词。可以参考一些词汇频率词典,但是课本编者还应该根据自己的判断做一些取舍。因为受所用语料的时代和选材范围的限制,频率词典的结论不一定完全适合我们编写教材的需要。我们在编写《中文听说读写》时,参照《现代汉语频率词典》,删减了一些非常用词,增加了一些常用词。

2.2 中级阶段

中级汉语阶段应尽量教正式的口语,后期在阅读课文中可开始出现一些只用于书面语的实词与虚词,以便向高级汉语阶段过渡。语言也要规范,要尽量做到上口,便于学生背诵。

我们说的背诵,不是真的叫学生死背。学习一种语言,一定要多听多读,听读的遍数多了,往往就能背下来了。这样既能使学生在实际交际时脱口而出,又能培养学生有一定的语感。而有没有语感,在外语学习中是至关重要的。

在中级阶段还要注意避免让学生学很多意义用法相近的同义词。这一阶段,学生的主要精力应该放在继续学习和巩固汉语的基本语法和句型,初步掌握连句成段的能力上。他们还顾不上扩大词汇量,更顾不上辨析同义词、近义词。如果这一阶段出现较多的同义词,他们会提出很多词义辨析和近义词使用的问题。而由于他们语言能力的限制,这些问题即使老师回答清楚了,他们也不见得理解;即使理解了,也不见得会用,对学生不见得有实际帮助。《中文听说读写》第二册在试用阶段课文曾修改过多次,修改的重点之一是删掉一些意义相近的词语。因为那时学生常提出意义相近的词有什么不同,而在这个阶段老师上课没有时间解释此类问题,而且即使花很多时间解释了,受中文程度的限制,学生也难以理解和运用,因此给教学带来很多麻烦。

在学生学习汉语的过程中,他们对词汇、语法的掌握是相互联系的。不掌握一定数量的词汇,某些语法现象难以进行练习,同样,语法掌握得不好,词汇掌握得不多,学生也不可能准确地辨析词义。

2.3 高级阶段

2.3.1 高级(上)

在阅读方面,应着重教书面语实词和虚词。应该注意告诉学生哪些虚词和实词即使在正式的口语中也不用,以免他们说话时文白掺杂。

口语中有日常口语和正式口语。初级阶段我们所教的主要是日常口语。从中级阶段开始,我们就应该注意教比较正式的口语。所谓比较正式的口语,如前所述,应该是受过高中以上教育的人,在比较正式的场合说的话。我们教外国学生,即使到了高级阶段,也不宜教太土的口语。

高级阶段应该让学生注意用正式的口语表达自己的看法。学生由初、中级阶段说日常口语提高到说正式的口语,并不是一件自然的、轻而易举的事。在美国,出生在华裔家庭的孩子,不少人在家里跟父母或祖父母说中文,好像说话已经不成问题,但是用正式的口语讨论问题时,他们就会感到非常吃力。在这个阶段应该安排一定的时间培养学生用正式的口语说话的能力。特别要训练学生把句子连成段落的能力。

2.3.2 高级(下)

到了这一阶段,还应该注意所选的课文语言尽可能规范。但是由于是原著,要求语言完全符合我们的教学标准,也不太现实。我们认为重点应教书面语的虚词、难用的词语、近义词辨析以及成语用法说明。

从语言角度来看,文学作品是否适合作高年级的课文?我认为,一般来说,文学作品不是最好的,更不是唯一的学习语言的材料。因为,第一,文学作品语言的个人色彩太强,内容范围太窄,因此有用的生词可能不太多,学生学了不能举一反三,学了这篇小说,再学下一篇,照样很难。第二,文学作品中的文学描写语言很难,对学生也没有什么用。如果选早期的名家名篇,还有语言的时代差异问题。但是我认为不是所有的文学作品都不能作为语言教材。第一,如果选材合适,比如内容不太偏,没有很土的口语,文学描写不多等,可以使语言教学更有趣。第二,学生学了三四年中文,如果连中文小说是什么样都不知道,也有点儿说不过去。这时的学生虽然中文水平还不够高,但是也不是一点儿欣赏水平都没有。关键在于选材。学生初次接触文学作品时,最好选语言平实、故事情节性强的。比如我们选了余华的《两个人的历史》和台湾作家侯文咏的《结婚进行曲》,效果还不错。我们也选了王蒙的《说客盈门》,但由于涉及的历史背景很复杂,学生普遍喊难,也就不那么喜欢。

课文有趣、不枯燥是十分重要的。这里我们想讨论一下关于"幽默"的问题。

学生都喜欢幽默。但是作为语言教材,弄清楚什么样的幽默外国学生能理解接受,是很重要的。中国人喜欢的幽默,外国人不一定能理解,不理解也就不可能喜欢。我有一次看中文电视,电视主持人谈到节目幽默的问题。他说有些外国的幽默,中国人不懂,所以要改变一下,改变成中国人能理解、能接受的幽默。我们认为反过来,外国人学中文也一样。从教学实践中我们体会到,外国学生能接受的是故事本身的幽默有趣,完全由语言形成的幽默,对学生很难,他们可能看不懂,也就不觉得有意思。比如《说客盈门》,经历过那个年代的中国人很喜欢,觉得语言幽默,可是外国学生很难看懂。课文的开头是这样:

> 他崇尚俭朴,连姓名也简单到了姥姥家。四六年他到达解放区以后,更名为丁一。他取这个名字的时候,还没有时兴按姓氏笔画为顺序排列主席团名单。再说,除了在"史无前例"的那些年表演那种时髦的腰背屈俯柔软操以外,他没上过主席台。

在这一段里,"俭朴"和取名字有什么关系?"连姓名也简单到了姥姥家"是什么意思?为了讲这一段,我们还得介绍"文化大革命"时的主席团按姓氏笔画排名,介绍"批斗会",以解释"柔软操"等。又如:

> 这事发生在一九五九年。于是全县和全专区阶级斗争形势一下子就紧张起来,到处抓激烈、复杂、尖锐的阶级斗争动向。他挨批、被打上"右"字黑印不说,连各村的戴帽地、富及其子子孙孙,连省直机关下放到这里劳动改造的右派分子们也都逐一表态、检查、交代,被帮助、被训诫,被灵灵地一抓再抓……就连当时是永无摘帽希望的地、富分子,也觉得他实在是背兴,既非委任也非荐任,谁让他代理我们的?光代理地、富不算,他还要代理反、坏、右和帝、修、反呢!你那个德性,代得过来吗?

这一段经历过那个时代的中国人,会觉得写得很幽默。但是短短的二百来个字出现了很多20世纪五六十年代的政治术语,比如"地""富""反""坏""右""帝""修""反"(注意这个"反"不同于前面那个"反"),还有"戴帽""摘帽""下放""表态""代理""交代""委任""荐任",讲每一个词都要费很多口舌,特别是那句"被灵灵地一抓再抓",看懂了的人会觉得是神来之笔,可是看到这儿,连老师都不一定会联想到"阶级斗争,一抓就灵"这句"最高指示",要让学生懂真是太难了。

而且,说不同语言的民族的价值观、审美观等也不尽相同,这对他们对幽默的感觉也有影响。例如,有一本教材中有一篇课文,是《健忘的教授》①,讲一个外国教授大事清楚,小事糊涂,课讲得很好,可是非常健忘。比如有一个新来的中国学生,第一天坐在第一排,他让这个学生自我介绍,而且还赞扬了中国。第二次这个学生来晚了坐在最后一排,他就不认识了,又让他自我介绍,而且又一次赞扬中国。这个学生第三次上课,怕教授又以为他是新来的,就坐在了第一排,而这个教授在快下课时竟然问:"坐在最后一排的那个中国学生怎么没来?"课文里还有很多教授健忘的故事。比如推婴儿车出去散步,把孩子丢在外边,回家还问妻子:"咱们的儿子睡了吗?"最后一个故事更离谱:教授每天从家里出来,总是左手拿皮包,右手拿垃圾袋。而有一天早上他竟然左右手弄拧了,把皮包扔到了垃圾箱里,到学校要给学生资料时才发现,只好叫学生开车去垃圾箱找皮包。但是这位教授教学非常认真,记忆力奇好,教学效果也很好。在中国人看来,大智多若愚,而且把它看作优点,会觉得这个故事很幽默,我个人也很喜欢这篇课文。叮是有一次一位中文老师向所教的美国学生做调查,问他们最不喜欢的课文是哪篇时,几乎所有的学生都说是这一篇,可见,他们不认为教授闹的笑话有什么幽默可言。我们还用过一篇题目是《春风沉醉的晚上》的课文,讲一个女青年晚上骑车回家,突然自行车坏了,她很着急。一个男青年路过,想要帮她,但没有工具,只好叫她到离那儿

---

① 陈灼(2000)《桥梁:实用汉语中级教程》(下),北京:北京语言文化大学出版社。

不远的自己的家里,但是怕女青年认为自己居心不良,就说前边有一家修理自行车的,把车推过去就行了。然后男青年很快回到家,叫他妹妹到门口接女青年,最后男青年把女青年的车修好了。这篇课文故事情节紧凑,语言简洁,最后还有几句抒情的文字。我上课之前也认为是一篇很好的课文,可是外国学生看了以后没有什么"感觉","抒情"也引不起共鸣。

学生在想问题、理解问题时,离不开他们的经验,这一点我们必须时刻注意。比如我们学完《妻子的心》后,我给学生留了一个作文,让他们以妈妈的口气给女儿"雯雯"写第四封信。由于学生对中国的社会生活不了解,他们又必须在信里说家常话,要嘱咐女儿做些什么。于是有的学生写"雯雯,要帮助爸爸剪院子里的草",有的写"该报税了,提醒爸爸帮奶奶报税,因为奶奶自己不会",有的写"告诉爸爸,浇水的水管挂在车库的墙上"。他们当然不可能写课文里提到的"户口本在抽屉里",月初该"领粮票"等事情。

选小说时,除了不宜选背景知识太多的以外,还应该注意避免过多的很难翻译成外文的、只能意会无法言传的文学描写。

3 中国文化

3.1 初级阶段

在对外汉语教学中必然要涉及中国文化,特别是语言中的文化因素。这里我们要讨论的是关于文化知识的问题。因为有的中级甚至初级教材就有大量介绍中国文化知识的课文。我们认为,在初级汉语教学阶段,越是突出中国文化的课文,学生越难用课文中的生词说话,也就越难激发学生说话的欲望。当然教材中应该有与课文有关的必要的文化方面的注释,而且这方面的注释做得好,对一本教材是非常重要的。

3.2 中级阶段

可以自然地引入中国文化方面的内容(比如风土人情),在阅读课文中可以介绍中国的风俗习惯、传统故事等,以增加课本的中国色彩。但是课文不宜直接介绍中国文化知识,因为这个阶段学生的主要任务仍然是学习、练习口语,而直接介绍中国文化知识的课文,内容学生一定很生疏,他们只能理解,不能结合自己的情况进行交际,也很难谈自己的看法。有的中级教材,有一些课文专门介绍中国的绘画、艺术,甚至"阿Q精神""难得糊涂"等等,不要说让学生说话、谈自己的想法,就是让他们理解也够难的。比如,阿Q被人打了以后想:这是"儿子打老子",学生怎么也不明白为什么阿Q觉得反败为胜了。他们当然也很难理解"糊涂"为什么"难得"。

3.3 高级阶段

可以有直接讨论中国文化,特别是中西文化比较、中西文化关系的课文,但比重不宜过大。

在语言教学中,文化知识像历史、文学等一样,不应该作为主要的学习对象,因为学生要学的是语言。在语言学习中,与语言密不可分的文化因素,当然要教。比如中国人说"爸爸妈妈",而不是"妈妈爸爸"。高级阶段应该特别引导学生注意课文中反映的中国文化、价值观念与他们国家的不同,进行比较讨论,就如前面谈到的《妻子的心》。这种不同,也可能随处可见,但是需要我们去发掘、提出来,使学生既学了语言,又学了文化。

随着中国改革开放、与世界经济接轨,随着世界各国联系的日益紧密,各民族的文化也在相互影响。连中国少数民族的衣着饮食不都在变吗?中国各民族的风俗习惯也在变化。我们的课本绝不能为了满足某些外国人的猎奇心理而教那些已经不存在的文化现象。

4 文 体

4.1 初级阶段

以对话为主,可以配合一些叙述性的课文。因为初级阶段学生主要学口语,适合用对话的方式。有一些叙述性的课文,可以训练学生叙事的能力,也是学生背诵的好材料。初级阶段学生主要任务是掌握基本语法,说出正确的句子,可以开始注意句子的连接,但是不宜在这方面花费过多时间和精力,也不能对学生提出过高的要求。

4.2 中级阶段

中级汉语的课文应该有对话有叙述。

课文应该有对话,是因为学生应该学习用中文讨论、辩论问题,学习怎样接续对方的话,怎样很有逻辑地阐述自己的看法,即学习对话中的一些连接方式。为了向高级汉语阶段过渡,叙述性的课文也是必不可少的。特别是可以开始引进一些简单的书面语虚词。这样过去存在的中级向高级过渡时的"高台阶"的坡度就可以平缓一些。中级汉语阶段的课文太难了不行,因为课文太难,学生借助生词翻译,加上老师的讲解,理解也许不成问题,但是不能运用学的语法、词汇等进行交际,不能举一反三。有的课本在中级阶段学朱自清的《背影》,学生学完以后就试着用其中的词语,说"我父亲赋闲在家"(他的意思是父亲失业了),显得不伦不类。但是如果中级汉语的课文太容易了,到了高级阶段学习原著(不是教材编者编写的),必然会觉得太难,觉得由中级向高级前进时,"台阶"太高。

4.3 高级阶段

4.3.1 高级(上)

课文应该主要是记叙文、议论文。

4.3.2 高级(下)

主要是议论文、记叙文。

(原载《第七届国际汉语教学讨论会论文选》,北京大学出版社,2004年,有改动)

二十九　成语与对外汉语教学*

目前世界上学习汉语的人越来越多,而且汉语水平高的人也越来越多。学习使用成语,已成为具有较高汉语水平的学习者越来越迫切的愿望。而成语对他们来说非常难,所以一般汉语水平能力测试都把能准确地使用成语列为达到汉语最高水平的标准之一。

关于成语,以往有过很多研究,出版了很多成语词典。但他们的主要目的是帮助中国人学成语。本文试图说明外国人学成语的困难,并对现有的成语词典进行分析,进而提出为外国人编写成语词典的一些设想。

1　成语的界定

什么是成语,也就是从理论上界定成语的范围,历来是大家争论比较多的一个问题。《辞源》(修订本)的定义是:"习用的古语,以及表示完整意思的定型词组或短句。"[1]《现代汉语词典》的定义是:"人们长期以来习用的、形式简洁而意思精辟的、定型的词组或短句。"[2]刘叔新认为:"成语的重要特征,凭之基本上能同所有其他

---

* 本文曾在"二十一世纪华语机构运营策略与教学国际研讨会(台北)"(The 2005 International Symposium on: Operational Strategies and Pedagogy for Chinese Language Programs in the 21st Century)上宣读。

[1] 广东、广西、湖南、河南辞源修订组、商务印书馆编辑部(1980)《辞源》(修订本)(第二册),北京:商务印书馆,第1186页。

[2] 中国社会科学院语言研究所词典编辑室(1978)《现代汉语词典》,北京:商务印书馆,第135页。

固定语区别开来的特征,是表意的双层性:字面的意义具有形象比喻作用或使人联想的作用,透过它曲折地表现仿佛处于内层的真实意义。"① 刘兴策认为:"成语是汉语词汇系统中一种具有定型性、习用性、书面性、意义的统一性和完整性的固定短语。"② 徐耀民认为,作为固定短语的一类——成语,似应具备下面的几个特征:第一,它应是现成的、习用的;第二,成语应具有较强的修辞功能;第三,成语应是定型的;第四,成语应是短语,而不是词或句。③

上面几种定义所限定的成语范围显然不同,而且无论哪一个定义都很难把成语与非成语划分得清清楚楚,这从现有数量可观的成语词典所收的成语都不相同也可以看出来。从对外汉语教学来看,给成语一个十分严格的理论界定并不是最重要的。从教学的目的出发,我们认为成语应该是形式和意义都很固定的、习用的、以四字形式为主的短语。按照这个定义,成语词典包括的成语可以分为两大类,其中一类比较容易确定,那就是有来源的(有古籍可考、有故事的),这一类是成语家族中最容易为大家所接受的成员,也是外国学生非常感兴趣的。这一类成语很多,我们应该选择那些大家比较熟知的、常用的。另一类是意义和形式都定型的四字固定短语,这一类范围最难确定,但是对学生来说最常用,我们应按照其使用频率进行筛选。有些四字形式的短语,虽然常常在一起用,但是只要看懂每个字就能理解整体意思,使用也不难,就不必作为成语处理。比如"天真活泼""刻苦努力"等。

2 关于成语的意义问题

2.1 外国人在使用成语时意义方面存在的问题

外国人使用成语,在意义方面出的问题往往是望文生义,没有

---

① 刘叔新(1993)《刘叔新自选集》,郑州:河南教育出版社,第64页。
② 刘兴策(1990)关于成语的学习和运用,《语文学习与研究》第8期。
③ 徐耀民(1997)成语的界定、定型和释义问题,《中国语文》第1期。

真正掌握成语的意义。如：

① *我的男朋友病了，我一日千里地坐火车去巴黎看他。
② *书中体贴入微地刻画了受人任意宰割的人们的痛苦和愤怒。①
③ *周老师的学生很多，无孔不入。②

2.2 成语词典的释义

怎样为成语释义才是外国学生最需要的呢？为外国人编写的词典，如果来源于大家熟知的故事，应该简要地讲一下故事，但不必讲来源。释义的主要部分是在解释每个字的意思的基础上，说明成语的整体意思，还要说明该成语适用的对象以及具有什么色彩（如褒贬义）等。比如：

> 一日千里：意思是迅速，多用于经济建设。具有褒义。③
> 体贴入微：意思是对人的照顾和关怀非常细心、周到。含有褒义。
> 无孔不入：比喻利用一切机会进行活动，主语常常是抽象的，比如势力、投机活动等。具有贬义。

有的成语词典还给出同义、反义成语，我们认为不仅没有必要，有时还会误导学生。因为与某一个成语绝对同义或反义的很少，而且即使意义相同或相反，用法也不一定相同或相反。我们发现有的成语词典给的同义或反义成语，很多不够准确。比如有的词典说"公报私仇"的同义成语是"假公济私"；"耿耿于怀"的同义成语是"念念不忘、刻骨铭心"；"胡言乱语"的反义成语是"深思熟虑"；"道貌岸然"的反义成语是"嬉皮笑脸"，显然不准确，也无助于理解运用。而且，即使几个成语意义上相同，使用起来也不一定能

---

① 例句出自高光烈(1995)以 3000 词为基础的成语教学，《第四届国际汉语教学讨论会论文选》编辑委员会《第四届国际汉语教学讨论会论文选》，北京：北京语言学院出版社。
② 这是美国普林斯顿大学周质平教授在一次会议的论文中举的例子，大意如此。
③ 字面意义略去，下两例同。

互相替换,那就应该进行语义和结构的辨析。而这种辨析有的很难,那是自找麻烦。

3 成语的结构问题

3.1 外国人学习成语在句子结构方面的问题

成语在句子中像其他词和短语一样充任一个句子成分。但是能充任什么成分,以及在结构上有什么限制,学生如果不清楚,就会出问题。例如①:

④ *这辆车还不安全,你开车得小心翼翼。
⑤ *我告诉她我离婚了,然后她不闻不问我们的情况。
⑥ *那件消息使她高兴眉开眼笑。

例④中的"小心翼翼"是形容词性的,可以作状语,但一般不作补语;例⑤中的"不闻不问"是动词性的,但是不能带宾语;例⑥中的"眉开眼笑"作"高兴"的情态补语,前面应该加一个结构助词"得"。偏误的类型多种多样,这里不一一罗列。本文的主要目的就是要说明,为外国人编写的成语词典,应该着重解决成语运用时结构方面的问题。

3.2 分析成语内部结构非常困难,且无助于成语运用

现有的成语词典除了说明一个成语的来源,解释意义以外,不少还注明成语的内部结构。但是,我们认为标注成语的内部结构存在以下几个问题:

第一,标注成语的结构有很多困难,很多成语的结构很难准确标注。

成语的内部结构复杂多样,有很多文章进行过分析讨论。比如陶原珂认为四字定型成语的结构有以下类型:两节顺接(如:"八仙过海、入木三分")、两节并列(如:"叠床架屋、好善乐施")、两节

---

① 以下几个成语偏误的例句出自张永芳(1999)外国留学生使用汉语成语的偏误分析,《语言文字应用》第3期。

对比(如:"声东击西、博古通今")、两节拆分(如:"吐故纳新、情投意合")、同词嵌入(如:"见仁见智、不偏不倚")、半截叠音(如:"空空如也、循循善诱")。① 他这里分析的仅仅是四字成语的四个音节意义上切分的类型,并未涉及其间的语法关系。张成福(2001)专门分析以"一"字开头的四字成语的结构关系,他把这类成语内部的结构关系先分成"一般格""特殊格"和"交错格",每个格下面又按结构关系分类。我们只举他最简单的"一般格",下面就分:主谓式、动宾式、偏正式(又分定中关系、状中关系)、中补式、联合式(又分并列关系、承接关系)、连谓式(连动关系、先后关系、目的关系)、紧缩式(承接关系、因果关系、条件关系、假设关系、目的关系)以及单一式八种。② 可以说几乎囊括了汉语句法(包括单句和复句)全部结构关系。也有人专文分析动宾结构成语中"无 A 不 B"型的结构。③ 在成语中,以"一"开头的,或者"无 A 不 B"型的结构的,内部结构显然不是最复杂、结构类型也不是最齐全的。但由此可以想见成语的结构是多么复杂多样。

  成语的结构分析不是一件容易的事。这从不同的成语词典对同一个成语标注的不同可以看出来。比如"一日千里"有的词典说是"主谓",有的词典标"偏正";"沧海桑田"有的标"主谓",有的标"联合";"举足轻重"有的词典标"主谓",有的标"复句";"甚嚣尘上"有的标"联合",有的标"后补";"千钧一发"有的标"主谓",有的标"联合";"郑重其事"有的标"偏正",有的标"动宾";"高枕无忧"有的词典标"偏正",有的标"复句";"大言不惭"有的词典标"主谓",有的标"复句"等。我们在分析 1000 个成语结构的过程中,发现有 20% 左右结构关系不太容易确定。

  结构分析之所以困难,原因是各种各样的。比如,同样是由两个名词构成的成语,有的是主谓结构,有的是偏正结构,如"一日千里、沧

---

① 陶原珂(2002)试析汉语四字格成语的类型及其释义方式,《学术研究》第 9 期。
② 张成福(2001)"一"组成语的结构关系分析,《徐州师范大学学报(哲学社会科学)》第 4 期。
③ 金苑(1997)动宾结构的"无 A 不 B"型成语,《汉语学习》第 3 期。

海桑田、万众一心、一头雾水"。有的成语前一半和后一半词性不同,如"居功自傲"(动词＋形容词)、"心悦诚服"(主谓＋状动)。有些成语词序比较特殊,有的成语省略了一些成分。谭锦华(1989)一文对此进行了分析。比如"时不我待(时不待我)""夜以继日(以夜继日)"属于词序特殊;"一发千钧(一发引千钧)""一日三秋(一日如三秋)""投桃报李(投以桃,报以李)"是省略了一些成分。①

陈庆祐(1994)一文中说,分析成语的结构是成语研究中一个比较困难的问题。他也分析了困难的原因:不少成语不能用现代汉语语法规则做分析,有些嵌入数词的成语,数词并无实在意义,有的成语与原来的意思已无联系(如"不亦乐乎")。他在文章末尾说:"分析成语的结构不是一件容易的事儿。凡是认真考虑过这个问题的同志一定有此感觉。"②

第二,标注成语的内部结构对使用成语有帮助吗?

正确了解成语的结构对理解成语的意思,通常是有帮助的。比如"浪子回头"是主谓结构,如果知道"浪子"和"回头"的意义,学习者就能明白这个成语的意思了。编写成语词典的人,释义时应该对成语的结构有正确的理解,否则会解释错。但是对学习者,特别是对外国学习者而言,标出结构有时对他们理解成语的意思并没有什么帮助。比如"半斤八两",标出"联合"对理解有什么帮助?"举目无亲"标注为复句,对他们理解意义也很难说有什么帮助。因此,我们认为只要编者能正确解释成语的意义,分析不分析其内部结构,对外国学习者理解成语并不重要。

分析成语的结构,对使用成语有用吗?有些成语词典注明结构,可能是为了帮助学习者使用。但是我们认为,分析成语的结构对学习者使用该成语的帮助并不大。

一般成语词典都把成语的结构分为:联合、偏正、动宾、补充、主谓、连动、兼语、重叠、复句(又分并列、承接、因果、转折、条件、选

---

① 谭锦华(1989)成语中的特殊词序和成分省略,《阅读与写作》第5期。
② 陈庆祐(1994)略谈现代汉语成语的结构,《学语文》第2期。

择、递进、复句紧缩)等。这种结构分析对学习者使用成语很难说有多大帮助。比如说"联合"结构,有名词性的、动词性的、形容词性的,但它们的用法绝对不一样,而这些词典一般都不进一步注明词性。"偏正"也有名词性的、动词性的和形容词性的,用法也不一样。"补充"或"后补"亦然。至于标注"复句、紧缩句"等结构对学习者使用成语更没有帮助。因为成语只是一个短语,与复句的功能完全不同。紧缩句的意义结构本来就很复杂,教学中一般都是一个一个地作为特殊短语或句子来教。把成语的结构注为紧缩句,对学习者更是毫无意义。

成语结构分析很困难,对使用又没有多大帮助,为什么还要标注呢?

我们对 1000 个成语的结构也进行了分析,目的是找出成语的结构与其句法功能之间的关系。结果进一步发现标注成语的结构是没有必要的。

3.3 成语的句法功能

3.3.1 如何确定成语的句法功能

所谓成语的句法功能,是指成语在句子中的结构功能,比如充任什么成分;进入句子以后,结构上有什么要求,有什么限制,等等。说明成语的句法功能对学习者才是有用的。成语词典应该怎样标注成语的句法功能呢?

说明成语的语法属性,主要说明是动词性的、形容词性的、名词性的,还有副词性的。这样可以使学习者在使用某个成语时,在句法结构方面有一个方向、范围。

笔者对两本成语词典的成语的语法功能进行了分析,一本是史有为主编的《成语用法大词典》[①],该词典不仅分析了成语的内部结构,还分析了语法功能,这是非常少见的。该词典把成语的语法功能分为"名"(名词性或体词性成语)、"谓"(谓词性成语,包括动词、形容词)、"副"(副词性成语)、"连"(连词性或关联性成语)四

---

① 史有为(1997)《成语用法大词典》,大连:大连出版社。

种,其中谓词性的最多,大约90%以上。我们知道,谓词性词语中,动词和形容词的功能很不同,所以上述分类虽然容易,也很简单,但是不能满足学习者的需要。另一本是倪宝元的《成语例示》[①],该书先举出成语的用例,然后说明该成语在某例句中作什么成分,这种做法对使用成语自然有帮助。但由于对成语的句法功能说明是举例性的,而不是描写性的,从而也就没有限定成语在句法结构方面的功能范围。也就是说,学习者不能了解某一成语的全部句法功能以及在句法功能方面的限制。比如"大名鼎鼎",该书只举出作定语的例子,实际上这个成语也能作谓语。

为了确定成语的句法功能,首先要找出确定上述功能的标准。我们发现确定成语的句法功能,比确定一个词的词性要复杂得多,因为很多成语在句子中的用法非常受限制。以下是我们对成语句法功能的初步分析。

3.3.1.1 动词性的成语

(1) 作谓语。如:

⑦ 我爱莫能助。

⑧ 这本书的内容包罗万象。

(2) 前面可以加"是"。如:

⑨ 你这是无理取闹。

⑩ 他总是偏听偏信,别管他。

(3) 作定语。如:

⑪ 这种苟延残喘的局面,能持续多久?

⑫ 我讨厌阿谀奉承的人。

(4) 用在能愿动词后。如:

⑬ 他不会喜新厌旧。

---

① 倪宝元(1984)《成语例示》,北京:北京出版社。

⑭ 我要报仇雪恨。

这时可以用于表示肯定的语气的"是……的"结构中。如：

⑮ 他是不会偏听偏信的。
⑯ 我是不会阿谀奉承的。

（5）有的可以作状语。如：

⑰ 我爱不释手地放下，又拿起来……
⑱ 他信口开河地说：……

（6）句末可以用"了"。如：

⑲ 你是不是又捕风捉影了？
⑳ 你这样……就……背道而驰了。

（7）前面可以用表示动作进行的"在"。如：

㉑ 他在闭门思过。

（8）前面可以用否定副词"别"。如：

㉒ 你别班门弄斧了。
㉓ 你别偏听偏信。

（9）可以作主语，如：

㉔ 偏听偏信是不对的。
㉕ 搬弄是非给他带来无穷的麻烦。

（10）前面可以用限制性状语：

㉖ 他以前偏听偏信，现在不了。
㉗ 我从来不自以为是。

与一般动词不同的是：

（1）后边不能用结果补语、趋向补语，一般也不能用情态补语。有的动词性成语能用表示程度的补语，前面可以用程度副词"那么"。如：

㉘ 这个人偏听偏信得不得了,谁都不愿意告诉他事情的真相。他是那么偏听偏信,以至于连妻子都不愿意告诉他事情的真相了。

(2) 绝大多数不能带宾语。在我们考察的 1000 个成语中,动词性的近 500 个,其中有不少本身是动宾结构,自然不能再带宾语。不包含宾语的约 70 个,只有极少数可以带宾语。如:

㉙ 他矢口否认有这件事。
㉚ 老师谆谆告诫我们学习应该持之以恒。

(3) 前面一般不能用描写性状语。

3.3.1.2 形容词性的成语

(1) 可以作谓语。如:

㉛ 他这样做合情合理。
㉜ 这是国宝,价值连城。

(2) 可以用于表示语气的"是……的"结构中。如:

㉝ 他这样做是合情合理的。
㉞ 他的作用是不可估量的。

(3) 可以作定语。如:

㉟ 不可磨灭的功绩。
㊱ 不拘小节的人。

(4) 可以作情态补语。如:

㊲ 把敌人打得落花流水。
㊳ 把我搞得措手不及。

(5) 可以作状语。如:

㊴ 他迫不及待地说:……
㊵ 他眉飞色舞地说:……

(6) 多数前面可以用"那样/那么",后边可以带程度的补语。如：

㊶ 展览是那样丰富多彩。
㊷ 他自私自利得不得了。

(7) 有的可以作主语。如：

㊸ 合情合理是最起码的要求。

形容词性和动词性的不同主要在动词性的(2)(7)(8)和形容词性的(2)(4)(5)上。

3.3.1.3 名词性的成语

(1) 作主语。如：

㊹ 繁文缛节很令人讨厌。

(2) 作定语。如：

㊺ 这不过是举手之劳的小事。
㊻ 社会上出现了杯弓蛇影的心态。

(3) 作宾语。如：

㊼ 这不过是缓兵之计。
㊽ 他们清除了这个害群之马。

3.3.1.4 副词性的成语(较少)

只作状语。如：

㊾ 我们要不失时机地把春播工作做好。
㊿ 我们应该设身处地地为家长们考虑考虑,谁不关心子女的教育？

3.3.2 描写成语在句法结构方面的限制和要求

我们在《实用现代汉语语法》(修订本)中曾说过："从语法功能来看,一个固定短语总是接近于某一类词,但又不一定具有该类词的全部语法功能。"[①]也就是说,属于某一词性的成语,并不都具有上面列举的该词性成语的全部句法功能。因此词典应该具体说明每个成语的句法功能。比如可以作什么句子成分,结构上有什么限制,经常或只与那些词语一起使用等。例如虽然同是动词性的,"百无聊赖"可以作谓语、定语、状语和"感到"的宾语;"悲天悯人"只能作定语和谓语;"抱头鼠窜"只作谓语和状语;"半途而废"除了作谓语、定语以外,有时还可以作补语(如"闹个半途而废")。而且,有的成语要求有后续句(如"背井离乡"),有的前面常用"使/令"义动词(如"黯然失色")等。有些成语用法非常受限制。比如"白日做梦"一般只能用在"是"的后边。

徐国庆(1999)一文把四字格分为两类:A类基本语用功能是对客观事实和客观对象进行描述。他举的例子有:"目瞪口呆、深思熟虑、守株待兔、落花流水、怒发冲冠、骑虎难下、孤掌难鸣、众志成城"。他说"A类四字格形式都是汉语中典型的成语","汉语四字格中绝大多数都是这种描述性四字格"。B类"都不是用作描述,而是用作对实践性经验和规律性认识的引证",也就是"引证性"的。他举的例子有:"旁观者清、有备无患、本性难移、笨鸟先飞、病从口入、事不宜迟、人多智广、众口铄金、敝帚自珍、良药苦口"。作者说"引证性四字格内部结构上主要是主谓结构和紧缩结构为主的特征",其"语法功能主要是独立成句或构成一个分句"。如:

(51) 夜长梦多,你早走为妙。

(52) "否极泰来",荣辱自古周而复始,岂人力所能长保的。

相反,"描述性四字格在句法功能上则以充当句子成分为主"。[②]

我们认为在为外国人编写的成语词典中,把成语划分成上述两类没有必要,因为会增加他们的困扰。但是这两类成语在功能

---

① 刘月华、潘文娱、故韡(2001)《实用现代汉语语法》(增订本),北京:商务印书馆,第10页。

② 徐国庆(1999)试谈四字格的语用差别,《语文建设》第2期。

上有如此明显的差别,在标注成语的句法功能时,对我们很有启发,很有帮助。我们在分析成语的功能时,也发现有些成语用法非常有限,比如只作插入语,只能单独成句,有的只能用在"是"后等。这类成语对外国人也是最难用的。

有些成语并不是所谓"引证性"的,也不容易用。我们发现一般来说越是有故事的成语,用法越受限制。比如"杯弓蛇影"在我们5000万字的语料中竟然没有发现一个真正的用例。

整体意思与字面意思接近的成语,一般用例较多。比如"心甘情愿"有113个,"奋不顾身""奋发向上"都有60多个,"风风雨雨"竟有170个,这可能和我们所用的语料所处的时代有关。

3.3.3 成语的内部结构与整体句法功能不一定一致

最后我们要特别指出,不少成语的内部结构和它们的整体句法功能并不一致。例如"得心应手""顶天立地""翻天覆地""拐弯抹角""好逸恶劳"等是由动词构成的,但整体功能是形容词性的;"千方百计""千丝万缕""不三不四"等是由名词性成分构成的,但是整体功能也是形容词性的。

成语的句法功能趋向描写性,这是四字固定短语的共同特点。

这又从另一个角度说明标注成语的结构必要性不大。

参考文献

蒋文钦、陈爱文(1982)关于并列结构固定词语的内部次序,《中国语文》第4期。
卢卓群(1986)试论AABB式成语,《汉语研究》第1期。
卢卓群(1987)成语的特点及其变式,《语文建设》第3期。
孙德金(1997)汉语成语语法功能的一项封闭考察,北京语言文化大学教务处《北京语言文化大学第七届科研报告会论文选》,北京:北京语言文化大学出版社。
孙民立(1993)成语在结构上的灵活性,《逻辑与语言学习》第5期。

(原载《汉语研究与应用》(第六辑),中国社会科学出版社,2008年,有改动)

主要学术作品

一、主要学术论文

从"天天"和"每天"所想到的,《语言教学与研究》,1979年第2期。
关于趋向补语"来""去"的几个问题,《语言教学与研究》,1980年第3期。
可能补语用法的研究,《中国语文》,1980年第4期。
状语与补语的比较,《语言教学与研究》,1982年第1期。
汉语的称数法,《汉语学习》,1982年第4期。
动词重叠的表达功能及可重叠动词的范围,《中国语文》,1983年第1期。
关于汉语作为外语教学中的语法研究和语法教学问题,《对外汉语教学论文选》,北京语言学院出版社,1983年。
状语的分类和多项状语的顺序,《语法研究和探索》(一),北京大学出版社,1983年。
动量词"下"与动词重叠比较,《汉语学习》,1984年第1期。
定语的分类和多项定语的顺序,《语言学和语言教学》,安徽教育出版社,1984年。
从《雷雨》《日出》《北京人》看汉语的祈使句,《语法研究和探索》(三),北京大学出版社,1985年。
"怎么"与"为什么",《语言教学与研究》,1985年第4期。
对话中"想""说""看"的一种特殊用法,《中国语文》,1986年第3期。
超越分句的语言成分,《汉语研究》(第一辑),南开大学出版社,1986年。
表示状态意义的"起来"与"下去"比较,《世界汉语教学》,1987年第1期。
用"吗"的是非问句和正反问句用法比较,《句型和动词》,语文出版社,1987年。
动态助词"过$_2$、过$_1$、了$_1$"用法比较,《语文研究》,1988年第1期。
几组意义相关的趋向补语语义分析,《语言研究》,1988年第1期。
语调是非问句,《语言教学与研究》,1988年第2期。
趋向补语的语法意义,《语法研究和探索》(四),北京大学出版社,1988年。

中美常用教材语法比较——兼论初级汉语教材的语法编写原则,《第二届国际汉语教
　　学讨论会论文选》,北京语言学院出版社,1988年。
汉语的形容词对定语和状语位置的选择,《美国中文教师学会会刊》,1996年第2期。
趋向补语前动词之研究,《第五届国际汉语教学讨论会论文选》,北京大学出版社,
　　1997年。
关于叙述体的篇章教学——怎样教学生把句子连成段落,《世界汉语教学》,1998年
　　第1期。
关于中文教材语法的编写,《美国中文教师学会会刊》,1998年第3期。
以"固然""于是"为例谈虚词的用法研究,《汉语学习》,1999年第2期。
谈对外汉语教学语法,《对外汉语教学语法探索》,中国社会科学出版社,2003年。
关于中文教材课文的一些思考,《第七届国际汉语教学讨论会论文选》,北京大学出版
　　社,2004年。
中文教材的课文和语法,《中文教材与教学研究——刘月华教授荣退纪念论文集》,北
　　京语言大学出版社,2006年。
成语与对外汉语教学,《汉语研究与应用》(第六辑),中国社会科学出版社,2008年。

二、主要著作

实用现代汉语语法(合作)　　　　　　1983年,外语教学与研究出版社
中美常用汉语教材句型统计(合作)　　1985年,美国密歇根大学出版社
汉语语法论集　　　　　　　　　　　　1989年,现代出版社
句子的用途　　　　　　　　　　　　　1990年,人民教育出版社
汉语语法难点释疑(合作)　　　　　　1992年,华语教学出版社
趋向补语通释(合作)　　　　　　　　1998年,北京语言文化大学出版社
实用现代汉语语法(增订本)(合作)　　2001年,商务印书馆

三、教材

电视短剧入门(合作)　　　　　　　　1992年,美国波士顿剑桥出版社
中文听说读写(主编之一)　　　　　　1997年,美国波士顿剑桥出版社
中文听说读写(第二版)(主编之一)　　2005年,美国波士顿剑桥出版社
走进中国百姓生活
　——中高级视听说教程(合作)　　　2006年,北京世界图书馆出版公司
初级汉语课堂教学演示(合作)　　　　2006年,北京外语音像出版社

中国百姓身边的故事
　——初中级汉语视听说教程　　2008年,北京世界图书出版社公司
中文听说读写(第三版)(主编之一)　2008年,美国波士顿剑桥出版社
中文听说读写(第四版)(主编之一)　2016年,美国波士顿剑桥出版社

四、读物

汉语风(汉语分级读物)　　　　　2007年— ,北京大学出版社